中央编译局文库出版工作领导小组（编委会）

主　　任：贾高建

副 主 任：俞可平　魏海生　陈和平　柴方国　杨金海

委　　员：崔友平　沈红文　杨雪冬　季正聚　陈家刚
　　　　　赖海榕　郗卫东　张文成　刘明清

中央编译局文库出版工作领导小组办公室

主　　任：薛晓源

成　　员：徐向梅　苗永姝

中央编译出版社文库编辑中心编辑小组

刘明清　薛晓源　谭　洁　董　巍　贾宇琰
冯　章　曲建文　苗永姝　邓　彤　杜永明
盛菊艳　李媛媛　薛迎春　董　妍

国家"十二五"重点图书

国际共产主义运动历史文献

第18卷

主　编　王学东
副主编　戴隆斌（常务）　童建挺

第二国际第四次（伦敦）代表大会文献

本卷主编　张文红

中央编译出版社

《国际共产主义运动历史文献》顾问委员会

贾高建　俞可平　顾锦屏　高　放　张中云　胡文建
宋洪训　顾家庆　洪肇龙　沈志华　杨光远

《国际共产主义运动历史文献》编辑委员会

主　　编：王学东
副 主 编：戴隆斌（常务）　童建挺
编　　委：（以姓氏笔画为序）
　　　　　　王　瑾　吕瑞林　邢艳琦　许宝友　张文成　张文红
　　　　　　陈新明　林德山　胡振良　姚　颖　彭萍萍　薛晓源

参加本卷译校工作的有

李俊聪　刘书林　魏　力　何妙生　张文红　童建挺　梁志斐　孙惠英

参加本卷编辑出版工作的有

杜永明　苗永姝　冯　章

丛书编辑统筹

苗永姝　李媛媛　董　妍

总　序

国际共产主义运动，是由以马克思主义为指导的无产阶级政党领导的国际性的无产阶级革命运动，其宗旨是推翻资产阶级统治和一切剥削制度，建立和发展社会主义制度，进而最终实现人的彻底解放，建立共产主义社会。

国际共产主义运动迄今已有一百六十多年的历史。19世纪40年代，马克思、恩格斯在创立科学社会主义理论的同时，努力把它与当时西欧无产阶级的革命实践相结合，于1847年6月创建了第一个国际性的无产阶级政党——共产主义者同盟，亲自拟定并于1848年2月公开发表了同盟纲领《共产党宣言》。这标志着国际共产主义运动的兴起。

自从共产主义者同盟建立以来，历经第一国际（国际工人协会）、第二国际、第三国际（共产国际），国际共产主义运动由小到大、由弱到强，从西方推进到东方、从欧洲扩展到全球，终于突破资本主义链条上一个又一个薄弱环节，取得了社会主义由一国到多国的胜利。二战后社会主义阵营的建立、民族解放运动的胜利进军、社会主义国家革命与建设的重大成就，为国际共产主义运动史书写了辉煌的篇章。20世纪末，由于东欧剧变、苏联解体，国际共产主义运动遭遇了严重挫折。但是，历史并没有因此而终结。由《共产党宣言》奠基的国际共产主义运动仍在曲折中前进。各资本主义国家中的共产党、工人党仍在不断探索无产阶级取得解放的道路；中国等社会主义国家仍继续高举社会主义伟大旗帜，为完善社会主义、最终实现共产主义而不懈奋斗。

国际共产主义运动一百六十多年跌宕起伏的发展历程，积累了卷帙浩繁的文献档案，留下了丰富的历史遗产。深入发掘和充分利用这些文献档案，对于我们准确地了解和把握国际共产主义运动的发展进程及各个时期的特点，科学地研究和总结国际共产主义运动丰富且宝贵的经验教训，具有极其重要的意义。特别是无产阶级国际组织，作为国际共产主义运动的重要载体，其文献档案对于国际共产主义运动史研究更是具有特殊的重要意义。

早在1984年春，中国国际共产主义运动史学会就发起编辑出版《国际共产主义运动史文献》。当时由中共中央编译局、中国社会科学院马列主义毛泽东思想研究所和近代史研究所、中共中央党校和中国人民大学等单位共同组建了编辑委员会。编委会商定：这套文献主要收编共产主义者同盟、第一国际、第二国际、第三国际、共产党和工人党情报局这五个国际组织已发表的全部文献档案，包括历次代表大会、代表会议和其他重要会议的记录、决议和有关文件；收编材料力求齐全；凡外国有选编完整的版本者，根据外国版本翻译；凡文件散见于外国不同出版物者，尽力搜集完整，组织力量统一编译；文件完全按照原件翻译，译文力求准确，不作修改删节，以便读者根据完整、准确的第一手材料了解这些国际组织的历史。在当时代管全国哲学社会科学基金的中国社会科学院科研局的资助下，经过编辑委员会、编译工作者和中国人民大学出版社的共同努力，这套文献于1986年开始陆续出版，截至1997年共出版了21卷。

到上世纪末，文献的编辑出版工作遇到了巨大困难。首先是编委会发生了重大变故，主编林基洲、副主编王颖和校纪英相继谢世；其次是出版经费难以为继。为继续出版这套文集，中国国际共产主义运动史学会多方努力，组成以会长顾锦屏为主编的新编委会，从全国哲学社会科学规划办公室争取到一笔资助，于1999—2001年又出版了两卷。此后，因缺乏经费，编辑出版工作完全陷于停顿。

2010年，在中共中央编译局和中国国际共产主义运动史学会的鼎力支持下，中央编译出版社以这套文献申报国家出版基金项目，获得立项资助。中共中央编译局对此项目高度重视，在国家出版基金资助的基础上，给予了相应的资金支持，组建了新编委会，成立了专门机构负责文献整理和编辑工作，并将这套文献纳入"中央编译局文库"出版规划。

经新编委会研究决定，这套文献定名为《国际共产主义运动历史文献》，在其前身《国际共产主义运动史文献》的基础上重新编辑出版。通过进一步广泛搜集资料和适当改变编辑方式，新《文献》的资料更详尽、收文更齐全。例如，在原《文献》的某些卷次中，对已出版的马克思主义经典著作中译本只列目录，不收正文，而新《文献》则全部依据最新的中译本收录，以方便读者查阅。此外，《国际共产主义运动历史文献》扩大了文献资料的搜集和选材范围，采用开放式结构，规模暂定60卷，约2500万字。

中共中央编译局和中国国际共产主义运动史学会对这套文献的编辑出版工作给予了强有力的支持，中央编译出版社为这套文献的立项和出版做了大量艰苦细致的工作，文献的前两任编委会和编译工作者在十分困难的条件下为这套文献奠定了良好的基础，中国人民大学出版社为这套文献的重新编辑出版提供了帮助，在此一并表示衷心感谢。

《国际共产主义运动历史文献》
编辑委员会
2011年12月20日

编辑说明

第二国际第四次代表大会于1896年7月27日至8月1日在英国伦敦兰厄姆酒店的皇后大厅举行。大会的正式名称为国际社会主义工人和工会代表大会,由英国各个社会主义组织和工会组织联合组成的组织委员会承担大会的筹备工作。参加大会的有20个国家的589名代表。英国代表团人数最多,共295名。

大会一开始就援引1893年苏黎世代表大会的决议,再一次讨论了无政府主义者的代表资格问题,并作出不允许无政府主义者参加大会的决定,迫使无政府主义者代表全部退场。至此,第二国际内部反对无政府主义者的斗争基本取得胜利。随后,大会就关于工人阶级的经济行动和政治行动问题、农业问题、战争问题、教育问题以及国际的组织等议程进行了讨论并通过相应的决议。关于农业问题的决议指出,资本主义经营农业的方式给农民带来日益深重的灾难,只有将土地和其他生产资料收归社会所有,把农村的无产阶级组织起来同剥削者进行斗争,才能最终消灭这些灾难。关于工人阶级的政治活动的决议中涉及殖民地政策问题,决议指出了殖民政策为资产阶级的特殊利益扩大剥削范围的实质,主张一切民族享有完全的自决权,号召殖民地国家的工人阶级团结起来,为战胜国际资本主义而斗争。关于组织问题的决议提出建立国际的常设机构的要求,并任命一个委员会负责拟订具体建议。

本卷收录的内容包括三个部分:(1)代表大会会议记录《国际社会主义工人和工会代表大会的讨论和决议》德文版;(2)各国党和工

人组织向大会提交的报告;(3)附录,包括无政府主义者古斯塔夫·兰道尔撰写的《伦敦代表大会——关于会议过程的说明》以及未参加大会的组织向大会提交的报告与致大会的声明和宣言等。其中,《伦敦国际社会主义工人和工会代表大会的讨论和决议》译自柏林《前进报》发行部出版社1896年出版的同名小册子(Verhandlungen und Beschlüsse des Internationalen Sozialistischen Arbeiter-und Gewerkschaftskongresses zu London, vom 27. Jui bis 1. August 1896, Verlag der Expedition des "Vorwärts", Berlin, 1896);《伦敦代表大会——关于会议过程的说明》译自柏林古斯塔夫·弗里德里希出版社出版的同名小册子(Gustav Landauer, Der Londoner Kongress. Zur Beleuchtung der Vorgänge auf demselben, Verlag von Gustav Friedrich, Berlin, 1896);其他文献根据1980年日内瓦明科夫出版社出版的乔治·豪普特主编的《第二国际史料》第10卷(Géorge Haupt, Histoire de la IIe Internationale, Tome 10, Minkoff Reprint, Genève, 1980)收录的有关英文、法文、德文文献翻译。

  本卷主编依据中共中央编译局编译马克思主义经典著作的标准统一了人名、地名、组织机构名、报刊名等专用名,增加了对原书中一些名词和引语的注释。书中文献的脚注,凡未加说明的都是原文本编者所注;中文本译者或编者所加的注,均注明"——译者注"或"——编者注"。

目 录

伦敦国际社会主义工人和工会代表大会会议记录德文版

（1896年7月27日—8月1日） ·· 1

伦敦国际社会主义工人和工会代表大会讨论及决议

（1896年7月27日—8月1日） ·· 3

  前　言 ·· 3

  第一次会议（星期一，上午）·· 5

  第二次会议（星期二，上午）·· 10

  第三次会议（星期二，下午）·· 13

  第四次会议（星期三，下午）·· 16

  第五次会议（星期四，上午）·· 20

  第六次会议（星期四，下午）·· 26

  第七次会议（星期五，上午）·· 32

  第八次会议（星期五，下午）·· 36

  第九次会议（星期六，上午）·· 41

  附　注 ·· 50

各国党和工人组织向大会提交的报告 ………………………… 53
 关于费边社政策的报告和决议 ………………………………… 55
 英国社会民主联盟的报告 ………………………………………… 71
 独立工党：其历史和政策 ………………………………………… 76
 德国的工会运动——向1896年伦敦国际社会主义工人和
  工会代表大会提交的报告 …………………………………… 81
 奥地利社会民主党向1896年伦敦国际社会主义工人和
  工会代表大会提交的报告 …………………………………… 98
 基于社会主义观点的合作——比利时工人党向1896年
  伦敦代表大会提交的报告 …………………………………… 104
 保加利亚社会民主党和东方问题 ……………………………… 114
 丹麦社会民主党向1896年伦敦国际社会主义工人和
  工会代表大会提交的报告 …………………………………… 120
 西班牙社会主义工人党致1896年伦敦国际代表大会 ……… 129
 关于美国工人运动的报告——致1896年7月伦敦国际社会
  主义工人和工会代表大会 …………………………………… 134
 1893年苏黎世国际代表大会至1896年伦敦国际代表大会
  期间的荷兰社会主义工人运动——荷兰社会主义者联盟
  执行委员会致各国有组织的工人 …………………………… 147
 意大利社会党的报告 …………………………………………… 163
 波兰代表团向1896年伦敦国际社会主义工人和工会代表
  大会提交的报告 ……………………………………………… 179
 俄国社会民主党代表团向1896年伦敦国际社会主义
  工人和工会代表大会提交的报告 …………………………… 190

1893—1896年俄属波兰社会民主主义运动的报告——致伦敦
  国际社会主义工人和工会代表大会 ………………………… 210
关于瑞典社会民主工党活动的报告（1893—1896年）………… 218
瑞士社会党的愿望 ……………………………………………… 222
捷克斯洛伐克社会民主党向国际社会主义工人和
  工会代表大会提交的报告 ……………………………………… 227

附录一 ………………………………………………………………… 237
伦敦代表大会——关于会议过程的说明 ……………………… 239
  星期二下午的会议（7月28日下午3点45分至6点45分）… 249
  星期三下午的会议（7月29日下午3点半至8点45分）… 255
  星期四上午的会议（7月30日上午10点30分至下午13点）… 262
  星期四下午的会议（7月29日下午3点30分至6点15分）… 264
  在圣马丁堂举行的无政府主义—社会主义者代表会议
    （1896年7月29至31日）……………………………… 271

附录二 ………………………………………………………………… 283
从苏黎世到伦敦——向伦敦代表大会提交的关于德国
  工人运动的报告 ……………………………………………… 285
致伦敦国际社会主义工人和工会代表大会 …………………… 294
致革命的社会主义者和绝对自由主义者 ……………………… 297
荷兰社会民主主义教师协会执行委员会致伦敦国际社会
  主义工人和工会代表大会的宣言 …………………………… 300
俄国社会革命党人的来信 ……………………………………… 303
德国海员状况（1896年）……………………………………… 305

伦敦国际社会主义工人和工会
代表大会会议记录德文版

(1896年7月27日—8月1日)

伦敦国际社会主义工人和工会代表大会讨论及决议*

(1896年7月27日—8月1日)

前　言

　　我们在此向党员同志们提供一份根据报刊报道收集而成的伦敦代表大会讨论和决议的综合记录。我们相信，这样做是符合党组织的愿望的，因为它们一直感到有一件很遗憾的事，那就是国际代表大会的正式记录出版得这么晚并因其发行范围而使价格如此昂贵，以致这些记录只在党组织内非常有限的范围里传播，而代表大会的这些讨论情况和决议正是在党组织内应当普遍知晓并受到重视的。

* * *

　　国际社会主义工人和工会代表大会于1896年7月27日（星期一）在查灵十字街的圣马丁堂举行。由于到会代表人数大大超过预计，所以在开会前的最后时刻将会议地点改到皇后大厅的音乐厅。

　　早在3月份，由英国各个社会主义组织和工会组织组成的组织委员会就发出过一份关于代表报名和寄送有关提案的通告。苏黎世代表大会

---

* 柏林《前进报》出版社发行部1896年出版。——编者注

除决定临时议事日程外，还就参加这次代表大会的代表条件公布了如下决定：

"一切工会，以及**承认工人组织和政治行动的必要性**的社会党和团体都可以参加代表大会。"

"所谓'政治行动'指的是，工人阶级的组织政党努力利用或设法夺取政治权利和立法机构，以促进无产阶级利益和夺取政权。"

根据截止7月1日收到的提案，产生了下列议程：（1）农业问题；（2）政治行动；（3）经济和行业行动①；（4）战争问题；（5）教育和体力发展；（6）组织；（7）其他问题。

* * *

7月26日，星期日，下午两点半，在海德公园举行了由伦敦所有工人组织召集的和平示威。众多伦敦工人参加示威，并通过了一项反对战争和拥护社会主义的决议。遗憾的是，由于突然下起了大雷暴雨，示威不得不提前结束。这次活动所通过的决议如下：

本次国际工人大会（认识到世界各国之间的和平是国际友爱和人类进步的必要基础，相信战争并不是世界人民的期望，而是由统治阶级和特权阶级的贪婪与自私造成的，他们一厢情愿地想要控制世界市场，满足他们自己的利益，而牺牲工人的一切真正利益），特此宣布：不同国家的工人之间绝对没有争斗，他们的共同敌人是资产阶级和地主阶级，阻止战争、确保和平的唯一方式就是废除社会的资本主义制度和地主制度，而这是战争的根源，大会因此决心为唯一可能用来推翻这种制度的途径——生产、分配和交换手段的社会化——而努

---

① 英文版为"经济和工业行动"，见本书第17卷。——编者注

力奋斗；此外，大会宣布，在这个目标实现之前，国家之间的每一个争端都将通过谈判而不是野蛮的武力来解决；而且，大会认识到，为所有工人建立国际八小时工作制是实现最终解放的最迫切的步骤，它敦促所有国家的政府有必要通过立法来实现八小时工作制；并且，鉴于只有夺取掌握在资产阶级手中的政治机器，才能实现经济和社会的解放，鉴于在所有国家的千千万万男工和女工都没有投票权，不能参加政治行动，本次工人大会宣布并保证将尽一切努力争取普选权。

第一次会议

（星期一，上午）

早晨9点，在代表大会正式开幕之前，各个国家的代表们召开了碰头会，对代表委托书预先审查一遍，并根据日程安排的各个要点确定参加代表团和委员会的人选。因为提交到议事日程上的提案大约有100个，而大会不可能讨论这么多的提案，因此由组织委员会根据材料对提案进行分类，然后递交给由每个国家分别派遣两名代表参加的各个委员会。**德国代表团方面派出的人选是：委托书审查委员会：**费舍，乌尔里希和蔡特金；**大会主席团：**李卜克内西和辛格尔；**农业问题委员会：**倍倍尔，舍恩兰克；**政治行动委员会：**辛格尔，李卜克内西；**经济和工会行动委员会：**列金，莫尔肯布尔；**战争问题委员会：**格里伦贝格尔，武尔姆；**教育和体力发展委员会：**迪特里希，蔡特金；**组织委员会：**博克，泽基茨。

德国代表人数共计48人。

对于无政府主义者科尔（来自德累斯顿，莱比锡人）、康普夫迈耶尔（来自伦敦，马格德堡人）、贡普洛维奇、帕夫洛维奇和兰道尔（柏林的无政府主义者）的代表委托书，因为与先前会议通过的邀请条件相矛盾，所以宣布为无效。兰道尔试图至少以柏林"解放"消费合作社签发的委托书取得代表资格，但由于这是一次社会党人和工会的代表大会而不是消费合作社的代表大会，因而这种委托书也是无效的。

* * *

代表大会在皇后大厅的豪华大厅内举行，李卜克内西在他的巡回宣传期间曾在这里举行过大规模集会。这是一座圆形大音乐厅，有两个回廊，2000个观众席。主席团被安排在半圆形阶梯式上升的乐队席上，后面耸立着约20至25米高的管风琴。常务委员会的右侧悬挂着一幅同真人一样大的卡尔·马克思的半身像，相框四周用鲜花和树叶装饰着。管风琴在开会之前一直演奏着，突然，伴随着有力的和弦奏起了马赛曲，大会会场和主席台上响起了激昂的合唱。

总共有700名左右的代表出席了会议。右前方是德国人，旁边是意大利人和俄国人，后面是瑞士人、奥地利人、比利时人、法国人；左边和中央是英国人，他们按照各自的组织就座。这边是费边社，有悉尼·韦伯夫妇，有萧伯纳和休伯特·布兰德；那边是社会民主同盟①，有海德门、迪尤尔赫、伯罗斯、伊迪丝·兰彻斯特，在他们和独立工党（包括基尔·哈第和汤姆·曼）之间是议会委员会，有威尔逊、皮卡尔德和其他人。参加会议的法国人中著名的代表有：盖得、拉法格、福雷斯、富尔德、瓦扬、拉维涅、德维尔、德扬特、米勒兰等；俄国人中有阿克雪里罗得、普列汉诺夫和维拉·查苏利奇；意大利人中有费里和拉查理；比利时人中有王德威尔得和贝尔特兰德；来自丹麦的有克努森和霍姆斯；来自瑞典的是布兰亭；来自奥地利的有阿德勒、雷塞尔、考茨

---

① 原文误写为"社会主义者同盟"。——编者注

基、埃克斯纳；代表波希米亚的是希贝什；代表克罗地亚的是安采尔；代表匈牙利的有拉瓦佐洛；来自瑞士的有勃兰特、毕尔克利、格罗伊利希、福凯。执行翻译任务的是斯密斯、李卜克内西、伯恩施坦、马克思-艾威林夫人和蔡特金夫人。

* * *

中午11点30分，受组织委员会的委托，工联议会委员会主席、英国最大工会之一的代表、煤矿工人、议员**考威**宣布大会开始。他对大会未能像英国人的习俗那样准时召开表示遗憾，原因是法国代表们还未能协调好他们的全国代表团。他参加工会运动已35年了；工会虽然不是政党，但它立足于阶级斗争的基础之上。因此，他所在的工会以及他本人从不认为他们是以怀疑的眼光来看待大陆从工人运动中成长起来的各个政党的；他向每一个代表团表示欢迎。工人们应当在全国范围和国际范围内联合起来，他们必须从政治上组织起来，独立于资产阶级各政党；他们应当以宽容的方式，但却坚定而团结一致地去实现这样的目标：工人阶级靠自己实现自己的解放！迄今为止，我们已经有了过多的政党，因而扩大组织对工人阶级来说是下一阶段的主要任务。但本次大会在形式上要温和地进行讨论，在实际中要同以往历次大会一样坚定而团结一致，这样就会使我们取得成功，我们至少能在一个坚定的、共同的方法上取得相互谅解。对此，需要做相当艰苦的工作，同时英国人将努力使外国兄弟们逗留愉快。讲话赢得了欢呼声。

辛格尔以德国社会民主党的名义，对组织委员会所给予的兄弟般接待表示最衷心的感谢。他继续说，我们保证，我们今后也将同各国工人一起肩并肩地进行斗争，直到工人的最终解放。我们同今天与会的全体代表一起，表达对我们的伟大导师弗里德里希·恩格斯的哀悼之情。他在各国工人代表的欢呼和掌声中宣告了上一次苏黎世国际社会主义工人代表大会的闭幕,然而他今天却不再能同我们一起主持这次迄今最大规模的代表大会的开幕了。他离开了我们,但是他的精神、他的学说引导着我们。我们对他辛勤工作、不懈奋斗的一生,对他为全世界工人阶级利益的献身精神所能做出的最好感谢,就是努力追随他那热心负责、尽心尽职和无私牺牲的精神。(暴风雨般掌声)

德国社会民主党不仅是一个政治性的,而且也是一个经济性的政党,它从一开始就宣告,必须利用政治权力来实现工人阶级的经济解放。我们来到这里,讨论提高工人阶级状况和改善工资及劳动关系的方法。我们知道,正是拥有政治权力使我们易于确立起促进改善这种境况的斗争的公共设施;但我们在任何方面都不能忽视经济组织和工会组织的重要性。资产阶级可以缔结所有形式的政治联盟,我们对此毫不关心。但我们知道,各地的工人阶级只有一个同盟者,即劳动兄弟们;同时只有一个敌人,就是资产阶级。面对着德国、奥地利和意大利的三国同盟以及俄国、法国的两国同盟,我们工人阶级的代表应当建立一个国际工人联盟。这次大会将是在争取工人阶级解放斗争中继续前进的又一个里程碑;它将同前几次代表大会一样,为争取工人阶级最终解放的胜利斗争开辟更加广阔的道路。

辛格尔以及担任翻译任务的**李卜克内西**受到与会者的欢呼鼓掌和挥动手帕的欢迎。

比利时议会议员**王德威尔得**,同时也代表法国工人向代表大会致意,因为法国代表团尚未与会。他感到很愿意这样做,因为比利时人和法国人之间有着一种特别密切的共同斗争关系。在法国工业发达、目前社会主义业已发展起来的北部,宣传鼓动工作由比利时人和法国人共同推动;同时,在比利时的南部,比利时社会党人也接受法国兄弟们的援助。他感谢友好的接待。最后,他在振奋人心和受到鼓掌欢迎的话中表达了对国际团结的保证。

瓦扬（巴黎）受刚刚抵达的法国代表团的委托，对王德威尔得同志的友好讲话表示感谢。法国社会党人同比利时同志非常亲密友好，与各国工人是同样团结相一致的；对于他们来说，所有工人都是兄弟；工人们正是在反对统治阶级和统治政党敌视人民、脱离人民的行为的斗争中团结起来的，并为所有工人联合起来组成一个政党以反对资产阶级这一共同敌人做必要的准备！法国人将在完成反对沙文主义的国际任务中，完全彻底地履行它作为国际的革命社会民主党人的义务。

正式的欢迎仪式就此结束；**艾威林**通报已收到的电报和文件，其中有很多是从德国发来的；有一封来自德兰士瓦，是约翰内斯堡的德国工人联合会发的；还有一封是英国著名社会党人威廉·莫里斯发来的，他因病未能前来参加大会。

一场关于议事规程的长时间讨论开始了：是否随着今天会议的结束就停止接受提案，或者如法国、英国和荷兰的一些代表所要求的那样，延长到明天。临时议事规程的第11条规定如下：

> 星期一之后，将不再接受或讨论有关议事规程或议程安排的任何修正案。

随着这一条被通过，许多附加提案就被取消了。同时，就此提出了大会对待无政府主义者的根本态度问题：苏黎世大会关于允许参加的决议最终生效。对这一问题的讨论由此展开。但在辛格尔以德国代表团的名义表示不赞成及主席建议不表决之后，针对这一问题进行的讨论才没有继续下去。在生活于伦敦的意大利无政府主义者科内利森、纽文胡斯和马拉泰斯塔的带领下，无政府主义者在大厅和走廊里演出了一场丑剧，他们喊叫并吵闹，以致主席以叫警察进来维持秩序相威胁。这激起了无政府主义者更高的吵闹声，直到不想进行表决的主席——这么长时间无法使会场彻底安静下来——把会议推迟到星期二上午。

下次会议将于星期二上午 10 点 30 分召开。

第二次会议
（星期二，上午）

对于今天的会议，议事规程委员会为防止破坏秩序并保证在平静气氛中进行讨论，做了必要的准备：在对有争议的议事规程作出决定之前，禁止非代表人员进入走廊；这样就打碎了无政府主义者从走廊里进行"示威"的企图。对于大厅本身也出台了一些规矩，以便预先防止再度出现像昨天发生的那种不断捣乱的现象。

10 点 30 分，**辛格尔**宣布开会，并通报说，主席团认为，我们到这里是来工作的；我们既没有兴趣、也没有时间把精力浪费在争论无谓的议事规程上，或者浪费在那些各国工人在各地都已解决了的问题上。主席团将不从外面叫警察来进行协助，而是通过会场规程来保证安静的发言环境。为了避免任何小组有被粗暴对待的印象，主席团建议，立即进入对议事规程第 11 条的讨论，支持者和反对者各派出两人发言，每人的发言时间为 10 分钟，然后进行表决。

会议几乎一致同意了这个建议。

副主席**基尔·哈第**（前矿工议员、现在是《劳工领袖》出版人和独立工党领导人）讲话，认为要以宽宏大量的态度对待在议会行动问题上持有不同意见的各个小组。在不同的国家有不同的情况，因而对斗争的形式也会有各种不同的看法。

饶勒斯（代表卡尔莫的法国议员）：我们大家充满着宽容精神和兄弟情谊，但正因为如此，我们必须遵守苏黎世决议的基本部分并强调政治行动的必要性。如果我们想要把资本主义社会转变为社会主义社会的话，我们就需要政治权力，需要国家的权力，因而我们必须为政权而斗争，为工人阶级而夺取政权。如果我们要进行政治活动，我们就不能轻视工会斗争和经济斗争的意义。讲话人谈到工会在维护日常利益中的意义、为工资和劳动时间而进行的斗争等，谈到有关启发天才、进行群众教育和学习的意义。但是没有政治斗争恰恰经常使工会斗争成为不可能，对此法国工人最近时期有过痛苦的教训。资产阶级利用政权阻挠工会斗争并使工会组织瘫痪。工人不是要放弃政权，而是要使议会制度从资产阶级政党手中的欺骗工具变为工人阶级手中的解放工具。

汤姆·曼（独立工党书记）讲话反对第11条。他本人不是一名无政府主义者，而是一名集体主义者，但他希望同所有战士紧密接触，不论他们是赞成社会改良还是赞成社会革命。他特别向工会发出呼吁：他们应该好好回忆一下，他们的父辈曾经用怎样的手段进行了斗争——只为争取其工作和宣传鼓动的基础。他不愿意相信，无政府主义者来到这里仅仅是为了破坏（会场上有人表示异议）；同时，我们也有足够的能力迫使他们保持安静。大会应该站在更高、更宽宏大量的立场上；它不应把任何人由于意见不同而推出去！要为各种意见提供自由的空间！

海德门（社会民主联盟的精神领袖）：他想就苏黎世决议提出一种公正的评判，他当时不在苏黎世，但他认为遵守苏黎世决议是绝对必要的。同时，英国代表团的压倒多数是赞同这一观点的。我们来到这里，不是来讨论理论问题，而是来工作的。他反对汤姆·曼的观点，当然各个工会都被邀请了，也邀请了社会主义者，但是并不邀请在每一件事情上都同社会主义者根本对立的无政府主义者。无政府主义者也不是工会分子，他们要求参加这个大会就是为了破坏它。人们谈论宽宏大量，是的，无政府主义者在这里处于少数地位，因而他们假意说要平静地进行讨论。但是，梅利诺在巴黎的时候却非常坦率地声称，无政府主义者到这里来就是为了使社会民主党人的这种温和的政策成为不可能。那么秩序和宽容呢？！昨天，人们已经看到，这一切在无政府主义者那里是什么样子！昨天，他们为了破坏这个大会和大会工作，什么都干出来了！他们事事处处都是这样！就连最卑鄙的资产阶级报纸也从不像无政府主义者报纸那样，如此下流无耻地攻击和诬蔑社会主义者。他们根本不提尊严。当无政府主义者昨天有失体面地试图通过他们的行动侮辱这个大会，从而使大会成为工人事业的敌人的嘲笑对象时，这种尊严存在于何处呢！难道还得同这样一种人进行讨论吗？不，因此英国代表团以223票对104票批驳了不是来工作而是来胡闹的无政府主义者。（暴风雨般的掌声）

纽文胡斯（荷兰）长篇大论地表示反对苏黎世决议，认为这个决议概念含糊，有必要重新发表一份声明。如果海德门把破坏会议归罪于无政府主义者的话，那他对此没有什么可害怕的，这最多是破坏了马克思主义教父们的宗教会议。随着苏黎世决议被接受，就会取消言论自由和运动自由；这种情况在巴黎已经出现很长时间了；西班牙代表团撤销了一个铁路工人工会的代表资格，就因为这位代表是一名无政府主义者；以同样的理由，德国人取消了一个消费合作社的代表资格。政治行动和议会活动并不具有同等意义，对于前者存在着不同意见，无政府主义者反对后者，要把共产主义的无政府主义者也当做社会主义者。否则，勒克律、克鲁泡特金是否就不是社会主义者了？这样，人们就能说李卜克内西也不是社会主义者。没有任何集团有权利垄断社会主义——更不用说仅仅是议会社会主义者的一次大会了。

讨论就此结束。按照国家进行表决。表决结果：赞成第11条的，也就是说赞成苏黎世决议并以此排除无政府主义者的有18票；反对的有2票；弃权1票（意大利）。投赞成票的是：德国（全体一致）、英国（223票对104票）、比利时（全体一致）、美国、澳大利亚、瑞士、罗马尼亚、保加利亚、俄国、波兰、奥地利、波希米亚、匈牙利、丹麦、挪威、瑞典、西班牙和葡萄牙。投反对票的是：法国（57票对56

票）和荷兰（9票对5票）。宣布表决结果时，响起了长达几分钟的掌声。

宣读完赞成的贺信之后，**科内利森**（荷兰）问，怎样理解允许反议会的共产主义者参加。这一问题将交给委托书审查委员会，但大会毫无争议的观点是，工会的委托书不受这次表决的干扰。

会议从12点45分开始，至下午3点结束。

第三次会议
（星期二，下午）

下午3点，**辛格尔**宣布开会，说主席团建议，根据委托书的审查的情况，会议延至明天下午2点，以便使各个委员会有时间结束其工作，这样就能在牺牲两天时间讨论议事规程和进行代表委托书审查之后，使大会最终安排好日程。

在处理了许多事务性工作，同时对里尔议会选举中社会主义者代表获胜的消息报以热烈欢呼之后，开始了委托书的审查。**克拉拉·蔡特金**报告了**德国**代表的委托书，他们是在公众或工会集会上推选出来的，对这些委托书的有效性不需再作说明。6名无政府主义者由于被德国代表团认为违反允许参加大会的规定，其委托书被拒绝。该规定给所有在目标上一致的看法提供了充分的余地。无政府主义者今天突然声明，他们不否认工人们的政治行动权利。这就好比有人说，可以带武器，但却不准使用它。

兰道尔（柏林）抗议这种决定，声明无政府主义者赞同社会主义者，他们同样希望消灭私有制。

兰道尔在他的讲话被翻译之后，站在桌子上试图再次发言——尽管已经请下一个发言者讲话了。这时，在兰道尔周围的无政府主义者喊叫起来，会场中的大多数人喊道："遵守秩序！"主席警告说，任何人未经允许就发言都会被赶出大厅。这才稍为安静了一些。

费舍（柏林）说，希望大会现在不要再次讨论今天上午最终已经解决了的问题。情况是清楚的；无政府主义者没有被邀请；大会现在又明确宣布：我们不愿意同无政府主义者就他们的理论进行漫无边际的辩论；我们同无政府主义者没有任何共同之处。根据如此明确的立场，根据如此有力的声明：本次大会是社会主义者和工会会员的代表大会，它同你们无政府主义者毫不相关。对于他们来说，允许参加的问题还是一个政治荣誉感的问题。（鼓掌）

讨论就此结束，因为只允许赞成的和反对的各一人发言。除荷兰人和法国人外，大会就德国代表团的提案进行表决。

兰道尔想再次讲话，同时他的无政府主义朋友们高声叫喊，中断了随后的讨论，直至主席在掌声中威胁要请维持秩序的人把他们赶出去。

皮特·柯伦（煤气工人，伦敦）报告**英国**代表团的情况：共计475名代表携带了有效的委托书，其中工会代表185人，社会民主联盟120人，独立工党115人，费边社22人，单个的社会主义协会5人，工人教会3人，议会委员会13人，组织委员会12人。只有1份委托书被宣布为无效。

比利时工人党选出了26名代表，其中19名出席了大会。

美国有6位代表出席会议：社会主义工人党、工会总联合会、加利福尼亚工会联合会、华盛顿劳工联合会、啤酒工人联合会和独立的马车出租者联合会各一人。最后一份委托书引起争论，因为该组织不是工人性质而是雇主性质的，但大会宣布其有效。

格罗伊利希报告**瑞士**代表团的情况，共12名代表：格吕特利联盟（14000名成员）、社会民主党（5000名成员）、工会联合会（10000名成员）、钟表工人联合会（3000人）、印刷工人联合会（1500人）、铁路职工联合会（16000 人）、五金工人联合会（2500 人）、裁缝联合会（600 人）。一份来自苏黎世的委托书，因为是无政府主义组织的而被宣布无效。还有一份来自日内瓦的委托书，尽管在涉及"代表"问题时的说法有矛盾，说基础在日内瓦、又说活动在苏黎世，但目的是想缓和这份委托书的无政府主义性质。大会宣布这两份委托书无效。

罗马尼亚派出了 1 名代表。**保加利亚**有 4 名代表，他们有 34 个地方工人组织的委托书。

根据**普列汉诺夫**的报告，俄国有 8 名代表，其中 6 名是社会民主工党的代表；同时也有俄国各种工人组织的代表，包括彼得堡最近反对沙皇压迫和资本主义职业培训的大罢工的工人代表。一份委托书被宣布为无效，因为它不是由一个工人组织，而是由一个在伯尔尼的理想主义的青年大学生组织发出的，这个组织虽然出版一份名为《工人》的报纸，但没有工人参加。如果承认他的代表资格，可能会产生很坏的后果。大会同意俄国代表团的提案。

法贝雷奥（巴黎，阿列曼派）报告**法国代表团**的情况：共有 113 名代表，其中，饶勒斯、米勒兰和维维安尼 3 人是下议院议员，没有任何委托书；代表团提议，为表示良好愿望和宽容，允许这 3 名代表参加。

饶勒斯声明，这种表面上做出来的慷慨是他们无法接受的；法国形形色色的无政府主义者可能在工会代表的面具下骗取入场券；这样一种工会的存在及其规模是十分可疑的——如果允许这些无政府主义者参加，而把由上千名有组织的工人选出来的 3 名代表排除在外，那将是荒谬透顶的。这 3 名代表不仅代表社会主义者，而且还代表有组织的农业工人。他们认为，他们的议员证书在这里也应当被看做是有效的委托书。

饶勒斯的讲话在法国的多数代表中激起了愤怒和喧嚷声，他们由意大利人**马拉泰斯塔**来表达意见，此人住在伦敦，持有意大利、法国和西班牙的委托书。西班牙和意大利的委托书被宣布无效,因为其所代表的协会几年来已经无声无息了;剩下的一份是法国无政府主义者给他的工会委托书。在这段时间里,无政府主义者(包括那些已被取消代表资格却仍然坐在会场里的人)进行喧闹,不断喊叫和吵闹,以致不能进行安静的表决。由于英国人误以为这3名议员是想在错误的借口下混入大会,所以混乱更加严重了。最后,会议被推迟到星期三下午2点。上午的时间让各委员会讨论、汇总各种提案并对日程的具体要点着手进行准备。

会议于7点结束。

第四次会议

(星期三,下午)

海德门(伦敦)主持会议。

所有提案和问题必须以书面形式递交;每个人的发言时间限制在5分钟之内。海德门呼吁代表们给予协助,即使遇到最伤人感情的挑衅也要保持极大的克制,以此来支持他履行主席职务。一场长时间的议事规程讨论引出3个法国下议院议员的问题;这3位议员在确信他们促使大会就工人议员的参会权作出一个原则性决定的意图遭到许多误解之后,补充了他们的委托书。英国人**詹姆斯·康奈尔**说,英国代表团已经搞清楚了昨天发生的误解,这不是一个律师事务问题,而是一个涉及原则的问题。大会决定,3份委托书退回法国代表团审查。

波兰有14名代表;委托书涉及在国外的组织,有来自普属波兰和奥属波兰的社会民主党,还有俄属波兰的秘密工人组织。代表大会不愿意触及这些秘密组织的问题。在缺乏任何言论、出版、结社和集会权利的情况下,工人只能建立秘密组织。代表团取消了一份委托书,因为对它的持有者——好几年来——已经存有严重的政治怀疑，而现在无法作出仲裁。尽管此人一再抗议，还是以12票对7票通过了除名的提案。

雷塞尔（格拉茨）报告了**奥地利**代表团的情况：共有7位代表，3人代表社会民主党，1人代表五金工人联合会（13000名会员），1人代表制帽工人联合会（1273名会员），还有1人代表啤酒工人联合会。奥地利的工人没有派出一个人数更多一些的代表团，因为最近几年争取普选权的斗争花费了很多资金，而且即将到来的选举斗争还需要工人花费新的和更多的资金。

希贝什报告**波希米亚**的情况，他本人代表社会民主党，代表人数少的原因和前面相同。他怀疑第二份波希米亚代表委托书的有效性，因为它的持有者是一名沙文主义的无政府主义者，他本人声称他到这里来只是为了投票支持总罢工。

阿德勒（维也纳）反对把这份委托书转交给奥地利—匈牙利总代表团审查的提案。他说：对于站在远处旁观的人来说，这是很难理解的，即为什么要在奥地利—匈牙利内部还要成立独立的捷克、克罗地亚、波兰和匈牙利组织。这是由历史的发展和工人运动的自身利益决定的；正是在波希米亚，我们有着强大的、正在迅速发展的出色的工人运动。重新审查这份委托书是十分多余的，因为已经进行了审查。这事实上就涉及一名**捷克民族沙文主义**无政府主义者的委托书的问题：简直混乱到了极点。（场内活跃）为了平息场内气氛，他通告说，在奥地利—匈牙利确实存在着各种社会民主主义组织，但社会民主党只有一个。他只希望，这种统一也能在只讲一种语言的国家实现。代表大会确认了代表团的提案。

克努森（哥本哈根）报告：**丹麦**有7位代表，既代表社会民主党（23000名成员），又代表集中的工会（42000人）。在最后时刻，还有一名要求"宽容"的无政府主义小组的代表到场，他的委托书被拒绝。

报告人请求大会同意这一决定。

瑞典的报告人**布兰亭**（斯德哥尔摩）说，派了2名代表：1名代表党，1名代表斯德哥尔摩的海港工人。由于缺乏资金，而且有些资金要用于争取选举权的必要斗争，因而不能派出更多的代表来参加。

费里报告说，从**意大利**来了10名社会党的代表，这个党是最近在佛罗伦萨举行的全国代表大会上重新组建的，共有25000名党员。报告人费里教授说，当10名代表抵达伦敦时，发现他们的数量翻倍了。这些在伦敦多出来的人只有无政府主义小组的委托书，但其中3名持有工会委托书的被承认了，所以意大利的代表人数为13人。

其中一名无政府主义者要求发言；主席声明，关于无政府主义者的问题已经作出决定，任何这样的无政府主义者都不能就此类问题发言。

无政府主义者的委托书被宣布为无效。

伊格列西亚斯代表**西班牙**代表团发言说，在8份委托书中，有2份必须宣布为无效。其中1人代表一个完全不为人所知的社团，1人是无政府主义的。纽文胡斯昨天所持的观点是不正确的。如果我们到这里来是为一个共同的目标而工作，那么我们还必须有一个共同的基础。因此，我们不能同无政府主义者和像纽文胡斯这样的人一起工作，他们的主要任务是同社会民主主义的工人运动作斗争。

马拉泰斯塔讲话表示反对。大会通过了伊格列西亚斯的报告。

荷兰有13名代表出席，代表着21个地区或全国性组织。其中还有1人代表社会主义教师联合会，2人代表由16个工会组成的一个联合会。报告人说，代表大会现在必须作出决定，是否让反议会的社会主义者与会。因为没有反对意见，荷兰的所有委托书都被承认了。

属于**法国工人党**的**47名法国代表**发表了一份声明，他们想从法国代表团中分离出来，因为这个代表团在无政府主义旗帜下工作，他们不愿接受这个代表团的决定,因而要求在各委员会中拥有自己独立代表的权利。

费边社代表**肖伯纳**关于继续下一项议程的动议被主席否决;既然马拉泰斯塔已经被允许发言,就不应阻止伟大的法国党的代表阐明他们的观点。

一名英国代表对米勒兰在其委托书被认为有效之前就让他发言表示异议。对这个观点引起了不同意见。法国无政府主义者、一部分荷兰人和虽被宣布不能参加大会却还逗留在大厅里的无政府主义者进行了吵闹,以致主席打了几分钟的铃。

辛格尔呼吁英国人的公正感情,要他们考虑,不要坚持英国人的议事方式,这里是一次国际代表大会而不是一次英国的大会。这是出于荣誉的需要——给我们的法国朋友阐明他们原则立场的机会。

肖伯纳:面对法国人要退出大会的威胁和辛格尔的说明,我更加迫切地要求就我的不让米勒兰发言的动议进行表决。(再次出现巨大的骚动)

肖伯纳的动议**被一致否决**。

米勒兰(巴黎):作为一个整体的47名代表不是要求谈论涉及个人的问题,而是要谈一个有原则性分歧的问题,这对整个国际无产阶级都是重要的。人们不想与那些人为伍,他们在工会的外衣下,以无政府主义者的身份到会,并且反对苏黎世决议。这些无政府主义者到这里来,是为了使用一切手段反对社会主义者,他们的目的不是维护工会的利益,而是像他们中间一位最正直的人所公开说出来的那样,仅仅是利用大会宣传他们的无政府主义者思想。当他们回到法国之后,就会自鸣得意地吹嘘他们在这里的胜利,并重新最恶毒地攻击社会主义者。同这样的一些人是没有什么共同事业可言的,因而我和我的同志们与无政府主义者分道扬镳了,并要求大会把我们当做一个特殊代表团看待。如果考虑到我们所代表的广大群众,那么来到这里参会代表的所谓多数恰恰是代表着法国工人的少数,因而允许无政府主义者参会就是对广大群众负有罪责。如果大会不同意我们这种十分合理的愿望,那么我和我的党员同志们就不得不遗憾地退出大会。我们不能,也决不会容忍从事各种欺诈和诡计的无政府主义者代表法国无产阶级。(暴风雨般的掌声)

主席通知说,法国代表团愿意接受每一方派选出一名代表参加各个委员会,因而他们不再像其他国家的代表团那样拥有共同的一票。

王德威尔得(布鲁塞尔)发言反对米勒兰。问题纯粹是形式上的而不是原则性的。如果同意法国的要求,就是鼓励一些党分裂。这涉及一个少数必须服从多数的问题。这个多数不完全是无政府主义者,其中也有议会活动的代表、议会议员和工会代表。(会场上出现反对和赞成的意见)

瓦扬(巴黎,布朗基主义者)和**阿列曼**(巴黎)要求听他们讲反对米勒兰的话,但讨论已结束。

反对法国代表团拆分的提案的有比利时、意大利、法国和荷兰(大多数)以及英国(114票对110票)。其余14国赞成这个提案。

会议于晚上7点30分结束,下次会议定于星期四上午9点召开。

第五次会议
(星期四,上午)

王德威尔得(布鲁塞尔)担任主席,他说:在进入会议议程之前,我们必须让公民瓦扬和阿列曼发言作简短的说明;但关于委托书的讨论就到此为止。我们被派到这里来不是为了调解某些国内的纠纷,而是为了代表并促进工人阶级共同的利益。他请求以鼓掌形式接受一位英国人带来的信,表达大会对里尔的德洛里同志的声援,德洛里由于维护工人的阶级利益而被反动政府解除了职务；此外，北方行政区的社会主义工人要求继续坚持不懈地进行反对反动的剥削政党和资本主义政府的斗争。

瓦扬代表52名法国人发表声明，法国代表团的多数不是无政府主义者；它只拒绝对各个代表进行个人政治观点的质疑。如果无政府主义者承认自己是作为无政府主义者参加大会的话，就应把他们开除出去；如果作为工会的代表，就应同他们一起开会。我们同他们一起工作，正是为了克服并消除他们在工会中的影响。此外，我们是站在阶级斗争的基础上的。我们对拆分感到遗憾，因为这将给法国本身的社会主义革命宣传带来恶果。**阿列曼**也表达了相似的意思。大会进入议程第一项：**农业问题**。如下是决议案：

> 农业的资本主义剥削给土地耕种者以及整个社会造成的日益深重的灾难，只有在这样的社会里才能最终被完全消灭：在这种社会里，土地和其他生产资料一样归社会所有，也就是说，成为社会为了公共的利益并以最合理的方法来耕种的土地。
>
> 然而，土地所有制的情况以及农业居民的阶级划分，在各个国家里是不一样的，因此，对于实现这个目标的手段或需要争取的特定的阶层，不可能为各国的工人政党制定一份都必须遵守的方案。
>
> 但是，世界各国工人政党的首要任务仍然是把农村无产阶级组织起来与剥削他们的人作斗争。
>
> 根据这些原则，代表大会让每个国家自行为实现这一目标制定最适合本国情况的策略和手段。
>
> 大会宣布，在那些工人政党已经或即将成立农业问题研究委员会的国家中，希望这些委员会通过分发和交换资料等方式在工作中相互支持。①

---

① 原文为德文，与本书第17卷的英文决议在措辞上略有出入。——编者注

费里替代王德威尔得担任会议主席，**王德威尔得**作农业问题委员会的报告：基于不同国家农业情况的巨大差别，委员会当然必须把自己的任务只限于普遍的、最突出的特点上。我们的共同点在于，每个国家要承担的任务是，提出什么样的要求以及如何使社会主义的宣传赢得农村居民。委员会还有一点是一致的，为了有利于社会主义宣传要求建立农业问题**研究委员会**，以便通过相互交换已收集到的资料、文件和统计材料，对特别发达的和各种不同类型的农业关系有一个明确的概念并搞清楚用哪种最适合本身特点的方式去进行宣传和教育工作。我们高兴地发现，委员会**全体**成员在**根本要求**的问题上是一致的：把土地（以及全部生产资料）转归为社会公共所有。而对各个国家的所有细节问题必须尽可能地放手，因为各国的农业情况是完全不相同的。英国人仅仅从一小撮大地主占有的形式中认识农业问题。与此相反，在法国和比利时则必须考虑到广大的分散的小土地占有者，考虑到紧紧依附于土地或者被马克思称为就像蜗牛和它的甲壳互相结合一样的小农和佃农①。在俄国还存在着出自于共产主义公共占有的残余……简言之，各地由于经济和历史发展的原因而使农业和土地占有情况互不相同。农业问题尚在形成过程中，因而我们不能提出有束缚力的国际性措施的建议。但是我们在这一点上是统一的，即根据土地国有化的社会主义理想的观点，始终坚持我们已经确定的策略。所以我们相信，首先制订一项所谓行动纲领不是我们的任务，同时不考虑关于小农和佃农的个别特殊建议。我们的任务首先在于（委员会在这一点上同样是一致的），向农业无产者的群众进行宣传教育并争取他们，他们是社会的真正牛马，是最受奴役的无产者！各地的情况都迫切要求各国社会主义政党必须研究农业问题。社会

---

① 马克思的这句话原来指的是小手工业者，见《马克思恩格斯文集》第5卷第415页。——编者注

主义胜利的必要前提条件就是城市和农村无产阶级的联合；这种联合在多长时间尚未达到，那么敌人有保障的统治就会延续多久。因为他们寄希望于反对集体化的农民，寄希望于构成资本主义剥削的防卫力量的农民子弟。所以，我们必须把宣传解释工作做到处在反动统治下的农村居民的头脑中去，以便使穿着军装的农业无产者的心脏也为他们在工业领域中同样受剥削的兄弟们的利益而跳动。

皮尔逊（社会民主联盟）代表英国委员会少数派讲话：少数派不想同多数派对立，而只是想对其建议进行补充。也应该讨论个别的实际建议，如果说这些建议只能起到止痛片作用的话，那对目前的状况也是一种改善。少数派也不想同社会主义者对立，他们本身就是社会主义者。但是，多数派的报告太笼统了，它应该涉及农业关系中的每一项专门知识；因此，他请求重视如下**农业问题委员会中的英国代表的少数派报告**：

英国代表们同意委员会报告中提及的决议，除了最后一段。然而，他们认为有必要提及这一事实，即他们提交的决议被委员会拒绝了。以下是被拒绝的决议：

一、除了地主和资本家对农业工人的直接剥削，各国农业工人还特别受到压迫，因为由于铁路和其他交通工具以及市场归资本家私人所有而阻碍了将他们的剩余劳动产品销售给他们的同胞，只有将上述交通和交换手段社会化才能排除这些有效使用土地的障碍。

二、由于资本主义制度在许多国家的发展导致农业劳动的显著改变，本次代表大会认为，这种劳动应该由最适合承担它的公共机构系统地在农村组织起来的时机已经到来。

这份决议被拒绝了，但是，农业委员会决定将它提交给工业委员会

审议,该委员会回答如下:

"经济和工业委员会的意见是,农业委员会提交给他们审议的提案不能由他们来审议,因为上述提案本质上属于农业委员会的领域。

(签名)**亨利·波拉克**"

然而,工业委员会主席后来通知说,被否决的决议引起了他们的注意。

三、该委员会请求教育委员会在向代表大会提交的决议案中纳入他们的建议,呼吁各国的教育部门:
1. 在所有的公立学校里安排初级农业知识课程。
2. 与其他政府部门、市政府等进行合作,建立一套农业技术教育的完备体系。

上述决议案被否决,其理由是它们在委员会的职权范围之外,或者不适合几个国家的需要。对于第一个反对的理由,我们的意见是委员会应该审议他们面前的每一个重要的问题;对于第二个理由,在承认各国农业问题存在区别的同时,对于外国代表明显不愿意讨论包括在主要决议之外的任何问题的情况,我们表示不满。

最后,为了未来的代表大会,我们慎重建议,每个委员会都应该有独立和正式的翻译人员。

此致

敬礼

托·M.瓦特 威·乔·皮尔逊①

---

① 原文为德文,与本书第17卷的英文报告在措辞上略有出入。——编者注

拉法格（巴黎）从一开始就确信，大会在农业问题上也并没有各奔东西，但他担心泛泛的、没完没了的讨论。目前，大会在基本观点上呈现出令人高兴的一致，少数派心中只想着附加提案。让工人阶级的敌人讥笑我们在议事规程讨论中出现的不一致和涣散好了，对此我们在委员中作了非常积极的努力，资产阶级对我们在这个问题上的这种一致会感到失望的。迄今为止，工资问题一直是工业无产阶级处于中心地位的问题。我们现在越来越确信，有必要把宣传鼓动工作扩展到农村去。里尔代表大会对农业问题进行过深入的讨论，因为法国工人党毕竟是第一个对农村居民进行社会主义宣传取得巨大成就的政党。对政治漠不关心的农村居民是反动派的最后希望，是他们的最后支柱。让我们把农村居民争取到我们这边来，那么，世界就是我们的了！

舍恩兰克：为了使所有的社会主义政党取得意见一致，决议必须限定在普遍的原则上。我们毫无疑问不仅支持土地国有化，而且还支持交通运输工具国有化。但是我们必须事先提出告诫，不要对阶级国家范围内和当今阶级国家实行的国有化寄予太大的希望。德国就是一个例子，它实行交通工具和铁路国有化已有很长时间了，而结果就是：剥削成为国有化的了，同时以最完善的资本主义方式服务于军事目的。交通工具国有化并不等于其民主化。相反，俾斯麦以实行国有化来反对民主监督并加强专制主义。英国少数派也想利用这样的办法来解决工业部门的失业问题或者至少减少失业人数。然而，他们提出的措施却十分成问题。把失业者转移到农村和实行工人殖民是普鲁士和德意志容克地主长期以来所期望的，但他们仅仅是要把剩余的工业劳动力推向农村，以便对廉价的、在政治上没有力量反抗的劳动力进行肆无忌惮的剥削。对于农业教育，我们原则上不反对，但我们看不出在城市中对工业部门的工人进行农业教育有什么实际意义，这些工人被迫在工业中心度过他们的全部人生。因为英国人在社会主义的根本观念上同我们是一致的，所以这些修正案从根本上说是些无关紧要的小事情。

宰德尔（苏黎世）提议：在第一段中，用"资本主义和资本主义剥削"的表述代替"资本主义剥削"。

拉法格要求将在第三段中的"农村无产阶级"一词改为"农村各阶层人民"。大会接受了这些修改意见，并**一致通过了整个农业决议**，英国人的修正案（少数派决议）因只有少数赞成而被否决。

下午1点举行的会议延迟至3点召开。

第六次会议

（星期四，下午）

主席为**王德威尔得**。在宣读了一系列祝贺声明和电报之后，通过了一项决议，向伦敦的一名法官表示大会对他的蔑视，并使他知道自己干了件令人可笑的事。他在一次反对昨天罢工工人的审讯中声明，工会联合会工人想要动用的力量是**非理性的凶残力量**。瑞士代表团提出一项决议，大会对今天第一次有**俄国真正的工人组织**的代表出席此次国际工人代表大会表示高兴；代表大会还要求俄国工人继续进行反对作为反动派堡垒的俄国专制主义的斗争，直至把它推翻。

一位法国代表建议，把"反动派的堡垒"修改为"反动派的堡垒之一"。在大会的欢呼声中，两项决议被一致通过。

进入议程第二项：讨论**政治行动**。

纽文胡斯以9位荷兰代表的名义声明，荷兰代表的多数将不再参加国际工人代表大会的讨论，因为他们认为，大会愈来愈背离了旧"国际"的经济基础，变为纯议会的了。他们声称要离开呈现出宗派性的、不宽容、不公正的以及不再具有国际性的代表大会，因为继续留下来的少数派不能被看做是荷兰工人运动的代表。

纽文胡斯的声明在德国代表嘲讽性的鼓掌和其他国家代表的沉默中被接受。

弗利根（荷兰少数派）：荷兰社会民主党人将不离开大会，（鼓掌）而且我们把能够和全世界工人阶级的代表如此频繁和如此长时间地在一起工作视为一种荣誉。荷兰多数派从不进行任何讨论，我们也不能进入任何委员会，（有人喊："这就是纽文胡斯式的宽容！"）比如，恰好是我们荷兰人特别感兴趣的殖民地问题委员会。把我们少数派称做仅仅是德国社会民主党利益的捍卫者。我们的目光一直注视着国际工人运动。当我们还弱小的时候，我们从不要求把我们看做是强大的。（有人喊："像其他人那样！自吹！"）我们知道，我们是弱小的，但我们将进行工作以使自己强大起来！

一位法国无政府者**拉孔布小姐**声明，如果不允许她的那些被驱逐的朋友参加大会，她也将离开大会。

主席：我们进入议程；报告人兰斯伯里讲话。（场内活跃）

兰斯伯里认为，应该限定在单纯介绍情况方面。他请求通过下述决议案：

一

大会认为，政治行动是指**工人阶级为了夺取政治权力和在全国和地方性的立法和行政机关中行使这种权力来争取自身解放**而进行的各种形式的有组织的斗争。

二

大会宣布，夺取政治权力是实现作为人和公民的工人的解放以及建

立国际社会主义共和国的最重要的手段;大会号召各国工人联合起来,独立于一切资产阶级政党,并且要求:

1. 一切成年公民有普选权;
2. 一人一票;
3. 决选投票;
4. 在全国和地方都有动议权和全民公决权。

三

大会宣布支持所有民族都享有完全的自决权,并对目前正遭受军事的、民族的或其他形式的专制统治压迫的一切国家的工人表示同情;大会号召所有这些国家的工人参加全世界具有阶级觉悟的工人的队伍,和他们一起为推翻国际资本主义和实现国际社会民主主义的目标而奋斗。

四

大会宣布,妇女的解放是与工人的解放不可分割的,因此号召各国妇女同工人并肩战斗并与他们一起在政治上组织起来。

五

大会宣布,无论是以宗教还是以传播文明为借口,殖民扩张的实质都只是为了资本家阶级的特殊利益而扩大资本主义的剥削范围。①

---

① 原文为德文,与本书第17卷的英文决议在措辞上略有出入。——编者注

托尔特利耶（巴黎的无政府主义者）：过去他也相信政治行动的作用，今天他知道了，人民代表只是徒有野心，他们没有遵守自己的诺言。所以现在大多数法国人民不再问津议会主义和政治斗争，而是为了他们的解放进行经济和工会斗争。假如工人联合起来，他们就取得了一半的成功；他们手中有一个很好的手段，即**不再交房租**，住房所有制随后将会被废除。

饶勒斯：他必须以47位法国社会党人代表的名义反对这种似乎法国的无产阶级丧失了政治行动的兴趣的观点。恰恰相反，工人参加选举投票的人数愈来愈多，他们的代表人数愈来愈多，他们的政治影响愈来愈大。比如说最近的选举，工人们在今年5月1日的市镇议会选举中获得了前所未有的如此之多的选票和席位。并且，工人的选票随着每一次新的选举而增加。这也从另一个方面提供了证明，工人的议会代表在履行他们的义务，实现他们的诺言。他们不仅始终支持经济改革，把这些改革作为斗争旅途中的口粮，以此来履行自己的义务；而且，他们在3年前成立了社会党的议会党团，并且始终站在这一突破口同反动派反对工人阶级的任何企图作斗争。正是工会所谓的最有资格的代表们应该知道，政治斗争对于经济解放来说是何等重要和不可忽视。假若没有这种勇敢的政治斗争，今天在法国就不会有工人的言论、结社和集会自由！为什么迪皮伊得以关闭职业介绍所？还有，为什么工人阶级的政治权力比资产阶级的弱小而不是相反？这些事实应该使每一个人都懂得政治行动的价值。把罢工作为穷人反对资本主义斗争的解决手段指点给工人，把对罢工的责任推到社会党人身上，这当然是错误的，但是出于对经济关系的更深的考虑，他们有必要预见到这一斗争，如果斗争不可避免，他们就应该始终站在工人一边。所以，如果说工人阶级的政治代表不履行自己的诺言，那就是错误的。他们不仅应该支持经济改革，而且还应该在国内各地使人们懂得：政治行动不再是危险的工具，而是由压迫的手段转变为解放的手段，转变为废除阶级统治的手段。

饶勒斯的发言被整个大会雷鸣般的掌声不断打断，英国人挥动着手帕和帽子表示欢迎。

亨尼西（英国工会会员）提议在决议二中删去"独立于一切资产阶级政党"的词句。

斯特德曼（费边社）支持这一提议：他是社会党人和工会干部，他也完全赞同决议，但是英国目前的状况要求他必须作为选举的候选人同别的政党打交道，工人们必须有行动的自由。但他完全同意，工联主义者应该比以往更多地投入政治斗争，虽然他认为激进分子和工人候选人在选举时没有区别。

皮特·柯伦（玻璃工人）坚决反对这一观点，他完全同意饶勒斯的观点。英国工人必须最终摆脱资产阶级政党，无论是激进分子或是所谓的工人候选人都应该如此，必须像德国人、法国人、比利时人那样，在阶级斗争的基础上作为独立的政党组织起来。

倍倍尔（受到雷鸣般掌声的欢迎）：在饶勒斯出色的论述之后，他再详细谈及政治斗争和参加选举的必要性，就是多此一举。他不是为了这一目的发言，而是根据德国党过去25年的选举经验来反对亨尼西的要求。他毫不狂妄，但他可以断言，德国社会民主党，他的党自从出现在战场上以来，就非常坚持不懈、毫不动摇地屹立在斗争之中。在25年前，不是出于自己的努力，而是由于德国政治的发展使选举权落入他们的怀抱，当时在整个德国没人表示反对参加竞选。正是由于参加了政治行动，特别是由于参加了政治斗争，德国社会民主党从很弱小的受轻视和受侮辱的团体发展成为帝国中最强大的政党。175万张选票！这一成就简直令政府和资产阶级政党吃惊。在德国既有的经济和政治关系中的**工人阶级**所做的所有一切，都是通过**德国社会民主党**、通过它的政治行动、通过它的政治影响所取得的。从此，德国工人阶级不再同情弃权的要求。他们的口号是：多举行选举，越频繁越好！政府和资产阶级政党为什么要把立法议会的任期由3年延长至5年？是出于对工人的热爱吗？不，是出于对工人的恐惧，出于害怕由选举宣传所带来的骚动和启蒙。资产阶级政党希望尽可能少的选举斗争。如果我们接受无政府主义者的策略，对选举权不屑一顾，我们的对手将对我们大为满意。他们将拥抱并称赞我们，像从未夸奖过的那样夸奖工人。所以说，不放弃、扩大选举权是我们的要求。还有一个例子可以说明这一问题，假如我们追随无政府主义者的弃权政策，那将会为谁的意图和目的服务？在萨克森，我们拥有全体选民的多数票，出于对社会民主党的恐惧，政府和资产阶级政党取消了社会民主党的选举权。如果反对者对于工人阶级政治行动的价值作出了如此的判断，难道我们还要放弃？这将是最严重的政治错误。

再向英国朋友们说几句。德国工人阶级不能接受亨尼西的要求。讲话人介绍说，德国工人阶级长期以来是如何遗憾地看到，英国工人当中的很大一部分还在被资产阶级党牵着鼻子走。他要求他们组织起来独立地投入斗争。他提出：你们只要愿意，就可以在英国这里成为国家和社会的主人。一旦你们这块土地的兄弟们向前进，社会主义的旗帜就将胜利。（英国的代表们欢迎这个发言）

费里（意大利）：他也必须反对托尔特利耶的观点，即意大利的工人放弃了政治斗争。事实恰恰相反。上次选举时，具有阶级觉悟的工人得票数是25000张，这次上升为80000张，并且议员的人数也由5名增至15名。这样参加政治斗争不仅对个别人，而且对整体也具有伟大的教育作用。这里有一个典型事例。不久前，社会党代表团的一名成员不是出于热爱，而是出于眼前的策略考虑，投了政府一票。这位议员给党带来了如此巨大的损失，给他的威望及民心带来如此巨大的损失，因此他立即在代表大会上承认错误，宣布自己的立场无效。这一有教育意义的影响、这种对整体的纪律的服从对南部国家更加重要，那里的人陶醉于革命、浪漫的幻想。为了使那些独自不能对抗资本主义的无产阶级的联盟最终能够全身心投入，这种纪律是必要的。（热烈的掌声）

讨论结束了。亨尼西的修正案只得到少数英国工会会员的支持，**委员会的决议**几乎得以**一致**通过。

第七次会议
（星期五，上午）

瓦扬（主席）：英国的资产阶级报刊报道说，代表大会的英国代表团只由主席和书记组成。同样，还传播着这样的新闻，英国工会代表将要撤离代表大会。他被授权正式宣布，所有这一切都是谎言，纯属对昨天会议的辉煌成果不满。

、会议进入议程：**教育和体力发展问题**。委员会的代表**悉尼·韦伯**作了如下报告：

教育和体力发展委员会坚信这一问题对于社会主义运动和全世界劳动阶级的幸福与解放具有极其重大的意义。当前资本主义剥削经济制度阻碍了普通民众的孩子们的身体发育，剥夺了有益于其健康的休息时间——协调发展的条件，使他们无法获得全人类的共同遗产——教育和知识。在目前的情况下，无产阶级的父母们力求使自己的子女得到抚养、受到教育，但这是做不到的；而做不到这一点，就既不可能有安康的家庭，也不可能有组织良好的社会。

而且，资本家雇主们用儿童和少年的劳动来代替成年人的劳动的趋势，甚至对最有组织的工人来说，也是对其生活水平的严重威胁；同时，使用儿童和少年劳动力导致工资降低，因此也不会给受雇用的儿童和少年的家庭带来任何经济上的好处。最后，鉴于未来社会的幸福要靠不断发现更多的科学真理，特别是影响经济、工业和社会生活的重要科学真理，因此，大力支持用公共基金推进科学调查和研究，是各国社会主义者利益之所在。

因此，委员会为代表大会准备了下列要求，以作出决议：

1. 大会在教育问题上承认个人成绩的价值，但声明每个国家的公共管理机构的一项根本职责是建立一套在民主的公共监督之下、从幼儿园到大学（包括体力、科学、艺术和技术［手工］培训）的完整的教学和教育体系，这些教育机构应完全免费，公共机构承担学生的生活费，从而使之向社会的每一个成员开放。

2. 学校应每天安排一次共同的——例如在学校食堂——午餐，而无贫富之分；对于所有孤儿和贫困儿童，由专门的机构按照最好的办法完全承担其抚养和教育。

3. 儿童不用全天上课并按照法律的许可而由工厂或家庭作坊雇用的最低年龄，应逐步提高到至少16周岁，但各国应尽可能快地实现这一办法。

4. 从法律上完全禁止有害健康或有危险的行业雇用任何18岁以下的儿童，并完全禁止他们上夜班。

5. 为了使各种培训成为可能，制止资本家非法剥削少年劳动力，无论工厂还是家庭作坊的任何雇主都不得让18周岁以下的男童或女童每周工作超过24个小时（半日制），这些儿童必须到培训学校上课。

6. 在关于童工问题上，所有工业国家的保护立法都必须通过国际协议作出统一的规定；大会注意到，许多国家的政府尚未执行1891年柏林代表会议上他们正式作出的类似承诺，尤其是英国政府，它仍然允许11岁的儿童做工。

7. 为了真正保护儿童和使他们得到卓有成效的教育，必须像对待在工厂进行的工作一样对在家进行的工作作出详尽的法律规定和进行监督；对于为了逃避劳工保护规定，把工作派给工人在自己家完成的雇主，大会声明，这些雇主应负法律责任，保证这些工作在同自己的工厂一模一样的真正卫生的以及其他条件下完成。①

报告人简短地说明了决议。在这里也要遵循广泛承认的原则：委员会一致认为，社会的任务在于，要比以往更多地关注教育问题。社会民主党在教育事业方面也代表着人类最高理想。但他本人认为无例外地要求所有的孩子都受大学教育是错误的。"书呆子"已经太多了。要求全部由国家负担学习费用在目前也是行不通的，这只是有利于中产阶级，为了他们的利益，英国教育费用预算将达2亿，整个欧洲将达20亿。

埃玛·伊雷尔：在教育事业对未来社会的意义方面，工人政党必须对这个问题给予比以往更大的关注。但是这种泛泛的、不涉及单个国家状况的决议并不能带来变化。她建议，继续保留在大会上成立的教育委员会，并使之在每个国家都建立起来。这些委员会的任务在于，散发就学校和教育事业的状况及条件进行说明，并提出工人阶级在这方面的要求的小册子。这些小册子将有利于在妇女当中的鼓动，向妇女宣传，使她们靠拢工人阶级，迫使政府回应她们的要求。

基尔·哈第不希望通过助学金，而希望通过公共资金来支付学生的生活费用。悉·韦伯反对这一意见。即使费用就像他所说的那么高，也是合适的，因为提高了教育水平，军国主义几乎就不会成为可能。悉·韦伯只愿意穷人的有才能的孩子能获得生活费，确实，资产阶级的后代都有能耐吗？不，从平等的角度去发，他要求穷人享有与富人同样的权利。

---

① 原文为德文，与本书第17卷的英文决议在措辞上略有出入。——编者注

克拉拉·蔡特金：委员会在最后一刻达成一致，删除关于助学金的那段，所以**德文译本**就成了基尔·哈第所期望的表述。在民主国家里，助学金不像在反动国家那样具有耻辱的性质。但尽管如此我们还是要反对，因为工人阶级拥有受教育的权利。我们也不像基尔·哈第走得那么远，我们想根据我们的纲领，只对那些具备能力的孩子承认这一义务。今天，穷人的孩子尽管有能力却因父母的贫穷而被排除在外。这种贫穷如同天使拿着燃烧的剑站在教育天堂之前一样阻止孩子们入内，只因为他们选择家长时不够小心。只要社会不对受教育者承担完全的赡养，任何这方面的企图都是竹篮打水一场空。假如基尔·哈第认为，更高等的教育的可能性可以克服军国主义，那就请看这样的事实，如今教育的承担者正是军国主义的追随者。教育在今天正是针对工人阶级的另一个武器。

伯罗斯（社会民主联盟）宣布与基尔·哈第一样同意的德文译本，但坚持去掉"有才能的"字句。

在表决时，基尔·哈第的提案以14对6票（德国、丹麦、瑞士、奥地利、荷兰、瑞典）获得通过。

阿尔吉里阿德斯（巴黎独立社会党人）要求删去学校进餐的第二点，它同在布鲁塞尔所作的关于社会对所有孩子的赡养义务的决议相抵触。

德罗利（法国社会主义工人党）不反对阿尔吉里阿德斯的观点，但是认为，不需要删去句子，而是在前面加上"我们在争取一个更好的社会制度的组织时，要求"。

表决时，第"2"条被去掉，其他所有提案都被接受。伊雷尔的提**案在德国代表团多票反对的情况下被接受**。

最终表决时，总决议以绝对多数票被通过。**德国投了反对票**。会议于1点结束。

第八次会议

（星期五，下午）

宣读了贺信和支持的函件，其中包括布鲁塞尔的一个大学生团体，它同时通知，将于1897年在布鲁塞尔召开国际大学生会议。

日程的下一项内容是：**组织问题**。报告人吉布森（社会民主联盟）受委员会之托，提出了如下建议：

在递交其报告时，委员会希望说明它赞同哪些决议案。

由于费用问题和所有的社会主义报刊中都刊登了有关他们国家的社会问题的主要事实的报道，我们不推荐出版在两个提案中建议出版的国际性报刊，相反，我们要求：

一

1. 大会决定，应立即尽力成立国际的常设委员会，并设一名责任秘书；这个委员会应设在欧洲最适合的国家。
2. 本次大会任命一个小委员会，其任务是就执行第1条中提出的要求拟订建议并提交下次代表大会。
3. 授权上述委员会作为临时委员会行事；凡是在该委员会中没有代表的国家，均有权在下次代表大会召开之前派1名代表参加委员会。

二

大会认识到对国际经济信息的日益迫切的需要。因此，大会要求各国尽其最大努力实现在布鲁塞尔和苏黎世通过的关于成立国际资讯局①的决议。

三

鉴于向美洲的大量移民使那些地方高度集中的资本主义获得了降低工资、压制工人的反抗的可能性；其次，鉴于以前与各自国家的工人运动有联系的许多移民在美洲并没有参加运动（主要是因为他们不了解情况），因此，国际运动完全失去了这些移民；大会建议成立一个机构，通过它在欧洲港口和移民船上向移民分发有关美洲的工人运动的信息，并给社会主义宣传员就怎样能把这些移民组织到美洲工人组织提供指导。②

报告人只作了一个很短的说明，因为没有反对意见，所以立即就进入表决，**委员会的提案以多数票被通过**。

同时，报告人提出把国际的常设委员会迁往伦敦的提案，而萨尼亚尔（美国社会工人党）提议设在瑞士，15个国家赞成设在伦敦，5个赞成在瑞士，因此，**国际的常设委员会的所在地是伦敦**。

议程的下一项是关于**战争问题**的报告。**武尔姆**受委员会委托宣读了以下决议：

在资本主义社会，战争的主要原因并非宗教或民族矛盾，而是各国

---

① 即有关代表大会上所提到的"国际劳工书记处"和"各国工会书记处"，参见本书第15、16卷。——编者

② 原文为德文，与本书第17卷的英文决议在措辞上略有出入。——编者注

占有阶级的经济对抗。正如在劳动场所不断地拿工人的生命和健康作牺牲一样，他们通过打开新的市场，为追逐新的利润而毫无顾忌地让工人们流血牺牲。

因此，各国工人阶级的使命是，像反抗占有阶级对他们进行的其他任何一种欺压一样，反抗军事压迫。

为了实现这一目标，他们必须夺取政治权力，以消灭资本主义生产方式，同时在一切国家里拒绝作为资产阶级工具和维持现有秩序的政府。

即使在和平时期也吸干了各国人民血汗、其费用主要由工人阶级负担的常备军，不仅加剧了国家之间的战争危险，而且还根据统治阶级的愿望成为更加残酷地压迫各国工人阶级的工具。正因为如此，资本家阶级才对"放下武器"的口号，以及向他们发出的其他人道主义的呼吁充耳不闻。

只有工人阶级才有实现世界和平的热切愿望，只有他们才有实现世界和平的力量。

所以，他们要求：

1. 同时在一切国家取消常备军，建立国民军队。
2. 成立仲裁法庭，和平解决国家间的争端。
3. 如政府拒绝接受仲裁法庭的决定，应由人民直接对战争或和平问题作最终决定。

工人阶级反对国家间签订秘密条约。

只有当工人阶级取得对立法的决定性影响，各国人民因国际社会主义联盟而真正友好，这些要求才会像其他已经提出的有利于工人阶级的重要要求一样得以实现。

武尔姆：本应以**和平委员会**命名的委员会一致通过了这份决议。由两位法国代表提出的关于总罢工的要求,以及提出把运用革命手段作为保卫和平最终手段的提案遭到拒绝。委员会其实比所有这些提案走得都远,它调查战争的起因,并得出结论,不仅要看到战争的后果,而且要找到制止战争的手段。战争的根源不是宗教或民族分歧,而是各国的经济矛盾。只有各国人民通过建立在共同利益基础上的社会主义,各个国家之间的这些矛盾才会消失。正是由于资本主义生产方式及其战争是针对一切的,它对工人阶级的武力压迫正是战争的真正根源,不论对人道、对争取和平的呼吁以及"放下武器"的口号有多么人道、多么诚恳,也都是徒劳的。只有一种手段有望获得成功:消灭阶级对抗,所以工人阶级是唯一能够确保和平的阶级,他们为了这一目标必须夺取政权。同时,委员会认为,应该更明确地表达决议中所提的特殊要求。发言人在结束时提醒工人阶级组织起来,夺取政权,否则所有这一切要求都是空谈。

布伊策尔瓦塞(巴黎)代表法国的多数派宣布,反对国民军队(其意思和民兵一样)的要求,正如瑞士和美国的情况所证实的,这一切只能成为为资产阶级利益服务的武器。他还宣布反对夺取政权。议员顶多利用其议席宣传革命的手段。他提出了相应的提案。

潘克赫斯特博士(曼彻斯特人,独立工党)赞同仲裁法庭,英国和美国已经能在这个问题上走在前面。他还反对国民军队,要在每一个地方都提出这样的口号:放下武器,自由和友爱万岁。

兰斯伯里(社会民主联盟)反对这种观点。放下武器就意味着民主毫无抵抗能力地听任资产阶级摆布。

拜尔斯(社会民主联盟①)提议在第1条要求中加入:逐步取消常备军,等等。

---

① 原文有误,根据本书第17卷的英文正式记录,拜尔斯为独立工党党员。

所有这些提案都被否决。

贝尔福德·巴克斯（社会民主联盟）支持只要求成立唯一的国际仲裁法庭。由人民来决定战争与和平问题也是一个过早的要求。当前，政府有能力使人民支持战争。例如，由于德皇发给克吕格尔的电报，英国人民的情绪会使绝大多数人毫无疑问地投票支持战争。

热罗-里沙尔（巴黎代表）提议由人民选举仲裁法庭。这个建议被通过。大不列颠的一位女代表、费边社的**斯坦顿·布拉奇**提议，向英国和美国政府表示代表大会赞同他们目前和将来把国家间的争端问题提交给仲裁法庭的做法。

萨尼亚尔（美国）评价仲裁法庭的意义时说，从不同的裁决可以看出，对于资产阶级来说，战争与和平只是一个金钱问题，只是一个利润问题。

发言名单接近尾部（倍倍尔还想就萨尼亚尔的观点进行争论），布拉奇的建议没有被采纳。

格罗伊利希坚决支持把对战争与和平的决定权交给人民。这个要求是对和平的最好保证。**巴克斯**认为，人民并不等同于城市里的羊羔。那些必须把自己的儿孙交付给战争的农民和工人并不支持战争。历史告诫我们一个例子。1870年，拿破仑为稳住其摇摇欲坠的王冠而安排了一次全民公决。为了赢得人民的赞成票，就告诉人们，谁要是希望和平，就必须投赞成票。他就这样骗取了绝大多数，事情一直就是这样。

表决时，巴克斯提案关于仲裁法庭的第一部分被通过，第二部分被拒绝，决议的第三点被保留，决议直至最后部分被原封不动地通过。

在一系列事务性通知之后，会议于7点30分结束。

第九次会议

（星期六，上午）

西格（日内瓦）、**范科尔**（荷兰）、**阿德勒**（维也纳）和**普列汉诺夫**（俄国）任主席。两份决议在没有讨论的情况下被一致通过：第一份表示支持将于明天在索非亚召开的第三次保加利亚社会党代表大会，第二份是代表大会对发生在苏黎世的悲惨事件表示遗憾。代表大会认为，资产阶级和意大利政府应对瑞士人和意大利人之间的这场不幸争端负责，他们把工人视做经济和政治上的奴隶，迫使他们离开祖国，在劳动市场上成为当地工人的压低价格者。这一悲惨斗争的过程向工人提示了比迄今更好地把移民工人的组织掌握在手中的必要性，以使他们为社会主义的斗争同本土工人肩并肩地联合起来。

代表大会一致表示赞同。

然后，大会主席通知，上个星期二召开的**国际议会委员会代表会议**决定，为了对一些问题采取一致的态度，公共机构中的代表应保持最紧密的联系，这样做是极其重要的。因此，必须要有一个委员会。代表会议建议，每个国家都应当向这个委员会派出一名作为临时书记的下院议员或市镇议员。倍倍尔受德国代表团委托进行通信联络等。各种建议应通知公民瓦扬（巴黎）。大会主席还建议，在下一次代表大会的议程中加上"**海员的状况**"，代表大会表示同意。

在宣读了一系列事务性的通知和表示赞同的意见书之后，代表大会进入"**工人阶级的经济政策**"的议程。

报告人**莫尔肯布尔**：当我们浏览决议时，会发现在这个领域几乎没有提出新的要求。巴黎代表大会的决议依然还是基础，在内容上几乎不可能有什么补充。对于工人阶级的社会政治见解而言，这是一个很好的标志。当市侩们把例如大资本主义企业的集中、托拉斯和联营看做是令人愤慨的做法，视为有害的弊端，必须为此动用警察时，工人必须考虑这些经济发展的必然结果。

正如所说的那样，委员会提出了大量建议，对单个国家和单个产业都具有重要意义。但是，当涉及确定普遍有效的前进路线、普遍有效和普遍有义务的基本准则时，这些单个的建议就不能提出来。例如，费边社提出垄断烟草、烧酒、食品生产和商业国有化的建议。报告人尖锐而引人地描述了我们在德国奋起反对俾斯麦出于反动和财政政策而热衷的这种计划的情况。

莫尔肯布尔接着转向工人保护法的要求，这些要求往往只停留在纸上。因此，工人的一个首要任务是，在强有力的工会中组织起来，为工人保护法的颁布和执行获取必要的权力，并且通过自己的力量对着手执行予以监督。巴黎决议在今天也是首先要争取的目标，**首先是八小时工作日**；其次，也必须反对资产阶级试图通过家庭工业和血汗制的后门使工人保护法成为幻想的做法。此外，各地的工人阶级都要努力消灭阻碍工人自由的联合权的一切法律和限制。他请求通过委员会以下提案：

一

大会宣布，各国工人都应为**生产、运输、分配和交换手段的社会化以及在全社会民主监督之下进行生产而奋斗**，以使工人阶级和被压迫人民完全从资本主义的统治中解放出来。

其次，大会认为，由于压制竞争的资产阶级的庞大组织控制的全国性和国际性卡特尔和联营企业的增长，因此，秉着这种精神进行全国性和国际性的宣传鼓动正变得越来越有必要。石油、棉纱、某些矿产品、大五金产品已经被资本家的联合体所垄断，他们企图任意规定价格和工资。这种大型的资本主义组织,靠个别的工会或者孤立的政治行动是不可能有效地加以反对的。为了能够同这些大联盟作斗争,必须建立更为广泛的工人组织。因此,大会建议在工人政党已经有计划地关注托拉斯和卡特尔的所作所为的国家成立一个国际机构,监督这些资本主义联合体的阴谋诡计,并努力通过国家和国际立法实现这种企业的社会化。

日益增长的财富的生产,不仅没有为大众的幸福服务,反而成为国内与国际危机的原因。工人被这种他们迄今还没有能力调整的经济危机而失去工作,流落街头。在所有文明国家中,人们正认识到通过生产社会化来取代这样一种混乱的制度是必要的。大型煤矿、大型钢铁厂、化工厂和铁路都已经发展到这样的程度,即它们的社会化从经济上来说已经没有任何困难了。

因此,大会号召各国工人在各自的国家立即着手采取明确的社会化、国有化和市有化措施,同时,相互通报每个国家在这方面所采取的措施,以便采取尽可能一致的国际行动。

二

为了反对资本的经济强权和改善工人目前的状况,工人的**工会斗争**是必不可少的。没有工会,就不可能有充裕的工资,就不可能缩短工作时间。然而,通过这种斗争,对劳动的剥削只会得到减少,而不是消灭。只有当社会自己掌握了包括土地和交通工具在内的生产资料时,才能完全消灭对工人的剥削。然而,这必然要求采取一系列立法措施。为了完全实行这些措施,工人阶级应该掌握政权,而这取决于所达到的组织水平。因此,工会因其在组织方面进行的努力而有助于巩固工人阶级的政权。工会之所以能够使工人阶级掌握政权,是因为它把工人组织起来。

工人阶级的组织如果仅仅是政治性的,那么,它就是不够的,是不彻底的。但是，工会斗争也要求工人阶级**采取政治行动**。无论工人在自由的斗争中从雇主那里获得了什么，工人通常都必须首先作为政治力量通过法律予以确认，以使之得到保障；另一方面，工会斗争则可能因为法律措施而变得不再必要。资本主义世界市场的国际联系以及随之而来的各国工业争端越多，工人阶级在工会斗争方面，尤其是在劳工保护立法方面的**国际**合作就越有必要。

在最近期间，无产阶级有必要在如下方面采取国际行动：

1. 废除关税、消费税和出口奖励金。

2. 执行国际劳工保护法。在后一个问题上，大会重申巴黎代表大会的决议①，并建议近期的鼓动工作主要集中在：

(1) 实现法定八小时正常工作日；

(2) 废除血汗制度，并为家庭手工业的工人提供有效的劳动保护；

(3) 男女工人拥有完全自由的集会结社权。

---

① 巴黎代表大会决议要求国际性的劳工保护立法，在该决议中提议将如下要求写进法律（1889年巴黎代表大会通过的决议提出的有关要求见本书第14卷第217—218页，下述引文与之有不同之处。——编者注）：

1. 八小时正常工作日；

2. 禁止使用未满14岁的童工，所有14岁至18岁之间的未成年人每天工作不得超过6小时；

3. 禁止夜间工作，除了某些需要不间断地进行生产的企业；

4. 禁止在一切特别有害妇女身体健康的企业使用女工；

5. 禁止女工和未满18岁的男工上夜班；

6. 每周至少36小时的连续休息时间。

7. 禁止尤其损害工人健康的工作方法；

8. 取消实物工资制；

9. 由国家发给薪俸的视察员（其中至少有一半人应由工人自己选举）对包括家庭手工业在内的一切行业进行检查。

为了落实这些要求，有必要把工会活动和政治活动结合起来。

因此，大会宣布，根据巴黎和苏黎世通过的类似决议，把工人组织起来成立工会是工人阶级解放斗争的迫切需要，大会认为加入各自行业的工会是所有致力于把工人从资本主义制度枷锁中解放出来的工人的职责。

为了能有效地开展活动，**工会组织**应组成**全国性的联合会**，避免把力量分散在单独的组织中。政治观点的分歧不应成为经济斗争中单独行动的理由；但由于无产阶级阶级斗争的性质，工人组织的**职责**是把它们的会员培养成**社会民主党人**。

除了争取更高的工资和更好的工作条件，工会应该监督劳工保护法的执行，并力争废除有害健康的生产方式、血汗制和实物工资制。

大会把罢工和抵制视为实现工会任务的一个必要手段，但并不认为有举行国际总罢工的可能。迫切需要的是把工人群众组织在工会中，因为罢工发展成为全行业或全国性罢工取决于组织的规模。

为了使统一的国际工会运动成为可能，应在每个国家成立工会中央委员会。这些委员会应尽可能收集有关劳动市场的统计资料，交换这些统计资料以及定期报告，并相互通报国内发生的一切重大事件。

注意吸收来自其他国家的工人加入居留国的工会，使他们不以低于本地工人的工资受雇，这应当是各国工会的特别职责。

各国工会有义务在罢工、同盟歇业和抵制时尽力互相支持。

三

关于庆祝**五一节**，大会同意历次代表大会的决议，它把五一节视为为争取八小时工作日而举行的有效示威，并认为停工是示威的有效形式。①

---

① 原文为德文，与本书第 17 卷的英文决议在措辞上略有出入。——编者注

盖拉尔（巴黎，铁路工人代表）代表委员会的少数派向多数派抗议，他们甚至没有讨论一次总罢工问题，而这个问题对法国工人来说最重要，代表大会至少应该决定，各地工人**应在下次代表大会**之前就问题的细节进行讨论，以使下次代表大会能够作出最后决定。

讨论结束。无数修改提案要处理，并在委员会草案表决前进行表决。**得以通过的有**：

安妮·希克的提案：禁止妇女在产前产后6周内在工厂工作，这段时间的生活费用由社会承担。

潘克赫斯特的提案：无法通过私人职业介绍所找到工作的失业工人，应该由国家和市镇以适当的工资安排就业。

组织起来的犹太工人：代表大会宣布反对一切限制向本国移民的法律。

最终的提案：妇女应在工会中作为同男人同样报酬的平等的成员得到承认。学徒也应享受同样待遇，工会要关心他们的社会主义教育和技术培训。

最终表决时，**整个决议**以全票通过，法国少数派投了反对票。

日程的下一项是：负责在其他决议中没有处理的各种提案的**综合委员会的报告**。

基尔·哈第[①]放弃进行说明，因为他认为，建议不言自明。

代表大会通过了委员会的下述建议：

大会确认，各国工人和社会各阶层人民均享有信仰自由、言论自由和出版自由的不受限制的权利，并享有为实现政治、经济和社会改革结社和公开集会的权利。

---

① 在本书17卷的英文会议记录中，该报告的报告人是格莱西尔。——编者注

大会责成各国工人尽最大努力争取赦免政治犯，并对被常常用来镇压无产阶级运动的警察的管制制度表示谴责；大会号召工人尽一切可能来阻止这种行动。

工人和企业主之间的关系（职业介绍所）不得以投机或交易为目的，作为公益机构，它应由工人自己为自己的利益组织。

此外，鉴于私人经营的职业介绍所是滥用职权、营私舞弊的根源，大会要求撤销这种自由竞争的职业介绍所，代之以市政机关的公立职业介绍所，或者使它在任何情况下都处于工会的监督之下。①

代表大会的议程到此结束。**主席团对下次代表大会的建议**被提交讨论：

大会主席团受托起草下一次代表大会的邀请书，下次大会仅邀请：

1. 一切致力于把资本主义所有制和生产制度转变为社会主义所有制和生产制度，并把立法斗争和议会斗争视为实现上述目标的一种必要手段的团体的代表；

2. 一切虽未参加政治斗争但声明承认政治斗争和议会斗争的必要性的工会组织的代表。因此，无政府主义者被排除在外。

代表委托书的审查由各国小组自己进行，除非是向由各国小组的代表组成的专门委员会提出申诉。

代表少于5名的国家，其委托书与存有疑问的委托书一样，应提交委托书审查委员会审查。

大会决定**下次代表大会将于1899年在德国召开**，如大会届时不可

---

① 原文为德文，与本书第17卷的英文决议在措辞上略有出入。——编者注

能在德国举行时，则改于1900年在巴黎召开。①

李卜克内西阐明了建议的理由。在委员会内就时间和地点进行了很多讨论。有5年之后再召开下一次代表大会的建议；另一个建议是1900年；还有一个建议是1898年或1899年召开代表大会。作为地点考虑到的有：纽约、巴黎、德国。反对美国是因为耗费时间和经费。当德国作为竞争者提出来时，巴黎被否决。把1898年排除在考虑之外是因为德国、法国和意大利将在这一年举行大选。德国代表团争得批准下次代表大会在德国召开的荣幸，尽管这样，由于当前政治状况的不安定，还不能就具体地点提出建议。主席团因此得考虑到1899年在德国不能召开代表大会的可能性，所以它建议，出现这种情况，就于1900年在巴黎召开代表大会。

经过比讨论地点和时间耗时更长的讨论后，委员会就与会条件达成一致。我们希望在下一次国际代表大会上不再遇到前两次代表大会的令人不快的场面。我们希望在代表大会上看到所有为政治斗争和经济斗争组织起来的无产者的代表和社会主义政党代表团结一致。到目前为止，我们还不能做到使革命的社会民主党同和它持有同样立场的工会无障碍地共同开会。作为民主党人，当不请自来者自己登门时，我们会有许多困难。我们不能为了让这些人离开而去叫警察。所以我们有必要被迫进行多日的、无结果的讨论，以致大会遭到诽谤、协商被搞乱，以致对手们吹嘘道："看看这些甚至自己的代表大会都不能守序的人，他们还想创造一个完全的新世界。"所以，必须进行改变。我们必须在邀请形式上采取预防措施，以使任何没被邀请的人不得入内，我们必须考虑到这一点，即发出邀请的人也必须有力量使邀请条件一开始就受到尊重。代

---

① 原文为德文，与本书第17卷的英文决议在措辞上略有出入。——编者注

表这里在场的所有党派的主席团一致同意这些建议，并且为了从一开始就避免含糊其辞，公开宣布：**无政府主义者不得入内！**

在翻译李卜克内西的讲话时，无政府主义的法国少数派当然报以最大的不满。

欧文代表**社会民主联盟**提出动议，要求大会接受下列与会条件：

1. 下次国际代表大会的委托书将限于真正的社会民主主义组织（以及工会）的代表。其目标是在民主的所有制和民主管理下为了全体人民的利益将生产、运输、分配和交换手段及工具社会化；这种组织通过议会和其他一般性政治方法努力实现上述目标，支持在每个国家建立议会并建立不依附并且独立于其他一切政党的政党，准备在现有环境下接受并遵守多数人的统治。

2. 下次代表大会应于1898年在安特卫普召开。

这一动议清楚地说明，所有在选举时支持托利党人或自由党人的那些工会都将遭到拒绝。

史蒂文森（工联主义者）同意主席团的建议，但是反对对社会民主联盟不宽容的动议作说明的发言人伤人的方式。

发言到此结束，还有12名代表预先登记了。英国社会民主联盟的修正案在表决中遭到所有国家的反对，仅法国无政府主义工会会员支持，从而被**否决**。英国的反对票为129票，赞同票为109票。

对主席团提出的关于代表大会地点、时间和与会条件建议的表决，除那些法国无政府主义者工会代表投票反对外，其他国家均投票赞同，建议得到**通过**。

两项决议案被提交大会并获得通过：声明支持33年前在"全世界无产者，联合起来！"的口号下组织第一次国际代表大会的那些前辈；

第二项：向东方为争取自己的自由而斗争的人民表示代表大会的支持。

西格作为今天会议的主席，向大会告别。我们顺利地结束了我们的工作，我仅有的任务是，向组织委员会和英国工人们表达大会的谢意，他们以如此富于牺牲精神的方式达到了进行协助的目的。我们的决议体现了社会民主主义的精神，为了让它们给工人带来福音，我们必须贯彻它们。我们不只是真理的倾听者和宣传者，我们也必须是它的实现者。

代表大会在对国际社会民主党的热烈欢呼声中结束。

风琴奏起有力的和弦，英国代表们唱起《友谊地久天长》，站成半圆并拉起手，庄严的曲子在大厅内美妙地回响。在管风琴的伴奏下，德国代表紧接着唱起《马赛曲》，法国人随后跳起了革命的卡曼纽拉舞，欢呼声响彻大厅。

晚上6点，代表们应英国工人邀请出席了在锡德纳姆水晶宫举行的晚会。

附 注

下列代表代表德国：党的领导和议会党团代表**倍倍尔**、**李卜克内西**和**辛格尔**；柏林代表**巴德尔**小姐、**博格曼**、**埃尔贝**和**费舍**；**格里伦贝格尔**（右莱茵巴伐利亚）；**克尔**（不来梅）和**云格**（不来梅雪茄工人）；**舍普斯**（布雷斯劳和西里西亚省）；**贝特斯**（美因河畔法兰克福选区）；戈森堡德（9个东萨克森选区之一）的**舒尔采**，比勒费尔德的（明登，明斯特-利珀河-代特莫尔德）**舒曼**；武尔姆（罗伊斯和汉诺威第10选区）；**舍恩兰克**（莱比锡市和莱比锡邦）；**伊雷尔**（德国妇女和东哈弗尔兰选区）；**蔡特金**（德国妇女和裁缝）；哥达（施瓦茨堡-松德斯豪森）的**尤斯**；里克斯多夫的**托马斯**（石匠）、**克洛斯**（木匠）；**陶舍尔**（符滕堡，社会民主党）；**列金**（石勒苏益格-荷尔斯泰因）；**麦斯特**

（莱茵州）；**克勒斯**（哈雷和马格德堡）；**博克**（鞋匠，哥达）；汉堡海员联合会的**施特默**；夏洛腾堡的**亚恩**（瓷器工人）；**德雷斯巴赫**（巴登）；哈尔特（萨克森第 10 选区）的**格林贝格**；班特（奥尔登堡）的**胡格**；奥芬巴赫（黑森）的**乌尔利希**；阿尔腾堡的**梅茨施克**（制帽工人）；汉堡的**施蒂默**（裁缝）；**莫尔肯布尔**（汉堡选举协会）；吕登沙伊德的**伊泽洛**（西威斯特伐利亚）、**泽吉斯**（冶金工人）；**奈特尔**（柏林冶金工人）、**维勒**（酿酒工人）、**迪德里希**（不来梅），也就是有 40 名代表来自德国。此外，还有伦敦的 **M. 贝尔**和**爱·伯恩施坦**（代表罗特布塞尔的纺织工人）；施米特（伯尔尼和艾希米勒－苏黎世）代表在瑞士的德国社会主义者和工人联合会；**申克**代表巴黎德国人读书俱乐部；伦敦的**莫特勒**和**列斯纳**代表伦敦共产主义工人教育协会和国际社会主义俱乐部；最后是伦敦的**普罗博斯**代表德国理发师和发套制作工联合会。所代表组织的数字远远多于 48 名代表的数字。

各国党和工人组织向大会提交的报告

关于费边社政策的报告和决议

关于费边社政策的报告

一、费边社的使命

费边社的目的就是说服英国人民，使他们的政治制度彻底民主化，使他们的工业社会化，以使人民的生活完全摆脱私有制的资本主义的控制。

费边社力图将其社会主义和民主方面的目标作为自己唯一的目的。例如：

对于婚姻问题、宗教、艺术、抽象的经济学、历史的进化论、货币流通以及其他问题，费边社并没有独特的见解，它只是对自己的专门事业——实际的民主和社会主义发表意见。

费边社把一切派别都汇集于它的领导之下，以影响现存的力量。它不计较一个党派叫什么名称，也不注重一个党派宣称什么原则——是社会主义原则或其他什么原则，它只重视一个党派行动的倾向。费边社支持那些拥护社会主义和民主的人，反对那些反革命的人。

费边社并不认为通向社会民主的实际步骤应由本社去实行，或者由其他特定的有组织的社团或党派去实行。

费边社并不要求英国人民加入自己的组织。

二、费边社的选举策略

在选举中，费边社并不声称是英国人民甚或社会主义党派的代表。因此，它不采用提出费边社候选人的做法去寻求直接的政治代表权。但是，它不失时机地去影响选举，引导选民选举社会主义者做他们的候选人。那些只会重复几句行话的、自称为社会主义者或社会民主主义者的人，都不能得到费边社的支持，同时也休想逃脱费边社的抨击。由于英国没有"决选投票"，无聊的候选人身份极大地侵犯并败坏了他们所代表的那些党派的声誉。这是因为：缺少支持的第三位候选人不仅自己会被击败，而且还会因他的失败而牵累与之竞争的其他两位候选人中占优势的人。在这种情况下，费边社就要致力于反对第三位候选人，不管这位候选人是否自称为社会主义者。这样，就能够保证真正有竞争能力的两位候选人中的较优者获得胜利。但是，如果第三位候选人不仅是一名真正的社会主义的代表，而且能够很好地组织他的党派，还能获得有效的选票，使失败变成相当可观的实力示威，引起社会主义在选民中影响的扩大，在这种情况下，费边社就会毅然支持他，而反对所有其他的党派。

三、费边社的宽容

由于费边社与其他团体相差甚远，它鼓励其社员不失时机地联合一致，并尽可能地掌握费边社的思想主张。几乎所有的组织和运动都包含着倾向于社会主义的因素。不论这些组织和运动的创始人的同情心及意图与社会主义者相差多远，都将是如此。另一方面，在社会主义的团体中，也会一再不自觉地提出一些反革命的议案。因此，费边社员被鼓励去参加一切其他组织，包括社会主义的组织或非社会主义的组织，在这些组织中，费边社的工作都可以进行。

四、费边社的宪政

费边社的态度完全是宪政的；它的方法就是英国政治生活中通常使用的那些方法。

费边社接受由于人类本性和英国人的民族特点、政治环境造成的那些客观条件。它同情一般公民对于渐进、和平变革的要求，同时反对革命、反对同军队和警察冲突、反对殉道牺牲。它承认这样一种事实：社会民主并不是工人阶级纲领的全部，通向工业社会化的每一项单独的措施必将先于无数其他的改革。因此，它不相信这样一种时刻会到来：那时，在两派无产阶级之间的整个社会主义事业将被系于某次大选的结局或下院的某个议案上。社会民主的每一步进展将仅仅是其他措施中的一种措施，它必将被富有生机的社会主义部分保持着活力。因此，费边社恳请那些期待发生触目惊心的历史性危机的社会主义者们，去参加其他的某些社团。

五、费边社的民主

费边社理解的民主显然意味着人民自由选举出的代表掌控行政权。费边社有力地批判所有把民主视为一种制度的观念。持这种观念的人认为，在那样一种制度下，政府行政管理的职能工作和公务官员的任命都将由公民投票或民众直接决定的其他形式进行。这种安排在一个村社也许是切实可行的；但是，在当今这种促使社会民主日益成熟的结构复杂的工业文明社会中，直接民主的安排就行不通了。当下院摆脱了上院否决权的控制，并且以有效的代表薪金制度和更加合理的选举方法对一切阶级的候选人开放的时候，在费边社看来，英国的议会制度将是民主政府的一种最上等的实用工具。

费边社认为，在男子和妇女之间，民主没有政治上的差别。

六、费边社的妥协

费边社从经验中已经认识到，社会主义者在一切事务中都不可能拥有超越其他人的自己的道路。它承认，在一个民主的共同体中，妥协是政治进步的一个必要条件。

七、费边社会主义

费边社认为，社会主义意味着：对国家必需工业的组织和引导、对一切形式的土地和资本经济租金的调拨，都要以国家为一个整体，通过最恰当的公共权力部门，诸如教区的、市政的、地方或中央的权力部门来进行。

费边社主张的社会主义只是国家社会主义。费边社的国外友人们在翻译这一宣言时必须注意到这样一个事实，因为英国现在拥有整套精密的、民主的国家机构，它从教区参事会或教区会议逐渐发展到中央的议会，它根据公民权进行选举，而这种公民权使工人阶级能够投票推翻其他一切人。欧洲大陆上各个君主国家内存在的国家与人民的那种对立没有妨碍过英国的社会主义者。例如，德国的国家社会主义与社会民主之间的差别，在英国就不存在。德国的市政府和其他地方机构对工人阶级是关闭的。英国的困难并不是要为人民获得更多的政治权力，而是要劝说人民去明智地运用他们已经获得的权力。

八、费边社的个人主义

费边社并不主张国家垄断工业、排斥私人企业或个人的创造力，更不会认为人民的生活和生产资源的途径完全脱离私人企业或个人的创造力。检验新发明的社会价值；创造更好的生产方法；为适应新的社会需求而筹划并领导公共企事业；独立地践行一切艺术、技艺和专长，总之，通过增加私人活动的资源和对公共事务的判断力来完善社会组织——这些个人自由，以及与上述有关的一切内容，都如同言论自由、出版自由和公众自由的其他项目一样，得到费边社的高度重视。

九、费边社的思想自由

费边社努力保持思想自由——不仅鉴于其政敌的错误，而且也鉴于社会主义的作家、经济学家、领袖及政党的错误与过失。例如，费边社坚持有必要对马克思和拉萨尔保持一种批判的态度，因为他们的某些观点到了现今时代，肯定会由于错误或过时而被放弃。这也正像这两位杰出的社会主义者对待他们的前辈圣西门和罗伯特·欧文一样。

十、费边社的报刊

在费边社与出版界的关系方面，费边社不用"资本主义出版物"这个词来与之划清界限。在英国，一切政治报刊毫无例外地都是由私人资本经营的，而这些私人资本又是在私人资本所有者们控制之下的。在它们当中，有些报刊持社会主义的主张，还有的持保守党的主张，其他则持自由党的主张和激进主义的主张等,不一而足。社会主义的报刊无法比其他报刊更多地摆脱社会压力。从社会主义观点来看,社会主义报纸是优秀的,正如从保守党的观点来看保守党报纸是优秀的一样。为了保证在报刊上表达自己的主张,费边社除了追求最大发行量之外,别无他求。

十一、费边社与中产阶级

事实上,社会主义运动迄今一直是在中产阶级或"资产阶级"成员的鼓动、指导和领导之下的。费边社毫不惊奇地发现,这些中产阶级的领袖们极其严厉地抨击着他们本阶级内流行的狭隘的社会理想,他们也抗议被社会主义者谴责的本阶级的荒谬之处,社会主义就是源于对中产阶级的特殊敌意。费边社不从同样狭隘的理想去幻想无产阶级的自由。正像其他每一个社会主义团体那样,它只能用社会主义教育人民,使他们熟悉一切阶级的最进步的成员所得出的结论。因此,费边社不能理所当然地把"资产阶级"或"中产阶级"这些词语用做责备的词语。因为那样做将更为严重地谴责到费边社成员的大部分人。

十二、费边社的自然哲学

费边社致力于通过使公众觉悟到现存制度下的社会罪恶状况,唤起社会的反思。要做到这一点,就要收集并发表一些真实可信、公正无私的统计小册子,其材料的编撰,不是来自社会主义者的著作,而是来自官方的资料。卡尔·马克思的《资本论》第一卷包含了大量的已被认真核实了的关于现代资本主义文明的事实,实际上并没有关于社会主义的什么材料。在已发表的著作中,《资本论》大概要算是最成功的宣传著作。费边社要努力沿着马克思著作的这一方向继续进行他的工作。费边社已注意到,社会主义者们对人民状况的猜测几乎是一成不变地向现存制度献媚,而不是像人们期望的那样去夸大它的罪恶。因此,费边社断定,在社会主义的自然哲学中,光是比热更为重要的因素。

十三、费边社的否定

费边社抛弃了"废除工资制度"这样的提法,因为它只能误导公众偏离社会主义的目标。社会主义并不包含废除工资,而是要由共同体根据其自身的职能建立所有工人维持生活的标准津贴制,以代替那种由贫苦男女工人为私人雇用而竞争所确定的工资,从而也代替了商业利润、佣金以及其他一切投机性和竞争性的报酬形式。总之,费边社根本不是要废除工资,而是希望保证每个人的收入。

费边社坚决反对以平等的工资、平等的工时、平等的职位或每个人的平等权力来阻碍工业社会化的那些主张。因为,这些主张不仅是行不通的,而且与隶属于公共利益的平等相矛盾。而公共利益是现代社会主义中最根本的东西。

费边社坚决不赞成那些保证每一个人或一切个人的团体得到"他们劳动的全部产品"的方案。费边社认为,财富的来源是社会性的,财富的分配也必须是社会性的。因为,工业的演进已经使人不可能辨认出每个人对共同产品的特殊贡献,也不可能弄清楚每份贡献的价值。

费边社渴望为南美、非洲和其他偏远地区的乌托邦共同体的所有创始人和设计者提供辩护,为他们这种大胆的渴望作辩护。对于这些设计者们和一切开辟类似殖民地及国内车间方案的赞助者们,费边社要强调声明，它不相信这种依靠私人企业的社会主义设想。

十四、结束语

费边社不是把社会主义作为医治人类社会病症的灵丹妙药来提倡的，它只是为了救治有缺陷的工业组织和极坏的财富分配状况所导致的那些弊病。

决 议

一、八小时工作日

大会宣布拥护苏黎世代表大会通过的关于八小时工作日的决议，并提出下列提案，作为这一改革先导的临时步骤，也作为工人有关限制工作日的最低要求：

1. 所有政府和市政机构雇员的工作时间应为每天最多八小时或每周40小时；

2. 矿山、铁路和烘烤业以及所有危险的行业，工作日时间应限定为八小时；

3. 在其他所有行业，主管劳工的部长必须应工人组织的要求对上述行业的工作时间进行调查，并颁布由立法机关正式进行修正的事项，由其专业顾问提出这样的规定看来是可取的。

4. 除非发生不可预见的紧急情况，并且必须征得主管劳工的部长的批准，否则，上述条款规定时间以外的加班应予以禁止。

二、童工

鉴于，工业中雇用年龄太小的儿童不仅对儿童的身体健康有害，而且还将导致他们后代体力状况恶化；他们的竞争被用来降低成年工人的工资；雇用儿童的唯一可能的理由，也就是训练他们成为有效率的工人，已不复存在——因为随着制造业进程的极端专业化的发展，学徒制度已经崩溃。

本次大会要求：

1. 儿童作为做半工者被雇用的最低年龄应立即提高到14岁，并在两年内提高到16岁。

2. 全职者的最低年龄应同样限定在16岁，并在两年内提高到18岁。

3. 在矿井、煤气厂、钢铁厂以及所有的危险行业，雇用的最低年龄应为16岁。

4. 国家应为小学毕业而尚未达到能被作为工人雇用的年龄的儿童提供有效、免费和强制性的技术教育体系和费用。

三、工厂立法

鉴于，确保工人的健康和安全是国家的主要职责之一，但是，这种职责必须以科学的方式进行，否则，是不能有效履行的。

大会要求：

1. 每个政府都应设立专家委员会（其中包括机械工人在内），研究防止各种机械事故的最好方法；

2. 每个政府还应建立实验室，研究生产的最安全程序；

3. 主管劳工的部长应有权以其行业顾问的意见为依据发布部门规定，如用栅栏围住机器、在生产中采取预防等措施；立法机关亦可修改其规定，禁止危险的程序。

4. 应立即禁止铅粉行业和用黄磷制造火柴，人们公认存在取代这些危险职业的安全、有效的职业。

四、妇女工作

本次大会支持同工同酬原则和男女教育与技术培训的平等机会；为了两性的利益，强烈主张立即实际运用这一原则。

五、政府工场

鉴于，即使在当今的社会制度下，由政府生产为履行国民委托给它的职能所要求的一切商品，能够成为确立公平的雇用标准和消灭血汗制的手段；但与此同时，这种制造业也可能被用做节减税收的机器和政治奴役的武器，大会主张选民敦促各自的政府在不干涉私人承包商的情况下，按照如下条件做好自己的全部工业工作：

1. 工作日应限定为八小时。

2. 在任何情况下，工资标准都应是行业协会认可的，或者是由最好的私人老板支付的标准。

3. 因年龄、疾病或事故丧失能力时，应向职工支付足够的养老金。

4. 确保给予每一个工人每年一周的全薪假期；

5. 没有任何一个部门的规定可以阻碍一个工人行使其公民的普通权利。

六、工业的国有化和市有化

鉴于不失时机地将工业资本由私人转移到公共控制的重要性，并且为了使尽可能多的雇佣劳动者获得特别是公务员们在更为民主的国家内享有的那种相对的独立性和长期雇佣的待遇，本次大会建议所有工人宣传并投票支持如下措施：

1. 立即将全部矿山、铁路、运河、电报、电话以及其他国家垄断行业国有化；

2. 立即将供水、煤气、电灯、码头、市场、有轨电车、公共汽车服务、典当业、汽船服务以及其他一切地方垄断行业市有化；

3. 政府当局要立即：(1) 生产并销售香烟和面包，供应煤、牛奶及其他一般必需品，建造工人住宅；(2) 生产并销售酒精饮料。

七、失业

大会宣布：

有意愿但却不能找到工作的失业阶级的存在是当前工业制度无法避免的结果，机器的每一次改良都使大量没有经验的工人失去工作。

由此而来的失业只能通过彻底推翻资本主义制度来消除；在当前的混乱的工业混乱实行规章制度，只能将失业限制在一定的程度内；

在当前向合作国家转变的过程中，迫切需要采取以下措施以缓解工业市场的压力：

八小时工作日；

禁止 16 岁以下的童工；

政府和市政机构生产它们需要的一切商品；

将市政活动扩大到完全提供一切公共服务和为工人提供康居；在特殊情况下兴办公共工程。

八、战争和外交政策

本次大会希望代表们注意以下有关现代资本主义国家维持大量军备的事实：

1. 这些军队不只对邻国，而且对他们本国的工人也是一个长期的威胁。一项对大陆许多大火车站和兵营的战略部署的研究将证明，现代军队的最重要功能就是在阶级战争中镇压工人对资本的反抗。

2. 这些远不能使各国在国际事务中拥有强权的庞大军备，由于它们造成的强烈恐惧和不信任，实际上使各国无法正常运转。代表大会拒绝接受资本主义新闻媒体的虚张声势，并郑重宣布，它所代表的各个国家由于对他国意图的猜忌和对他国威胁而觉得在国际事务中不可能采取行动。代表大会指出，欧洲和南非最近的事件表明，最小的国家也能通过巧妙地挑动欧洲军事大国彼此相斗，从而成功地对抗它们的干涉。

3. 资本家阶级抵制国家对赢利企业的任何干预的做法，使国家不可能用国家军队在殖民地和新国家的定居点中执行命令或者承担公共责任，因此，这些职责现在被留给了作为特许公司代理人的暴徒。这些公司的掠夺、率领自己军队的不负责任的冒险家的侵略以及敌对公司的竞争，产生了无休止的争端，每个公司都以爱国主义的名义呼吁自己的祖国用武力来支持他们，公司的主席在资产阶级的报刊中被称为帝国政治家，公司的暴徒被称为民族英雄。当这些公司自己无力进行殖民这项工作时，就期望欧洲大国不断做好不仅与野蛮的民族，而且还与另一个欧洲大国进行战争的准备，以保卫他们控制不了的企业。代表大会希望警告欧洲的工人反对那些诉诸民族骄傲和喜好军事荣耀的人，并且重申资本主义制度的趋势就是使军队成为投机家的替罪羊,而不是民族荣耀的工具。

4. 世界和平的唯一可能的保证在于巩固最发达的、具有社会民主主义基础的国家的利益。目前存在战争,主要是因为社会的一些部门能够创造巨额利润。如果英国、法国、德国和美国的工业实现社会化,这就不再可能;这四个国家不仅将停止相互威胁,而且将联合起来使社会组织尚不发达的那些国家实现和平。因此,代表大会一方面热忱支持和平的目标和仲裁委员会,另一方面呼吁他们时刻牢记,在本国造成劳资冲突的社会利益的对立被消除之前,是不可能有国际团结的。

九、监狱

本次大会诚挚地推进人道主义,提倡刑法改革,实现其目标的最大障碍就是资本主义制度对于广大雇佣工人低标准的生活和享受的依赖。一切使囚犯的劳动富有成效的尝试都被私人资本家认为是试图与他们进行竞争,并降低他们的利润;一切旨在使监狱生活少一些残酷、多一些健康的改革都令所有阶级感到愤怒,理由是对待罪犯不应该比对老实人还要好。代表大会因而呼吁有必要把改善监狱外人民大众的条件作为改善在监狱里面的那些人的境况的最可靠手段。

十、妇女的政治权利

本次大会呼吁所有工会会员和社会党人为确保妇女在全部政治权利与义务方面同男子完全平等而努力奋斗。

十一、选举

大会告诫全世界工人阶级的协会,要认真审查所有支持把直接立法权和直接行政权(包括任命公共官员的权力)从代表机构转移到广大选民手中的提案。民众只能在政治措施付诸实施之后才能判断其效果,他们自己不可能制定这些措施,或者预见它们的效果,也不可能给他们的代表们予以准确的指导。在没有听取工人阶级其他部分的代表对一项措施进行讨论之前,任何正直的代表也无法表明这项措施究竟采取什么形式才能使他们所属选民的利益得到保证。此外,鉴于明智的改革者,特别是掌握社会主义原则的工人,总是少数;他们也许以成功的演说获得群众的同情和信任,但是,他们为实现其目标而提出的枯燥无味的立法和行政步骤的细节却决不能使一般投票者感兴趣或者有所理解。由于这些原因,全民公决这一在理论上最民主的制度,在实际中则是最反动的,它确实被英国持反社会主义观点的著名领导人所热烈拥护。这些领导人公开宣布,他们运用民主的目的,就是为了阻止向社会民主的一切发展。此外,公共官员的选举是由大选投票决定的,他们独立于人民代表之外,而且,只要他们不公开发表违犯常规的观点去诽谤公众的意见,那么他们实际上就成了不能撤换的官员,因而也就成了独裁和专制的官员。一般人不能判断重要的公共职能是否被履行了;没有非常重大的理由,也不愿意将一个人解除职务,他们将一如既往地投票挽留一个官员。这一点已多次被英国工会的经验证明。在英国工会中,由全体会员投票选出的办公机构具有全权;唯一的例外是棉纺工业的那些工会,他们的官员直接受一个代表团体的控制,而不是受会员群众控制。因此,大会并不打算对此规定任何总的规则,而只是最诚挚地敦促它在各国的支持者和同情者根据实际而不仅仅是根据理论去研究民主制度;要注意到这一事实,即公民的投票权和动议权、通过普选选举官员、将代表机构简化为代表仅仅根据其选民已经作出的决定而举行的会议的做法,往往产生与民主党人所期待的恰好相反的结果;要全力反对这些做法,在任何情况下,这些做法的影响都将使有组织的、聪明的、具有阶级意识的社会党人在无组织的、无动于衷的普通工人面前毫无办法,并被反动的贵族、富人和神职势力的声望所利用。

十二、最低工资

本次大会敦请公众考虑一个由于允许不受约束的商业竞争确定人民大众的生活标准而产生的恶魔。在目前的环境下,非熟练工人的市场价格如此低廉,以至于所有现代国家的竞争性工资被普遍称为"饥饿工资"。代表大会希望指出,在当前只有通过明确规定所有行业和所有地区的最低工资,使之足以让工人及其家庭保持合理的健康和适度的财力,才能保证一种健康、富有活力的国民生活。代表大会指出,所有选民的坚决支持已经能够确保中央政府、市政府及其他地方政府机构直接雇用的工人的最低生活工资;这些机构也能通过如下方式保护他们间接雇用的工人,即把有效的标准工资条款加入到所有公共工程的合同,加入与一切有轨电车公司、铁路公司、码头公司和其他享有特权的公司订立的租赁合同和授予它们的特许权中。代表大会呼吁政府当局尽可能快地直接组织并从事公共服务和工业,而无须求助于私人承包商和公司。至于私人雇员,代表大会建议每个工业区的工会和工会联合会坚持最低生活工资的原则,并坚决根据其提出的方案——无论是浮动制还是其他方案——进行限制,以使劳动报酬根据行业利润确定。在工人阶级自己组织生产并雇用劳力的情况下——如在合作社中,代表大会认为这样的要求是合理的,即确定最低生活工资,以之作为这些合作社承认出资者和雇员之间的利益共同体的真心实意的保证。

费边社的基础

费边社由社会主义者组成。

它的目的是重新组织社会。其途径是把来自私人和阶级所有的土地及工业资本解放出来,将其归属于谋取大众利益的共同体中。只有这样,自然的以及国家获得的好处才能被全体人民平等地分享。

本社致力于消灭土地私有权以及由此造成的个人占用,消灭因允许使用土地及得到高级土地与地基便利而以地租形式付出的价格。

本社还进一步致力于将工业资本这样的行政团体改造成为能够顺利进行社会化管理的机构。过去由于生产手段的垄断,工业发明和剩余收入转化为资本,主要使富有阶级更富裕,而工人现在却只能依靠那个阶级谋生活命。

如果这些措施得以贯彻执行,在没有补偿的情况下(虽然并不是说没有对共同体有利的、对于被剥夺的个人的补偿),地租和利息将被加到劳动报酬上,以其他劳动为生的闲散阶级则必然会消失。实际上的机会平等将由经济力量的自发行动而得到保持,它要比现存制度下对个人自由的干涉少得多。

为了达到这些目的和结果,费边社注意社会主义观点的传播及随之而来的社会的、政治的变革。它还要广泛传播关于经济、伦理和政治方面个人与社会之间关系的知识,力求促进这些措施的实行。

英国社会民主联盟的报告

1880年底,自由党政府的不守信和违背对爱尔兰的承诺,导致农业波动补偿法案未获通过,该法案曾承诺对贫苦的佃户进行适当的救济。这一法案未获通过在整个大不列颠的激进派中引起了强烈反响。然而,促使这种不满达到激化的几次尝试都没有成功。当时,英国实际上还没有社会主义者。在伦敦索霍区的罗斯大街古老的外国人俱乐部集会的英国人的一个小团体,只是做了一些维持国际主义精神存在的事情;在伦敦东区的一个工人小团体,叫做劳工解放同盟,也只是在最沮丧的条件下偶尔进行一点宣传活动。在首都,我们曾作过一番努力,把反对政治派别欺骗权术的持进步意见的所有人汇集在一起。1881年1月和2月,举行了几次聚会,3月,在威斯敏斯特宫酒店召开了一个重要会议。约瑟夫·考恩先生为会议主席,比斯利教授和克拉克博士也出席了会议。这导致了民主联盟,即现在的社会民主联盟的成立。当时参加会议的这个团体的成员,现在仅剩下了赫伯特·伯罗斯、亨·迈·海德门和约·爱·威廉斯。

第一次会议于1881年6月8日在法灵顿大街的纪念馆大厅举行。会上,亨·迈·海德门给所有代表提供了一本小册子:《大家的英国》。接着,民主联盟对格莱斯顿政府在爱尔兰的"高压"政策进行了一系列的抨击。这种做法迅速导致所有尚存的激进俱乐部退出联盟,但它也获得了完全的成功。从这时起,联盟就成为一个公开承认社会主义的组织,这个组织不仅在伦敦,而且在各地都开展了拥护社会主义的积极宣传，并且使首都在追求言论自由的漫长而成功的斗争中充满了社会主义的战斗呼声。尽管直到1884年，这个组织才使用社会民主联盟这一名称。

社会民主联盟的早期，从1881年到1887年，或许是最积极、最成功的宣传年代。参加组织的人很少，财力很不足，又缺少有影响的支持者，但他们却使全国处于关于失业、劳工、移民、罢工等问题的持续鼓动之中。他们尽最大努力向工人证明，工人本身及其子女的自由与良好的生活条件只能存在于社会主义之中，从那时到现在，尽管反对现存社会形态的群众鼓动不可避免地有高潮和低潮，但运动还是坚定不移地前进了。可以满怀信心地说，社会民主联盟通过其讲演、著作、同著名对手进行公开辩论，以及在工厂车间和老工会当中坚定宣传，不断地抨击国家、市政和地方的公共机构，为在英国传播社会主义，它做的工作远比所有其他组织加在一起的总和还要多。从一开始，它的成员们就坚持科学社会主义的学说。这一学说无论在英国还是在欧洲大陆，都奠定了一切真正民主进步的基础。作为一种结果，在它已存在超过15年之后——比英国历史上任何一个致力于工人解放的组织存在的时间都要长，目前的社会民主联盟比它以往的任何时期都强大得多，而且组织纪律性更好，财力状况更坚实。伴随着对公众思想的教育，做工作的特点发生了改变。它的许多缓解措施都被采纳，诸如八小时工作日提案、免费抚养儿童的提案、由公共机构为民众建造合乎卫生的寓所的提案、制定所有行业的最低工资的法律的提案、在公共服务中取消"苦力"的提案，等等。这些可能会引起各政治派别争议、讨论，也可能被阻挠的措施，都被当做"切实可行的"措施采纳了。这使得坚持全面的社会民主纲领的要求比以往更加必要。在这些纲领的指导下，社会民主联盟的成员们非但没有变得逊色，反而从未像今天这样突出，在宣传中更具有彻底而科学的革命性；而且，在英国，人们有理由对这一事业的未来更加坚信不疑。

在过去的3年中，这个真正的英国社会民主党所进行的工作的详细情况，所作的上述这一简要总结限于篇幅不能完全说明。自从1893年以来，完全可以说，该团体已完成的工作总量和已取得的成功，尽管不是特别辉煌，然而却像自1881年运动开始以来的任何过去3年一样成果斐然。社会民主党人参加公共机构的选举，给了我们的同志参加管理的机会。同时，它也使他们能够运用地方行政机构作为手段，实行我们的缓解措施，倡导我们的理论。正像在首都和外地，许多平静而成功的工作已在这一方向上完成一样，随着下一代受过教育的社会民主党人开始充分利用我们先驱者为他们提供的机会，全部成果都将被感觉到。甚至统治阶级也已被迫承认，在坚持被压迫阶级主张的能力、忠诚和毅力方面，已被公众选举担任要职的社会民主联盟的男子和妇女，都已证明他们本身与他们所接触到的最优秀的人物并驾齐驱。结果，在一切政治动荡或社会困难的时期，人民群众日益期待社会民主党人的指导和领导。"你们社会民主党人将要干什么？"这个问题现在总是被提到我们面前，无论是在伦敦或是各郡都是如此。甚至连那些最近还在嘲笑我们是毫无希望的空想家和唯心主义者的人们，也向我们提出了这个问题。

去年大选的准备工作耗费了大量的资金，吸引了本组织的大部分注意力。即使这样，我们也仅仅能够提供4个候选人所用的经费；但是，这些候选人完全是由社会民主联盟资助的；而且，在4个选区中，真正的社会主义者的票数是3730票，与截至当时为止所做的任何事情相比，这是最令人称道的事情。很遗憾，在大不列颠，我们的政治形态与经济发展相比，至少落后100年。人民至今还未被给予完全的公民权。我们没有选举费用的报销，没有议员的报酬，没有普选权，没有决选投票。在这些条件下，投票人习惯于在划分成两部分的人群中投票选举被称做保守党或自由党的两派政治骗子。他们还不懂得，直到他们拥有自己的政党之前，他们将不能通过政治手段获得任何实质性的东西。因此，正如他们所说的，如果他们到投票站去把选票投给独立于公认的派系之外的社会主义者或劳工候选人，他们担心这样做是"白扔了自己的选票"。掠夺者和投机商的幕后操纵者都不遗余力地散布这种骗人的舆论，再加上上述退缩的人们，赞成社会民主的政治行动对下院的影响远比其他国家要少得多，而这些其他国家的经济状况和对社会主义变革的总的准备却要远远落后于大不列颠。然而，除了其他的组织之外，唯有社会民主联盟现在能够阻止自由党人再次执政，除非同意我们的条件。自由党的幕后操纵者是很明白这一事实的。随着我们在一切情况下所表现出的力量和热情，资本主义两大政治派别的更多的伪君子们也已充分相信了这一事实。在不远的将来，我们必须与这两大派别进行严肃的清算。这是否会使他们不再那么激烈地反对我们的方针，取决于国内总体经济状况的总趋势。当前，我们所有大工业的状况都格外不稳定，以至于昨天还被作为不现实的东西遭到蔑视的铁路国有化、矿山国有化和其他措施，现在却正在被广泛地讨论。这些措施仍未被着手实行。没有社会民主联盟提出的让政治家和公众进行考虑的提案和批评，这些措施是不可能受到讨论的。

  大选一结束，萧条和停滞就笼罩着全体人民。唯有社会民主党人立即随机应变，国内一切大城市和伦敦的一系列大规模成功的群众集会向全世界证明：我们决不灰心丧气，我们有许多重要的工作要做而不会沮丧泄气。在过去的12个月里，我们已经在一切方面增强并恢复了我们的力量。那些在自己的受尊重的岗位上一直坚持工作的男女同志所表现出来的信心和热心，对于我们组织内的年长成员来说，是最令人精神振奋的，他们将铭记这些重大日子中一切细微的事情。

  至于国际代表大会，不妨说，我们捐献的供大会开销的资金与那些比我们有钱得多的团体相比也要多得多，同样，我们在提交议案和处理琐细事宜方面所做的工作，远远超过了英国所有其他组织加在一起的总和。足以慰藉我们的是，大会现在肯定能够取得空前的成功，社会民主联盟在1896年满意地看到英国社会主义代表们相聚一堂，会见他们的外国同志；在15年前，即使是我们当中最乐观的人也决不会相信这种事实的可能性。

社会民主联盟执行委员会
1896年7月于伦敦斯特兰大街337号

独立工党：其历史和政策

作为全国组织的独立工党于1893年成立。

过去一段时间，失业工人的数量急剧增加，所有行业的工资都降低了，老人们发现一半的工人处于如此贫困的悲惨状态，除了进济贫院领取救济，别无选择。这种情况与那些严重的社会和经济灾难一起，使得工联主义者中有思想的分子相信，只有革命的工人组织，即使它包括全体工人而不是少数工人，尚不足以成功对付现代工业发展所产生的庞大的资本联合体。因此，除了大力开展工会运动之外，他们还把注意力转向众议院和市议会。他们清楚地看到，政府和行政机关的全部政治机器都被同一个阶级，被他们在自己的工业组织中常常与之对抗的相同的几个人所控制和操纵。迄今为止，政治大权的争夺通常都是在地主和资本家之间进行的，其目的在于摧毁世袭贵族限制商业发展的束缚。为打破阶级垄断，资本家必须求助于工人，屡次扩大选举权的范围，结果是政治自由在今天被赋予大众。政治自由包括在立法和行政机关中选举代表的权力。但是，随着政治民主的确立和资产阶级要求的满足，两个政党之间的分歧消失了；两个政党都变成实质上是资本家的、落后的政党，面对猛烈的社会立法的新要求，它们要么通过坚决抵抗的政策，要么通过设法再一次把工人的注意力转向政府更多的轮换来应付。

独立工人代表于1892年在布拉德福德**第一次表明了清晰的立场**。

开展罢工反对地方制造商的曼宁汉姆的工人举行了一场和平而有序的游行示威，这时，在由制造商组成的市议会的教唆下，他们突然地、没有任何原因地遭到了警察的袭击，集会被迫中止，许多无辜的人受重伤。暴行的影响是使罢工工人及其同情者确信，将财阀从政治权力中驱逐出去的绝对必要性是获得工业自由的第一步，因此，他们在1892年6月的大选中邀请港口、码头、河岸杂工联合会总书记本·蒂利特在西布拉德福德参加竞选，以对抗一位具有影响力的、持众所周知的反工人看法的财阀，此人已占据议席达18年之久。尽管在该选区有3名候选人，本·蒂利特获得了2749票，仅以558票之差而落败。

在同一次选举中，詹·基尔·哈第（后来当选为党的主席）被西南汉姆的工人再次选为他们在众议院的代表。

在格拉斯哥当年举行的**工联年度代表大会**之前，这些成功促使工联主义者把这件事带到了会议上，经过热烈的讨论，一份支持独立工人代表的决议以大多数人赞成而通过。不幸的是，工联代表大会的议会委员会是由这样一些人组成，他们因其作为组织者的认真和老路线的领导者而值得尊敬，然而，他们当中的大多数却通过政治纽带，并且在某些情况下通过财政纽带而与两个财阀政党之一有联系，因此，对他们只能采取消极的反对。在允许有一段相当长的时间以便他们离开之后，人们普遍认为进一步的拖延既无益又很危险，在布拉德福德人的倡议下，支持建立一个独立的工党的所有组织在那里召集了一次会议。会议于1893年1月13—14日召开，115名代表出席，其中大多数是由独立工人组织、社会民主联盟的工会委员会和支部选派参加的；费边社也出席了。

会议同意，地方各种独立的劳工组织应该联合起来，作为独立工党而为人所知，地方组织将是其支部。然而，会议强烈地感觉到，在议会里只有工人代表是没有用的，除非这一政党具有经济基础，因此，以下决议几乎被一致通过：

>"独立工党的目标应是实现生产、分配和交换之全部手段的集体所有制。"

一部体现党当前要求的纲领被起草出来并获得通过。

因此，独立工党在其成立之际就明确宣布支持社会主义，而且从未从这一立场后退片刻。

不甘落后的工联代表大会赞同社会主义者的决议，并重申了它以前的决议，这一次，该决议以 65 票的大多数通过；但是，因为反动分子的再次当选，其行动再次陷入瘫痪。

同年，发生了一系列规模空前的**罢工和同盟歇业**，政府以引人注目和异乎寻常的速度派遣军队支持资本家（他们中许多人实际上是执政党的党员），其目的是引起动荡，以便为更多的强制措施提供借口；这种做法导致许多人受伤，两名矿工在约克郡的费瑟斯顿被枪杀。夺取资产阶级政权的必要性再次被有力地证明给组织起来的英国工人。

因此，独立工党是社会主义工联主义的政治表达和非正式的代言人。其党员都是坚定的工联主义者，其党纲中的每一条以及最终目标都再次得到了工联主义者代表大会的支持。虽然有许多领导人反对，但它仍然是准备拥护并为工联主义者所承诺的全部纲领而进行战斗的唯一政党。

独立工党目前主要**把它的注意力放在工业问题上**，并尽可能地避免工人的注意力由于那些诸如废除世袭法、政教分离及其他类似的枝节问题而从经济目标上转移。至于这些问题，当出现解决的时机时，党将准备好提出来，并采取果断行动。

党在议会中的立场由党的主席基尔·哈第清楚地阐明了。那就是坚决反对任何资产阶级政府，不屈不挠地推进工业方面的要求，而不论当今的政府部门是否方便。这样做的目标并不是去促使像目前这样组成的议会去处理这些没什么希望的事情，而是使公众的注意力集中在社会的经济弊病方面，坚持把社会主义作为唯一令人满意的解决良策。

虽然主要是为了政治目的而成立，但是，独立工党绝非仅限于此。它也致力于合作社和工会运动的自发行动，在罢工被认为可取并且组织有序的时候提议和支持罢工。事实上，它准备采取任何方法——除了暗杀和扔炸弹之外，这些留给其资产阶级对手去做——来进一步推进已经提出的目标。

迄今为止所实行的在选举中不提出社会主义候选人的**政策**是一种弃权政策。然而，党绝不支持这种政策，而是准备在议会中和议会外以最能促进社会主义事业的方法来利用其选票。不过，在其总方针方面，它相信社会主义团体与其他政党的联盟——正如在英国为人所知的那样——在所有方面都对社会主义事业有害。它更愿意建设一个工人和社会主义必要性的真正信仰者的组织，并愿意等到通过其候选人——无可争议的社会主义者——赢得选举，而不是为了获取表面上的暂时利益而放弃必要的原则。

独立工党在地方机构中大约有90名议员。在去年的大选中，33名社会主义候选人中它的候选人为28名，平均得票为1592张。虽然没有一名候选人当选，但是，社会主义此前在英国政治中从未表现得如此出色。自此以后，支部开始增强其力量，并开展活动。1896年5月1日，在北阿伯丁的补选中，总书记汤姆·曼获得2749票，与之对抗的自由党财阀得到2909票，在该选区占据优势的自由党多年来得票都超过3000张。

党由全国行政委员会负责管理。该委员会由主席、总书记、司库以及其他6名委员组成，均由各支部代表参加的年度全国代表大会选举产生。每名代表的投票根据其所代表的党员数量计算。

各支部都要遵守党纲，具有完全的地方自治权，规定自己支部的党员应缴纳的党费。每名党员必须每月向全国行政委员会缴纳1便士，这些党费用于实现党的目标。

独立工党永远支持所有工人不分种族和国籍的团结,虽然是在最近才成立,但是,其总书记却出席了苏黎世代表大会。它仔细地观察着其他所有民主国家的进步。它为他们的成功而感到高兴,为他们所遭受的苦难而鼓起勇气,与他们一同分享其悲伤,这也是他们自己的悲伤。它信心十足地期待着工人的国际组织,并重复这样的要求——它的实现意味着资本主义的完全覆灭和民主的最终胜利。

全世界无产者联合起来!

总部:伦敦东中央区舰队街53号

德国的工会运动

——向1896年伦敦国际社会主义工人和
工会代表大会提交的报告

历史概况

在一份向代表大会提交的报告中,不可能详细阐述德国工会运动的历史。尽管现代工会运动在德国只是在30年前才开始出现,但是,对于德国现代工会运动的历史阐述,范围是相当广泛的,因为这种历史阐述必须同各个组织的发展情况联系起来。因此,在这里我们只能谈一谈某些一般的历史问题。

德国在过去50年才发展成为一个工业国。自70年代初以来,这一发展才具有了巨大规模,并在今天达到了极高的程度。1868—1869年颁布的工商业管理条例最先为工业发展开辟了自由的道路。这一条例本来是为"北德意志联邦"颁布的,在1871年帝国建立之后,适用于德意志帝国的一切地区。在这个条例中,除了关于工商业经营自由的规定之外,还包含有允许工人成立经济组织之类的规定。在此之前,德意志各邦都明文规定,停工和工人为此目的而进行联合的行为要受到惩罚。不过工商业管理条例第152条也只是说,关于针对停工和工人在这方面的组织活动的一切禁令和惩罚条款都予以废除。这条帝国法律并未赋予工人真正的合法权利来开展组织活动,由于各邦的其他一些法律规定,特别是关于结社和集会方面的法律规定,又使帝国法律赋予的联合权利的实施成了问题,而且还会继续使它成为问题。

在工商业管理条例颁布之前,在手工业企业中存在的工人组织是所谓的行会或同业公会,或者为了保护工人的权利而秘密组织起来的学徒工联合会。在工商业管理条例颁布的时候,这些组织正处于瓦解和消失的过程中。图书装订工人过去没有行会组织,在本世纪,他们已经作了一番努力使自己组织起来,并在1848年成立了图书装订工人联合会,但是在接着到来的反动时期,这个联合会也瓦解了。因此,在工商业管理条例颁布之后,德国工会运动没有现成的组织可以利用,而是必须从头开始建立组织。

在禁止联合的法令废除之后,工人马上就这样做了。1866年,图书装订工人已经成立了自己的联合会。接着,香烟工人、建筑工人、制帽工人、羊皮手套制作工人也组织起来了。这一运动没有统一的性质。这是由于受到工人政党当时处于分裂状态的影响。当时,它们分裂为所谓的"爱森纳赫派"和"拉萨尔派"。此外,还出现了一个建立了一些工会组织的资产阶级自由党,它所建立的工会组织,我们在下面还要谈到,就是所谓的"希尔施-敦克尔同业公会联合会"。

"拉萨尔"派的工会把"德国工人救济总会"当做它们的组织。这个救济总会在1869年拥有大约35000名会员。然而到了1872年就只有8337名会员。"爱森纳赫"派工会在1872年于爱尔福特举行的代表大会上,据统计有9920名会员,但是属于这一派的工会有些并未派代表参加爱尔福特代表大会。此外还有"德国泥瓦工和采石、矿工联盟",以及"萨克森矿工联合会",前者大概是属于"拉萨尔"派的,它在1873年拥有44000名会员,后者可以算做是"爱森纳赫"派的,它在1870年拥有大约6000名会员。"希尔施-敦克尔同业公会联合会"在1872年拥有大约18000名会员。"图书装订工人联合会"不属于这两派中的任何一派。同样,"瓷器工人联合会"也不属于哪一派,它后来参加了"希尔施-敦克尔同业公会联合会"。1871年，在柏林成立了一个工人同盟，它的会员为13900人。1875年，两个社会民主主义政党合并了，于是工会运动也开始趋于统一。但是由于经济状况不景气和当局的迫害，工会组织的会员人数减少了。1877年进行的一次统计表明，在现代工人运动基础上成立的25个中央联合会和5个地方协会下计有1266个地方小组，49055名会员。有几个工会没有被统计进去，因此当时参加工会组织的工人总数应该是大约55000人，不包括"希尔施-敦克尔同业公会联合会"的会员。

在好几次代表大会和代表会议（关于这些下面还要专门谈到）上，都曾作出一番努力以使各个工会彼此联合起来。随着德国工人运动开始受到反社会党人非常法的迫害，这种实现统一的努力便突然停止了。

1878年，在德国实施了众所周知的"反社会党人非常法"。由于这一法律，大部分工会被当局解散了，或者被迫解散了。17个中央联合会成为这一法律的牺牲品。只有9个建立了中央机构的工会还继续存在。被认为对雇主根本没有危险的"希尔施-敦克尔同业公会联合会"在实施"反社会党人非常法"期间照样存在。由于反社会党人非常法，1878年成立并在短期内发展到大约60000名会员的矿工联合会也瓦解了。还在反社会党人非常法生效期间，在80年代中期尤其是末期，工会运动又开始活跃起来。在此期间，一系列建立了中央机构的工会联合会成立了，尽管它们经常面临着被当局解散的危险并受到各式各样的刁难。有几个行业试图通过所谓"受托人制度"这种松散的结合把参加行业组织的同志们集中起来。在此期间，普鲁士当局企图用下面这个办法来压制工会，它宣称，向自己的会员支付救济金的组织是"保险公司"，因此必须得到国家的批准。有4个工会获得了这种批准，并服从当局的规定。其他一些工会修改了自己的章程，并打了多年官司，结果获胜了。现在，所有的组织都利用修改章程的办法来摆脱当局的这种干涉。在80年代末期出现的经济景气现象使参加工会组织的工人数量有了巨大增长。1890年成立的"德国工会总委员会"对1890年工会的情况作了一个统计。这一年有58个中央联合会，下属3872个分会，共有301200名会员。从这一年开始，"总委员会"逐年对工会组织的力量进行统计。根据这些统计，中央和地方的工会组织机构情况如下：

年代	中央组织	会员人数	其中女会员人数	地方协会	总计	矿工组织减少的人数
1891	62	277659	—	约10000	287659	13000
1892	56	237094	4355	约7640	244734	29700
1893	51	223530	5384	约6280	229810	26526
1894	54	246494	5251	约5550	252044	194
1895	51	254135	6671	约5275	259410	8821

矿工组织人数的减少特别值得一提，因为它们的成员变化非常大。1893年，拥有22400名会员的萨尔维尔矿工联合会由于矿山当局的行径被迫解散。1894年，萨克森王国拥有8821名会员的矿工联合会被当局解散。"德国矿工联合会"在1890年有58000名会员，现在只有8000人。1890—1891年发生的一系列结果不利于工人的罢工和同盟歇业，对工会产生了不利影响。

除了没有把"希尔施-敦克尔同业公会联合会"的会员算进去之外，这些数字也不包括没有进行工会活动的各种工业联合会的会员，如商人联合会，拥有约10万名会员；招待员联合会，拥有约1万名会员；工头联合会，拥有25000名会员；邮电助理员联合会，拥有约7000名会员，以及几个较小的行业联合会。这些联合会就其整体活动和构成来看，不能算做是现代意义上的工会组织。我之所以提到它们只是为了防止人们对它们的性质产生错误的看法。只有上面那个表格中列举的那些工人才能算做是参加了工会组织的工人,就拿"希尔施-敦克尔联合会"来说,与其说它是一个为较高的工资和较好的劳动条件而斗争的组织,不如说它是一个有共同利益的集团。

工会的法律地位

上面已经提到的工商业管理条例第152条规定,德国工业工人(农业工人除外)有权成立争取获得较高的工资和较好的劳动条件的联合会。但这一权利受到了同样已经提到过的关于结社和集会的地方立法的限制,而且在各邦几乎完全被取消了。社会民主党所作的通过议会来改变这种状况的持续不断的努力,至今毫无结果。

在25个德意志邦国中,存在着25种不同的结社法。只有少数几个邦没有限制工人的联合。较大的邦禁止各政治团体互相联系,并且不准它们吸收妇女。一种带有压制工人组织倾向的独特的司法,可以把涉及劳动合同的事件,也就是一种私人事件,宣布为政治事件。根据最近在普鲁士通过行政途径作出的一个判决,劳动时间的缩短和较好的生活地位的争得,对于工人来说,据说也是一种政治事件。警察当局有权解散互相联系或同属于一个系统,或吸收妇女的联合会,因为在这种情况下,它们很容易被宣布为政治团体。然而,为了完成自己的使命,工会必须扩展为遍及整个帝国的统一的联合会。这些联合会目前丝毫也得不到法律保护。每一个警官都可以干涉它们的事务,可以用错误解释法律规定的办法宣布它们是政治团体,从而予以解散。

德国工会受到雇主的憎恨和迫害,受到警察的任意摆布,因此完全可以理解,它的发展是缓慢的,它的会员人数同德国现有工业工人的人口数量是不相称的。

德国工会运动的现状

下面这个表格可以提供1895年各个组织的概况——会员人数、收入、支出、财产状况①，以及关于各个工会当年成立时的情况。在这里，必须指出的是，成立年指的是联合会产生的那一年。在某些行业地方协会早已存在，它们自己联合起来组成一个联合会，或者后来加入这个联合会。在这个表格内列举的组织中还有一些地方协会，大约有5275名会员，因此在1895年，成立在现代工人运动基础上的工会会员总数为259410人。现在已经可以确定，1896年所有组织的会员人数都有相当大的增长。目前还不可能把各行业从业工人的人数同参加工会的工人的人数作一对比，因为1895年的职业统计尚未公布，而1882年的职业统计已经不再能作为标准了。据估计参加工会的工人约占德国工业工人总数的5%。

1895年德国工会数量及重要性统计

序号	组织名称	成立时间	会员人数	其中女工	分会数量	组织年度收入 马克		组织年度支出 马克		1895年底盈余 马克	
1	面包师	1885	1250	—	16	5079	14	5941	31	455	62
2	建筑工人	1889	1750	—	40	8790	12	8180	44	803	38
3	矿工（威斯特伐利亚）	1889	8000	—	104	20988	35	19401	17	1587	18
4	雕刻工	1881	3132	—	83	76562	84	85954	91	47168	18
5	啤酒工人	1885	6018	—	65	37814	06	35921	26	4207	52

① 有些组织没有及时地把关于1895年的各种材料送来。

(续表)

序号	组织名称	成立时间	会员人数	其中女工	分会数量	组织年度收入 马克		组织年度支出 马克		1895年底盈余 马克	
6	印刷工人	1866	19209	—	837	1032460	15	679905	52	943460	78
7	办事员	1894	169	—	2	1534	25	1514	25	20	—
8	屋面工	1885	1582	—	65	7500	—	3415	—	251	02
9	工厂及商店辅工	1890	6737	?	?	29300	—	22607	31	29300	84
10	筏工	1894	922	—	15	1325	—	1310	—	609	
11	翻砂工	1891	2359	—	62	23503	52	18147	02	6755	10
12	园丁	1889	300	—	9	1015	20	942	47	72	73
13	玻璃制作工	1890	2427	—	18	25941	67	16352	99	19410	89
14	玻璃装配工	1884	1250	—	50	9050	—	7050	—	4694	—
15	码头工人	1890	2100	—	17	4106	75	2408	55	9097	12
16	商店辅工	1892	4626	—	41	34972	83	22820	58	15211	93
17	手套制造工人	1869	2768	100	39	51261	08	28885	17	40059	69
18	伐木工（联合会）	1893	29992	386	449	205498	65	21739	04	33845	14
19	伐木工（辅工）	1890	437	—	6	889	60	1183	50	1682	28
20	制帽工人	1872	2722	363	42	94498	89	93112	02	94719	38
21	糖果工人	1891	330	38	10	1732	—	1602	63	181	58
22	编筐工人	1886	550	21	15	2214	35	1705	18	1099	14
23	铜匠	1886	2978	—	49	52876	—	35153	34	17722	66
24	皮匠	1892	3944	—	82	44226	20	42972	87	14209	26
25	石印工人	1891	4024	101	123	38955	60	24946	25	14009	35
26	油漆匠	1884	6958	—	143	39242	74	31814	12	25122	57
27	砌砖工	1891	14860	—	235	109848	88	102879	70	66296	54
28	五金工人	1891	33297	703	350	280262	78	241319	68	38943	10

（续表）

序号	组织名称	成立时间	会员人数	其中女工	分会数量	组织年度收入 马克		组织年度支出 马克		1895年底盈余 马克	
29	铣工	1889	641	—	35	4427	29	4296	79	826	74
30	瓷器工人	1871	7044	—	120	195739	03	132505	52	45491	70
31	鞍工和裱糊工	1889	1658	3	53	9487	69	9681	15	5620	93
32	造船木工	1885	1042	—	10	4967	—	4933	48	2356	44
33	铁匠	1885	1350	—	30	9145	66	9692	10	2545	66
34	裁缝	1884	8000	498	216	51946	58	46843	38	23529	23
35	铺路工人	1886	2514	—	59	11234	92	13596	50	8531	—
36	泥水匠	1891	475	—	17	2491	02	2630	43	589	22
37	陶器工人	1892	3529	—	115	27973	04	5550	72	4029	41
38	镀金工人	1889	705	23	14	4953	10	6178	42	3024	19
39	烟草工人	1885	581	—	18	11834	11	6167	01	10859	33
40	木匠	1883	9281	—	190	79596	33	69654	13	47121	46
总计		—	201511	2198	3844	2655264	42	2066765	91	1558530	29
41	理发师	1889	679	—	16	?	?	2780		140	
42	桶匠	1885	*4000	—	—	—		—		—	
43	图书装订工人	1885	*3126	488	45	?	?	?	?	?	?
44	金匠、银匠	1889	*1421	227	20	—		—		—	
45	商店雇员	1892	700	—	12	—		—		—	
46	鞋匠	1883	*10315	230	230	—		—		—	
47	制绳工人	1885	*306	30	10	—		—		—	
48	石匠	1884	*4500	—	105	—		—		—	
49	烟草工人	1882	*13714	2831	277	—		—		—	
50	裱糊匠	1886	808	—	30	—		—		—	
51	纺织工人	1891	13055	667	160	?	?	44999	46	4578	61
总计		—	254135	6671	4749						

标注 * 的数字是1894年的。

1890—1895年发生的罢工

关于德国发生的罢工事件没有可靠的统计数字。"总委员会"自成立以来就作出努力对罢工事件逐年进行统计。这种统计所需要的材料是从工会领导机构那里调查来的。在过去的6年中，没有哪一年的统计是完整的。许多联合会的领导机构没有为这个统计提供材料，尽管在有关的企业中发生的罢工事件已经登记下来了。再者，没有任何组织领导的罢工，以及参加地方组织的工人的罢工都没有被考虑进去，因为所有这类罢工，以及它们的经过情形，持续多久，都没有向总委员会报告。就我们掌握的关于各个行业中发生的罢工事件的材料而言，下面这一表格可以反映出罢工的总概况：

年代	发生过罢工的企业的数目	罢工次数	直接参加罢工的工人人数	罢工持续的周数	总支出（马克）
1890—91	27	226	38536	1348	2094922
1892	21	73	3022	507	84638
1893	26	116	9356	568	172001
1894	27	131	7328	879	354297
1895	26	203	13677	990	412227
总计	127	744	71919	4292	3118085

年代	防御性罢工			总支出（马克）	结果		
	罢工次数	罢工直接参与人数	罢工持续的周数		获得成功	部分获得成功	失败
1890—91	79	5139	509	265032	13	30	25
1892	53	1887	391	42655	19	9	24
1893	79	3126	389	106413	33	14	30
1894	91	4112	686	305584	24	22	40
1895	94	4063	627	255045	30	12	50
总计	396	18327	2602	974729	119	87	169

年代	进攻性罢工			总支出（马克）	结果		
	罢工次数	罢工直接参与人数	罢工持续的周数		获得成功	部分获得成功	失败
1890—91	147	33397	843	1825300	54	59	30
1892	20	1135	97	34649	6	6	8
1893	37	4962	151	44991	18	11	8
1894	38	3035	188	77354	12	15	11
1895	99	9642	359	131986	58	18	23
总计	341	52171	1638	2114280	148	109	80

正如已经指出的那样，这几个表格并未把全部罢工都包括进去。如果对那些没有进行统计的罢工作一估算，那么我还可以补充以下一些数字：在最近5年中，约有79000人直接参加了罢工；在这段期间里，用于罢工的开支达到404.3万马克。

工会代表大会

每一个联合会在一定期间内（1—3年），都要举行一次代表大会或者全体会员大会。在这份报告里并不适于描述这些大会，我只能简单地提一下工会代表大会。

1868年9月26日，在柏林举行了一次工会代表大会，出席这次大会的有德国110个地方的206名代表，代表着142008名工人。1872年6月15日，在爱尔福特举行了一次工会代表大会，出席这次大会的有来自将近60个地方的代表，代表着9920名工会会员。

1875年5月28日，在哥达举行了一次工会代表会议，参加这次代表会议的有16个组织的40名代表。1878年2月24日，在哥达又举行了一次工会代表会议，出席这次代表会议的有12个组织的28名代表。

预定在同年召开的工会代表大会，由于这一年实施的反社会党人非常法而受阻。在反社会党人非常法废除后不久，即1890年11月16日，工会代表就在柏林举行了一次代表会议。出席这次代表会议的有工会领导机构的77名代表。这次代表会议作出了召开工会代表大会的决定，并成立了工会中央领导机关，即至今还存在的"德国工会总委员会"。1891年9月7日，各工会领导机构在哈尔伯施塔特又举行了一次代表会议，出席这次代表会议的有39个中央组织的42名代表。

1892年3月14日前后，在哈尔伯施塔特举行了一次工会代表大会，这次大会被称为"德国工会第一次代表大会"。出席这次代表大会的有208名代表，其中有4名妇女代表，他们是由60个中央联合会和35个地方协会选派的，共代表303519名会员。

1896年5月4日，在柏林召开了"德国工会第二次代表大会"。出席这次代表大会的代表有139名，他们是由48个中央联合会和9个地方协会选派的，共代表271141名会员。

自1890年以来举行的历次代表会议和代表大会所讨论的问题主要是关于组织方面的。由于结社法的限制，政治问题被排除在讨论之外。这种必须回避重大政治问题的规定，对工会的自由发展是一个严重障碍，同时对迫切需要的对帝国立法活动施加影响的努力也是一个严重障碍。

工会的组织

每个联合会都有一个适用于它所管辖的整个地区的章程。同样，会费也是由章程统一规定的。会费的多少各不相同——从每月40芬尼到每周1.8马克都有。与此相应，各联合会所起的作用也不相同。会费收得多的组织支付失业救济金、生病救济金和伤残救济金。在有些组织那里，如雕刻工、图书装订工、手套制造工、制帽工、铜匠和雪茄烟分拣工协会，这种救济制度非常发达。1895年，有10个组织支付了168000马克的失业救济金，有6个组织支付了406000马克的生病救济金和伤残救济金。

所有的组织都付给它们外出寻找工作的会员一笔旅行津贴，数量有多有少。1895年，有24个组织支出了225167马克的旅行津贴，这只是目前所知道的它们在这方面所提供的资助的总额。

只有几个组织从联合会的基金中支付了全部罢工救济金，而大多数组织则只有一部分是由联合会的基金支付的。此外，为筹集罢工救济金还举办了专门的募捐活动。1895年，有26个联合会为支持罢工从联合会的基金中开支了227975马克，有19个联合会为帮助受处罚的工人支出了29738马克。其次，在职业纠纷中，所有的组织都给自己的会员提供法律保护。此外，有43个联合会免费向会员提供联合会机关报。目前，这种联合会机关报共有47种，出版期限从每周三次到每月一次的都有。图书装订工人联合会机关报每周出版三次，它不是免费向会员提供的。大部分联合会机关报都是每周出版一次。除了这些联合会机关报之外，还有两种由总委员会出版的报纸，一种每周出版一次；另一种是为女工办的，每两周出版一次。

救济机构只是工会达到目的的一种手段。在章程中规定的工会的任务是改善工资和劳动的条件，达到这个目的的最后手段是罢工。即使工会组织力图避免用罢工的办法来实现它们的愿望，它们也用不着对这一手段感到害怕。

最近几年来，工会组织多次被迫通过罢工来保持现有的劳动条件，并用停工的办法来反抗雇主强迫工会会员退出工会的企图。上面几个关于罢工情况的表格清楚地说明了这一点。只是到了1896年，才出现了几乎波及一切行业的通过罢工来争取改善劳动条件的运动。

工会联合会根据代表大会或全体会员大会通过的统一章程建立分会。这些分会一般遵守中央机构下达的命令，它们只有在自己的活动不违背章程或不违背为某些组织的特殊部门规定的规章制度的条件下，才享有独立作出决定的权利。必须指出，由分会会员选举出来担任分会领导的管理机构（3—5人）同中央领导机构之间很少发生争执，这也是很自然的，因为这两个机构的利益是一致的。各联合会的基金组织各不相同。一般来说，分会的会费收入只留下一定比例（25％—40％）作为分会的基金，其余的上交给总基金会，用来进行救济，支付管理费用及办联合会机关报。总基金会还负担召开全体会员大会的费用。

分会在一定期限（一周至一个月）内召开会员大会，讨论地方的以及与工会组织有关的情况。关于联合会的章程、一切机构和活动的决定，均由全体会员大会作出，分会派代表参加全体会员大会。为了把各中央机构联合起来，于1890年成立了上述"德国工会总委员会"。这个团体起初也有支援防御性罢工（在1890—1891年，这类罢工特别多）的任务。为此所需要的资金通过募捐来筹集，或者直接来自工会上交的会费。

从1890年11月到1892年2月，总委员会为支援罢工支出了192696马克。在德国工会运动当时的状况下，由总委员会资助罢工的做法不可能保持下去。因此，第一次代表大会（1892年3月）作出了总委员会今后不再资助罢工的决定，并规定总委员会的任务如下：

1. 在工人尚未组织起来的那些地方、工业部门和行业进行鼓动；

2. 把各个中央联合会进行的统计汇集起来，编成供整个工人阶级使用的统一的统计汇编；

3. 统计全部罢工，并定期予以公布；

4. 出版报纸，并把足够数量的报纸寄给各中央联合会领导机构的出纳处，以便分发给工人。报纸要同一切工会保持联系，公布必要的通告，如有必要，必须在日报上及时予以公布；

5. 建立并保持国际交往。

第二次工会代表大会（1896年5月）决定让总委员会继续承担这些任务。向工会代表大会提交的1892年3月1日至1896年4月1日期间的收支结算情况如下：

1892年3月1日库存金额	8739.38马克
收入	<u>119399.78马克</u>
	128139.16马克
支出	<u>92418.72马克</u>
1896年4月1日库存金额	35720.44马克

在支出项目中，有一笔是用来偿还17730马克的贷款。

总委员会的收入是工会交纳的会费，标准如下：1891年9月至1892年4月，每人每次3芬尼，1892年4月至1896年7月1日为5芬尼，现在又改为3芬尼，每季度交纳一次。迄今为止，还有一些成立了中央机构的工会组织没有交纳会费，但是边远地区的组织大概很快就会交上来。

总委员会进行鼓动的方式有两种，一种是口头鼓动，在集会上进行；另一种是利用传单来进行。自从1893年以来，已经印发了各种不同的传单共计115万份。

希尔施-敦克尔同业公会联合会

这个联合会是以它的创建者希尔施博士和敦克尔的名字命名的，它喜欢说自己是英国工会的仿制品。这根本不合乎实际情况。诚然，希尔施博士先生在他的联合会成立之前，曾于1868年前往英国进行短期考察，以便研究工联的本质。但是他想把在那里看到的长达100年之久的活动所取得的成果当做成品引进到德国来。英国的工会是由于它们所代表的力量而得到雇主承认的。后者不得不同工会谈判。双方之间这种表面上的和谐一致只是承认双方力量对比的表现。希尔施博士想通过请求，通过阐明其组织的温和性质来达到英国工会在数十年之久的斗争中所取得的成就。这个希尔施-敦克尔同业公会联合会的基本原则是保持雇主和工人之间的和平与和谐。由于这个缘故，在德国，既没有人害怕这个联合会，也没有人尊敬它。它作为敌人与工会相对立，并根据自己的章程不吸收有社会民主主义思想的工人。它对工资和劳动的条件没有产生任何影响。它的分会多半都是由工长和工头建立的。在雇主施加压力来阻碍建立工会的地方，就有它的分会存在。因此，希尔施-敦克尔同业公会联合会也非常重视救济机构，这些救济机构对它来说不是达到目的的手段，而是目的本身。

根据希尔施-敦克尔同业公会联合会在1895年4月1日进行的、曾在短时间内供我利用的最近一次统计的资料，这个联合会的会员分布于以下各种组织：

1. 建筑工人　　　　　　　　2073名会员
2. 矿工　　　　　　　　　　447名会员
3. 雕刻工　　　　　　　　　228名会员
4. 雪茄烟和香烟工人　　　　1231名会员
5. 工厂工人和手工业人　　　11625名会员
6. 印刷业　　　　　　　　　1676名会员
7. 商人　　　　　　　　　　3675名会员
8. 白铁和五金工人　　　　　2577名会员
9. 糕点工人　　　　　　　　260名会员

10.	机械制造工人和五金工人	28951 名会员
11.	造船木工	163 名会员
12.	裁缝	3606 名会员
13.	鞋匠和制革工人	4000 名会员
14.	纺织工人	2878 名会员
15.	细木工人	4877 名会员
16.	陶器工人	942 名会员
17.	绳索制造工人	36 名会员
18.	镀金工人	18 名会员
	总计	68717 名会员

根据希尔施博士最近的统计，希尔施-敦克尔同业公会联合会大约有7万名会员。自1869年以来，各协会的总收入为2050万马克，总支出为1350万马克，库存200万马克。在此期间，失业救济方面的开支为285万马克，生病救济和丧葬方面的开支为1100万马克，伤残救济方面的开支为175万马克。希尔施-敦克尔同业公会联合会1892年支出的失业救济金为59308马克，1893年为66606马克，1894年为73050马克。把这些开支同会员人数加以比较，会使人产生这样一种印象，即希尔施-敦克尔同业公会联合会是一个为较好的生活而斗争的救济协会，而不是工会组织。上面列举的数字纠正了在国外颇为流行的一种看法，即认为希尔施-敦克尔同业公会联合会也是为较高的工资和较好的劳动条件而斗争的德国工人阶级的代表。不，德国工人阶级的唯一代表是工会，它的会员大部分是社会民主党党员，或者是具有社会民主主义观点的人。

但是，承认社会主义原则决不是加入工会的先决条件，工会也没有自己给自己加上社会民主主义组织这样的名称，但却常常被工会的敌人这样称呼。

结束语

在前述几段中,我试图向代表大会的代表们简要地阐明德国工会运动的状况和发展情形。这份报告的目的不单是想让外国同志们了解德国的工会运动,而且还想引起与会者的共鸣,也用同样的方式谈谈他们本国的工会运动。其次,这份报告还应起到一种作用,即促使外国工会同德国工会建立更密切的联系。有关工会方面的事情,在德国的联络点是"德国工会总委员会"(通信处:汉堡第6号信箱卡·列金)。它保证把从国外寄给它的全部报告最广泛地散发到德国工人中间去,同样,它也乐于提供工会事务方面的一切情况。

鉴于资本主义已建立了国际联系,在世界各国工会之间建立密切的联系便是非常必要的。工会是劳动阶级在解放斗争中的一个重要的和强大的因素。促进工会的发展与壮大,促进工会在国际上的扩展,是每一个希望我们的社会很快变成一个合乎理性的组织,这个社会的所有成员很快都能共同享受自己创造的财富的人的任务。

德国工会总委员会主席,帝国国会议员

卡·列金

1896年7月于汉堡

奥地利社会民主党向1896年伦敦国际社会主义工人和工会代表大会提交的报告

奥地利社会民主党的历史任务比其他国家大多数兄弟党的任务要艰巨得多。在欧洲其他地方早已被消除的阶级状况和倾向在这里还有很大影响，甚至在许多方面还发挥着决定作用。社会民主党的任务不仅是要教育工人阶级意识到自己的利益和需求，而且还要扫除封建主义残余，摧毁至今在奥地利仍占支配地位、经济发展早已使之过时的警察系统的暴政。因此，奥地利社会民主党首先要赢得政治权利，这是无产阶级争取生存的经济斗争的必不可少的基础。

我们曾向苏黎世代表大会报告过我们开始进行争取政治选举权斗争时的情形。大家都以饱满的热情投入了这场斗争。社会民主党的初次进击便打破了舆论界漠不关心的状况，把普遍、平等、直接的选举权问题提到了公众讨论的日程上来。结果是，在1893年10月，反动的塔弗伯爵政府感到有必要提出选举改革草案。这一草案尽管保留了有产阶级的优先权，但是毕竟建议实施普选权，这种普选权把在此之前无权的人置于同市民与农民平等的地位。这是对工人阶级为争取其最高政治权利而展开的大规模鼓动工作的报偿。

奥地利议会立即感到惊愕、愤怒和失望，其原因是非常清楚的。贵族、天主教教士和大资产阶级这三派的三大反动党派怒不可遏，它们三家结成联盟来共同反对一种严肃的政治思想的倡导者。塔弗伯爵被推翻了，在此之前彼此钩心斗角的党派联合起来，组成"反动的一帮"，以反对工人阶级的要求。

　　结果，联合政府于1893年11月23日粉墨登场了。出于特权阶级对没有财产及没有权利的人的本能憎恨，并且出于拒绝满足后者想获得政治权利的愿望的要求，这个联合政府站在全体公众的对立面，反对大家都清楚认识到的实行选举改革的必要性。这样，文迪施格雷茨政府从一开始就注定要执行一种狡诈的、骗人的、软弱的和无益的政策。工人阶级更加不屈不挠、更加激烈地进行斗争。在此之前，他们奔放的激情在奥地利是闻所未闻的。可以说，这种激情对自己的目标从未失去丝毫的明确性。大规模迫害的时代开始了。社会民主党用进行总罢工的威胁作为回答，但并没有对自己的力量抱过高的幻想。政府和议会企图用最阴险狡诈的手法把选举权问题推给别人去解决。它们把这个问题从大臣会议交给议会全体会议，议会全体会议又把它交给专门委员会，专门委员会又把它交给一个附属委员会。它们还宣布，该委员会的讨论是秘密的。毫无内容而又无法想象的草案被炮制出来并公布了，议会会议白白浪费时间来讨论这个影响极大、内容无比广泛的法案。在此期间，工人阶级接二连三地在集会上进行宣传鼓动。有时，工人同警察在首都的大街上发生流血冲突。联合政府对人民的极端仇恨到处都露骨地表现出来了。它企图通过对法尔克瑙和奥斯特劳的罢工工人的残酷镇压，来把备受压迫的矿工们组织起来的努力淹没在血泊之中。卡尔温煤矿发生了一起可怕的事故，有200多名矿工丧生。这次事故暴露了最有钱的地主们的企业里管理极端紊乱的情况。不久，舆论界对历届奥地利政府中这届最可耻的政府表示了越来越强烈的愤慨。当一切拖延策略都无济于事的时候，当内阁在举国上下的压力下被迫作出决定，把在秘密的附属委员会中酝酿的法案公之于众的时候，内阁就丑态毕露了。于是，联合政府便在人民群众的嘲笑和蔑视中垮台了。

　　一切反动阶级反对社会民主党的战斗组织首先瓦解了，赋予人民选举权便比过去任何时候都更迫切地成为当前的政治必要性——如果奥地利的全部政治机器还没有完全停止运转的话。

接着上台的政府半心半意地承认了这种必要性。它答应给予普选权，不过把它置于特权阶级的选举权之下：由普选产生的拥有72个席位的议院将作为拥有353个席位的4个老议院的点缀品而存在。巴德尼①给予人民的东西少得不能再少了。但是，尽管他的选举改革的某些规定如此荒谬，选区划分得如此之大，甚至在选举权中掺假，选举权的作用被大大冲淡，这一选举改革却有一个优点：它承认选举权的普遍性原则，因而这是一个进步。工人阶级决定利用这一权利。迄今为止，工人阶级表现出来的不知疲倦的坚韧精神、勇于牺牲和矢志不渝的热忱是一种可靠的保证，保证它在差强人意的，然而是迫不得已地给予承认的帮助下，在不太长的时间内一定会争取到真正普遍、平等、直接和不记名的选举权。

再过几个月，奥地利社会民主党就要进行第一次竞选斗争了，它必须在最困难的条件下进行这场斗争。但是尽管如此，它还是希望能够获得胜利，并期待得到国外所有兄弟党的大力支持。

争取选举权的斗争增强了奥地利无产阶级的力量并加重了它的政治分量。关于这一点，下述事实也提供了证明，即政治管理方法已逐渐被迫采取欧洲的方式。从前，只要工人阶级想行使政治权利或经济权利，那么当局就会对他们实行野蛮镇压。但是今天，人们已经普遍习惯于这样的思想：工人有他们的协会，可以举行集会，当局不再像过去那样经常没收他们的报刊了，甚至在发生罢工的时候，当局在许多地方都起着一种比较明显的、调解的作用。还有一个例子。1895年，维也纳郊区的砖瓦工人举行了一次大罢工，罢工的最后阶段甚至出现了令人惊讶的

---

① 当时奥地利的首相。——译者注

场面：政府和议会表示反对雇主——当然这是一个例外。这一例外之所以发生是由于下面两个原因促成的：一是砖瓦工人的劳动条件太恶劣了，雇主让他们忍饥挨饿，累得死去活来；二是整个工人阶级为他们的兄弟作出了空前巨大的努力。

奥地利社会民主党的斗争所遇到的困难还因为国家的民族状况而大大增加了。尽管各民族资产阶级集团之间表现得很突出的愚蠢纷争在奥地利工人阶级中从未起什么作用，国际的思想在工人阶级中始终非常活跃，以致各民族政党企图利用工人来达到自己特殊目的的一切努力照例都遭到了可悲的失败，但是语言上的差异始终存在，而且地理上的、智力上的，以及首先是经济上的差别使这种差异变得更加尖锐。德意志人居住的地区工业最发达；在捷克小资产阶级当中，大工业也慢慢发展起来了；阿尔卑斯山区大部分地区居住着耕种小块土地的小农户；意大利工人多半是流动的做短工的农业工人；波兰农民无产阶级和工业无产阶级苦于没有文化知识，他们在波兰贵族的残酷奴役下过着痛苦的生活；人口较少的少数民族，如斯洛文尼亚人、塞尔维亚人和克罗地亚人等，在文化水平方面属于最低的等级，他们是教权主义的廉价猎获物。尽管如此，对自己的目的怀有崇高理想主义精神的社会民主党还是克服了这些巨大的困难，保证无产阶级的各个民族群体享有充分的自治权和独立性，此外还组成了一支包括整个奥地利在内的、完整的、统一的、做好战斗准备的队伍。最近一次党代表大会（1896年4月在布拉格举行）通过组织章程把这一事实确定下来，按照这个规定，大的民族群体成立了自己的执行委员会。为了采取共同行动，这些执行委员会联合起来组成奥地利社会民主党的总的党的代表机构。

我们党的**报刊**发行量的增加清楚地表明了社会民主党宣传的进步。现在，我们党用6种不同语言发行65种政治性报刊和工会报刊，总发行量为22.9万份，其中一份日报——《工人报》——的发行量占绝大多数，这在奥地利的报刊发行条件下无疑是奥地利工人运动获得了发展的光辉证明。

妇女运动在蓬勃向前发展，不仅在政治方面，而且尤其是在工会方面也获得了巨大发展。

五一节的庆祝规模一年比一年扩大。现在，5月1日这一天在全奥地利已经常被当成一个节日来对待。尽管雇主阶级还经常使用惩罚手段，但是迄今为止这丝毫无损于示威游行的力量和团结精神。奥地利工人阶级可以在心中自豪地说，迄今为止它都以最庄严的形式庆祝工人的这个节日，它坚持这个节日，奥地利工人阶级的发展大部分都应归功于这个节日。

在工会组织方面，党已经向前走了一大段路程。1895年底，我们的工会约有750个，会员约有9万人，与两年前的状况相比，会员人数的增长超过了一倍。所有工会在**工会委员会**及其书记处中都有自己的代表，保证能够进行有计划的、统一的工作。工会运动这样强大的发展首先要归功于工人由政治运动唤醒的阶级觉悟。因为在奥地利，无产阶级运动的两种表现形式是互相帮助、和谐一致地进行工作的。在我们这里，再也不存在这样的问题：某件事只是归工会管的事件，或者这只是政治方面的问题。工人阶级已经清楚地意识到，只有当两种组织形式手携手地工作，不断地互相配合的时候，才能促成组织的目的。例如，矿工从前不信任政治运动，对政治运动采取敌视的态度，而现在，我们已使他们对政治活动的必要性深信不疑，并使他们作为忠实的战士参加了整个组织。这当中，奥地利当局的守旧和愚蠢自然帮了很大的忙。法尔克瑙和奥斯特劳的枪声像雷鸣一样惊醒了矿工们沉睡的政治觉悟。户籍法的残酷无情的实施（根据这一法律，每一个为改善自己的状况而斗争的人，每一个罢工的人，都要被当做流浪汉来处理，他赖以生存的一切条件都要被剥夺）在整个工人阶级中继续不断地唤起人们的觉悟，使他们认识到，必须团结起来去争取政治权利和经济活动的自由。

在过去的三年中，社会民主主义运动就是这样通过孜孜不倦、坚韧不拔和勇于牺牲的工作，在无产阶级阶级斗争的道路上为传播解放全体民众的思想服务的。社会民主主义运动在它反对奥地利目光短浅与偏见的传统，反对有产阶级的自私自利和使舆论多样化的斗争中，受到整个无产阶级国际团结这一伟大思想的鼓舞。它一再获得表现这种思想的机会。它也期待伦敦代表大会在促进兄弟党之间的国际关系方面能再一次予以强有力的推动。

国际社会民主主义万岁！

基于社会主义观点的合作

——比利时工人党向 1896 年伦敦代表大会提交的报告

国际社会主义者代表大会的目标是使各国社会主义者之间的联系更紧密。大会还有其他作用，例如，讨论党的根本利益，彼此商量共同的行动，使我们的一些要求得以实现。同样，这些代表大会应使我们能够相互询问在每一个存在有组织的社会主义者的国家所采用的宣传和组织方式。

正是怀着这些目标，我们认为，应该提请伦敦代表大会关注基于社会主义观点的合作运动。

当国外社会主义者来访问我们时，对我们的合作运动的力量，特别是对它的纯社会主义的性质都留下了深刻印象。他们很快就来研究合作社的机构，向我们索取有关这些机构的情况与文件。

在一些国家，人们甚至能证实比利时的榜样被仿效了，在那里，可以看到创立了人民之家，建立了面包合作社。

一

我们并不打算叙述合作的历史。这只要回顾合作社的社会主义起源就够了。英国的罗伯特·欧文、法国的毕舍和傅立叶都属于社会主义的先驱者之列，他们都追求社会改造，建立合作社。

合作社以不同的形式表现出来。在英国，消费协会受到喜爱；在法国，生产合作社首先产生；在德国，人民银行是受欢迎的类型。

在比利时，1848年之前，最早的合作运动表现为生产协会的形式（裁缝、鞋匠等的生产协会）。较晚些时候（第一国际创立时），1866年，消费协会受人喜爱。大约10年之后，尤其表现为面包合作社的形式，这一协会形式以真正突出的方式表现自己并普及开来。

合作社与社会主义虽然原是兄弟，却并不总是同步前进。它们互相依恋，某些合作分子正是在合作社中看到了社会问题的解决。

在法国，巴黎公社陷落、巴黎无产阶级失败之后，工人合作分子首先取代了社会主义分子。的确，是以其最现代的形式。可以说巴黎公社的一些社员曾经是积极的合作分子吗？马隆是这样的，他建立了"请愿社"；波托是这样的，他还活着；瓦尔兰是这样的，他组成了食品供应协会，名叫"锅"，人们刚刚在与1869年相同的基础上将它重建起来。

在一些年份里，法国的合作分子与集体主义者之间进行着斗争，他们的杰出人物出现在上次马赛代表大会上。

在英国这个出色的合作制国家，合作社运动非常发达，但是没有这种令我们感到对我们的思想发展来说不可或缺的社会主义特点。

在德国，我们已看到，社会主义者几乎没有合作制热情。

在这个国家举行的代表大会上，合作者不止一次遭到攻击。应当明确承认，是合作制的捍卫者遭到了攻击。

德国最普遍的合作社是生产合作社。我们了解这类协会面临的所有困难，如我们在提交给上次比利时全国代表大会的报告中所说的那样，"他们的任务是十分困难的，消费合作社要进行反对资本家竞争者的顽强的斗争，而且他们常常没有发展和表现自己的足够资源。"

要谴责合作社，这不是个充足的理由，如果我们同意合作社不是灵丹妙药，那么它也不是同社会主义对立的。所有这些取决于出发点以及人们让它在社会组织的合作制中发挥的作用。

至于我们，我们10年来同塞扎尔·德巴普一样重申合作制：

"既不要过分的荣誉，也不要这份耻辱。"①

在比利时，这样的斗争从未发生过，合作制与社会主义一直并肩前进，而不是相互斗争。

二

对于比利时社会主义者来说，合作社不是目的而是手段。他们根本不相信，正如我们更响亮地说过的，合作是社会危机的灵丹妙药。不，对于我们来说，合作是组织与宣传的强有力手段。

为了兴旺发达并取得进步，社会主义政党需要报纸及小册子、组织会议和大会、拥有场所，等等。然而，所有这一切都需要钱，许多钱，这在一个低薪的国家里是缺乏的。

往往是微不足道的会费也很难讨到。其次，许多工人这样议论：为什么缴了会费、作了牺牲，却没有即时的结果？

由于合作社，使工人得到了一些不被轻视的利益。人们容易组织它们，人们召集了它们，常常只要工人一起来讨论他们的利润，然后了解社会主义思想就够了。

在比利时，当前形式的合作运动起源于根特。

这个城市的社会主义者看到了他们召集并把工人组织成职业工会所

---

① 引自1885年4月3日《国民报》。

面临的困难，就在某一天表示："试试合作制"。

他们在一间用做小酒馆的房子里租了间酒窖，在那里安了一个烤面包的烘炉。

一共有50名成员登记领取面包。两三年后，协会取得了如此大的进步，以至租了间宽敞的房间；在那里安装了改进了的烘炉以及机械和面缸。

协会开办了有咖啡馆和会议厅的一个豪华的场所；然后是一个印刷厂。今天，前进合作社拥有几个建筑，一些宴会厅，根特市主要地区的分支机构每年营业额达几百万法郎，共计有8000户家庭到社会主义的合作社来买面包、鞋、衣服、食品杂货、药品等。

其他大城市及不大重要的工业省份出现了相同的现象。

现在，布鲁塞尔的合作社"人民之家"包括12000个家庭，即6万名消费成员。在若利蒙、列日、韦尔维耶、安特卫普、马林斯、卢万、沙勒罗瓦、博里纳日以及其他地方，存在着面包合作社、其他的食品供应协会及社会主义的场所，等等。

所有这些合作社都加入了工人党，并向它提供宣传经费。

在比利时，我们拥有4种社会主义的日报，其中2种是法文的，2份是弗拉芒文的。此外，还有许多周报。

这种日报每天一共发行10万份。

上述一切能够存在、能够产生，这是因为合作社向社会主义宣传提供了自己的一部分利润。没有我们的合作社，日报就不可能生存，这些日报在收回报费前，要花许多钱。缺乏基金，就不可能在国内大部分行政区中提出社会主义者候选人。

这些合作社实现的利润中的1万法郎每年以党费形式用于给社会主义宣传，用于补贴日报、图书馆、罢工工人、艺术与娱乐团体、工会、互助会及选举宣传。

合作社使工人能购买廉价商品，商人为了不失去其顾客，被迫消减利润。由于合作社的存在，所有居民也从廉价商品中获益。

总之，社会主义合作社的工人与雇员待遇好。他们得到的薪水高于私人工业领域，并且享有八小时工作日，拥有工作利润的一部分。

有一点不要轻视：当我们的宣传员因为自己的观点而被雇主辞退时，他几乎总是肯定能在合作社中找到工作。这种合作社使社会主义工人的优秀分子得到自由与独立，能继续他们的宣传工作而不用担心被饿死。

最后，合作社是一所工会的学校。工人学会了认识自己，受到了管理的教育，对我们被选入议会的代表来说，这无疑是有益的。

最能证明合作社是一个出色宣传工具的是我们的教权主义对手，他们长期以来与合作社斗争，到处组织此类协会，以便把工人引向他们，得到他们的宣传资源。

此外，政府在合作社发达之前，赞成这一运动，在它发达之后，通过了一些限制性的立法，与我们斗争的合作社的反对者——经纪人——日益要求这些针对合作社的特别立法。

三

作为社会主义宣传和工人组织的"手段"，合作制是个出色的东西。然而，在这一运动产生果实的情况下，它决不应丧失社会主义原则的意识。因为，如果人们由一种独特的思想指导来创造利润，那么他们是作为合作分子而不是社会主义者来创造利润的，而这两样东西应该并肩前进。

现在，来看我们的社会主义合作社是如何组织的。

每个会员被要求交纳的资本平均为10法郎。所有会员都受到平等对待，新加入的会员与老会员拥有同样的权利以及积累起来的集体资本的平等的一部分。

因而，人们认捐10法郎的股份。最初开办时，每个人都必须交费，以筹集最初开办所必需的基金。但是，当协会发展之后，人们一般接纳所有要求加入的人，让他们登记，交几生丁的费用就可以拿到他们的会员证。

协会并不强求交纳10法郎，认捐的10法郎股份每年在分红时逐步收齐，这种分红每6个月进行一次。

对于合作社来说，根本的是赊购出售。记账出售的合作社没有生存的机会。

根据每个人消费的份额分配利润。在一个面包坊，人们计算要在成员中分配的利润——扣除互助金与宣传基金，根据每个会员消费的面包进行分配。资本不进行再分配：所有利润属于消费者。

管理理事会是由全体大会任命的，每个部门（面包店、成衣店、煤店）的工人都有权选举代表在理事会当中代表他们。

这就是我们的合作社组织的概况。

为了表现在近15年中比利时合作社取得的发展，我们借用由社会主义议员路易斯·贝尔特兰德编纂的《比利时合作社社员》中的下述图表：

自1881年以来每年建立的合作社的数目：

1881 …………………………………………… 10
1882 …………………………………………… 6
1883 …………………………………………… 6
1884 …………………………………………… 2
1885 …………………………………………… 13

年份	数量
1886	42
1887	45
1888	33
1889	28
1890	44
1891	53
1892	42
1893	58
1894	72
1895	94
自1881年	总计 548

比利时的大部分合作社不是社会主义的，工人党共计有50个社会主义的合作社。

1895年建立的94个合作社按以下划分：

食品供应合作社	28
生产合作社	8
储蓄与信贷合作社	23
乳品与农业合作社	20
销售合作社	6
其他合作社	9

如下是在布鲁塞尔人民之家合作社中一些成员的消费增长与实现利润的对照表：

消费增长和家庭

年份	家庭	消费的面包
1882	100	28000
1883	150	40000
1884	300	70000
1885	500	90000
1886	700	250000
1887	800	350000
1888	1100	510000
1889	2500	1260000
1890	3500	1561500
1891	4750	2965000
1892	7000	4490000
1893	8000	4950000
1894	10000	5250000
1895	12000	6450000

实现利润

年份	家庭	消费的面包
1889	52000	7900
1890	75800	11200
1891	77000	11500
1892	104000	15400
1893	128500	17200
1894	171000	23000
1895	245000	34700

四

合作运动实际上起源于 1885 年，例子我们已说了，是由根特的社会主义性质的大合作社推动的。最大的合作社属于工人党。两年来，合作社思想以乳品商店、农业工会及储蓄信贷社等方式浸透到乡下。通过他们同我们的合作社的商业关系，这些新机构对于我们在乡下的宣传发挥了很大作用。

每个工人党的大合作组织（突出的在根特和布鲁塞尔），向成千上万工人家庭提供了医疗照顾和药品救济，每星期的会费是 5 生丁。

通过这些不同的机构，我们引导工人阶级理解并认识组织的作用，因为一旦与社会主义的基层组织相联系，合作社社员与互助会会员会毫不迟疑地齐聚在红旗之下。

近几年来，合作分子采取了多种不同的形式。它不仅致力于工农业生产、消费，而且还致力于纯属知识与道德范畴的目标。这些年来，他们创立了一些合作社，其目标是创办社会主义报刊、工人党的杂志、民族主义者的孤儿院、图书馆，等等。

指导这些机构的精神，完全是为民主、为思想的传播服务。利润的思想绝对受到摈弃。

我们其他国家的朋友错误地发动反对合作制的斗争。合作制是好是坏取决于指导它的思想；同样，一个好机构能否从事好的服务取决于它掌握在谁的手中。

比利时的合作社大概包括 15 万—20 万户家庭。这是一股强大的力量，它通过全国联合会和国际联合会，能够改革所有现存的商业与交换组织。

但是，当立足于实际的观点，站在国际社会主义政党的直接利益的唯一立场上，我们认为，社会主义者控制这一合作分子的武器是有相当大的好处的——它为他们提供了力量，方便了工人的组织，使他们得到宣传所必需的资金。

因此，在结束时，我们热情建议所有社会主义者都遵循由他们的比利时兄弟提供的榜样。我们确信，如果他们走上这条道路，那么他们对舆论的威力会迅速增加。

因此，我们表示愿意看到社会主义者在到处都利用合作制作为宣传和提高工人阶级的物质、精神、知识水平的手段。我们说，我们的全部愿望就是，在同一个国家的不同工人的合作社之间建立一个联合会，以便走向建立社会主义合作社的国际联合会。

报告人
路易斯·贝尔特兰德　罗曼·范洛

保加利亚社会民主党和东方问题*

欧洲所有的民主政党，尤其是它们当中最进步的派别——社会主义政党，都承认，俄国对东方事务的干涉、对巴尔干半岛的影响是进步和文明的巨大障碍。但是，我们认为，迄今为止人们对这种影响产生的原因几乎还没有什么认识。人们越来越倾向于把这种影响看做是偶然情况造成的，说它是巴尔干国家的政治家们腐败无能的结果，或者说，这种影响是由于泛斯拉夫主义思想，由于俄国的宗教信仰同巴尔干各国人民的宗教信仰一致这一情况造成的。毫无疑问，这些事实是存在的，但是用它们来说明俄国在东方的作用是根本不够的。俄国对巴尔干半岛产生影响的原因要深刻得多。

在英国贸易和稍后的奥匈帝国贸易的影响下，贸易和资本主义财产的现代形式在巴尔干半岛各国发展起来了。商人阶级和手工业工人阶级开始追求权力并奋起反抗土耳其的统治，因为财富的获得和积累受到了土耳其统治在行政方面和法律方面造成的混乱状态的妨碍。① 经济发展

---

* 原载于德国《新时代》1897年第15年卷第1卷，发表时编辑部加了如下按语："我们从保加利亚社会民主党向伦敦国际代表大会提交的报告中摘录一段发表在下面，我们认为这样做是适宜的。鉴于目前的东方危机，这段摘录肯定是有意义的。这份报告暂时在我们手里，但遗憾的是，它还没有印出来。"——编者注

① 弗·恩格斯在他的《俄国沙皇政府的对外政策》一文中说："的确，土耳其的统治，也和任何别的东方的统治一样，是和资本主义社会不相容的；所取得的剩余价值无法保证不受总督和帕沙的贪婪的劫掠；缺少资产阶级从事经营活动的首要的基本条件，即保证商人的人身及其财产的安全。"(《马克思恩格斯文集》第4卷第373页。——编者注) ——《新时代》编辑部注

进步得愈快，巴尔干资产阶级同土耳其政府之间的这场斗争就愈不可避免。在这里，我们已经看到俄国与西方国家特别是与英国之间的矛盾。英国既然把土耳其和巴尔干半岛各国看做是其工业品的销售市场，它当然希望保住这个市场，并且保护它以防止外来的侵犯。西欧各国政府还支持土耳其帝国，使它成为抵消俄国影响的力量。它们丝毫也不关心受土耳其人奴役的各国人民的内部状况，并为形势所迫竭尽全力使这种奴役状态继续维持下去。巴尔干资产阶级的兴起和发展是西方对东方的物质影响的结果，然而西方由于保护土耳其政府，同时又在努力扼杀这个资产阶级。一切外交家都无力消灭资本主义生产方式和交换方式的自然发展。他们的努力只有一个结果：激怒年轻的巴尔干资产阶级起来反对西欧。俄国同巴尔干半岛各国之间的关系则完全不同。在俄国，工业发展得很缓慢、很晚，因此俄国无须把巴尔干半岛看做是销售市场。俄国既无兴趣向巴尔干居民购买什么，也无兴趣向他们出售什么。俄国的目的是，使自己的力量达到地中海，通过占领君士坦丁堡而将黑海变成俄国的一个内湖。因此，它希望通过巴尔干半岛国家为自己开辟道路。为实现这一目的，俄国对巴尔干半岛的任何民族运动都在道义上和物质上给予帮助。因此，俄国的这种利益同巴尔干资产阶级的利益是一致的。由于俄国对这些国家的内部发展有影响，所以它获得了力量。俄国政府扮演这种蛊惑者的角色之所以特别容易，是因为它确信，由于俄国国内状况非常落后，这种蛊惑作用决不会在国内引起反响。

由于令人不解的阴错阳差，使文明的西方在东方扮演了一个反动的、反民主的角色；相反，野蛮的俄国却在事实上成了文明与进步的卫道士。

简而言之，这就是俄国对巴尔干半岛国家的影响不断扩大的一般原因。西方能用什么东西来抵消这种影响呢？用歌颂土耳其制度和土耳其民族性格的办法，或者用愚蠢地否认在土耳其不断发生的恐怖行动和屠杀的办法是办不到的。相反，西方国家倒是应该利用一切机会坚决反对土耳其政府，坚决支持受苏丹奴役的各国人民实行自治。如果西方帮助巴尔干半岛各国人民获得自由，那么就会赢得他们的同情，就能消除俄国的影响。但是我们在这里必须明确指出，西欧资产阶级是不可能做到这一点的：我们不应忘记，它的阶级利益必然支配着一切别的政治考虑。我们已经亲眼看到这样的事实，即西欧资产阶级把巴尔干半岛各国当做像非洲和亚洲那样的殖民地来看待，把它们当成销售其工业品和购买原料的市场。

此外，金融寡头——大家都清楚地知道，金融寡头在资本主义国家内对国家事务的影响有多大——对保持土耳其帝国的存在有着利害关系。因为只要保持土耳其帝国，他们向土耳其政府提供的无数贷款的利息就保证能够得以支付，而那些可能代替土耳其的国家是支付不起这笔利息的。西欧国家执行亲土耳其政策的错综复杂的真正原因必须到这些关系中去寻找。①

当然，西方外交仍然把土耳其看做是能够阻挡俄国人向地中海推进并把黑海变成俄国的内湖的障碍。然而，西方外交通过它自己驻君士坦丁堡的代表无论如何一定知道，土耳其由于其国内的政治和经济状况而不能胜任这类任务，因为这个帝国是毫无抵抗力的"病夫"，这一点已多次得到充分证明。如果用几个哪怕是很小的，然而比较现

---

① 《高卢人》在今年3月10日刊登了如下报道："法国在土耳其的资金利息总计达27亿法郎，其中相当大一部分（10亿法郎）由土耳其的公债券承担，其余的由各种不同的企业，例如铁路、码头、工厂、公共设施等分担。由此可见，法国在土耳其的利益在重要性方面超过了欧洲所有其他国家加在一起的利益。在法国之后是英国，第三位是德国。俄国在土耳其几乎没有直接的经济利益。在这方面它甚至排在比利时之后。"这个简短的注释很好地说明了上面的论述。——《新时代》编辑部注

代化的国家来代替土耳其的话，那么这些国家对俄国的抵抗也会胜过腐败的、像一盘散沙似的土耳其。人们通常说，东方弱小民族的自治会对俄国搞阴谋有利。然而事实上，这些弱小民族之所以投入俄国的怀抱，正是因为西方拒绝向它们提供任何援助。如果西方把俄国所起的作用接过来，支持东方弱小民族的解放斗争，那么西方就能彻底消除俄国的影响。

只要俄国的利益同巴尔干半岛某些国家的利益是一致的，它过去和现在就能对这些国家产生影响。相反，如果俄国把它的被保护者的权利和自由糟蹋得不成样子，那么这些被保护者就会毫不留情地起来反对他们的"恩人"。在这方面，巴尔干半岛所有国家都可以给我们提供榜样。不过，保加利亚的近代史或许可以给我们提供最合适的榜样。

保加利亚是由俄国解放和建立的。但是，保加利亚曾多少次坚决起来反抗俄国！尽管如此，保加利亚还是自由的！在保加利亚，现在没有哪个政治家或党派不曾反抗过或者将再一次反抗俄国，尽管他们目前对俄国俯首贴耳，唯命是从。这一事实证明，亲俄的和反俄的党派的形成不是由于收买，不是由于愚蠢，而是由于各种不同利益的组合。当前在保加利亚存在的亲俄思潮也只是各种情况交错的结果。我们相信，这一思潮将为另一种思潮所代替。保加利亚刚刚发展起来的工业和资本主义正在寻找靠山来反对外国贸易，特别是反对奥匈帝国的贸易（奥匈帝国是向保加利亚输出资本和工业品最多的国家）。保加利亚资产阶级在俄国那里找到了这个靠山。俄国的工业发展相对来说还微不足道，还拥有像中亚细亚那样巨大的国内市场，它不会给保加利亚资产阶级造成威胁——至少保加利亚的亲俄报刊通常就是这样说的。恰好在反对奥地利的竞争的斗争方面，亲俄的言论在我们这里赢得了这样大的力量。但是，每一个人都知道，这个方面是多么变化无常。俄国自己的工业很快就会同保加利亚资产阶级的利益发生冲突。一个颇能说明问题的事实是，在俄国同保加利亚和解之后，俄国报纸恰恰强调要增加俄国对保加利亚的出口。俄国报刊要求保加利亚政府修改对俄国烧酒和其他产品征收的进口税。从前，俄国外交完全忽视俄国工业的这种利益，这曾使像《新时代》这样一些最有影响的俄国资产阶级报纸感到巨大的忧虑。而现在，相反的现象已成必然。

从现在起，俄国外交在东方的作用已发生变化：从前，它只是由俄国沙皇政府的欲望来决定的；而现在，它还要适应俄国资产阶级的需要。因此，俄国外交的任务将越来越复杂，问题也会越来越多。这样，它就会同保加利亚人民的利益发生冲突。

在此期间，俄国外交改变了它的西方政策。这并不是说，它的目的似乎改变了！不，目的还是那个老目的。扩张到地中海始终是俄国政府的宿愿和梦想，即使这个政府落入资产阶级之手，变成了立宪制政府也是如此。但是，策略却改变了，而这一改变是非常重要的。一方面，俄国看到，当它使巴尔干半岛各国人民获得解放的时候，它只是离自己的目标君士坦丁堡远了，而不是近了，因为获得解放的人民将成为它通向君士坦丁堡道路上的障碍。另一方面，俄国作为一个大国的存在迫切要求发展工业和资本主义。不管俄国政府可能显得多么好战，对外它还是希望和平，以便在国内可以自由行动。同时，它也希望国内和平，以便能在远东为所欲为。基于这一事实，我们看到，俄国政府现在是土耳其帝国完整性的最坚决的维护者，是反对俄国的"柏林和约"在东方造成的现状的维护者。如果亚美尼亚在20年前发生暴动，那么俄国会以亚美尼亚自由的最热心的捍卫者的姿态出现。现在，它把有利于亚美尼亚人的一切努力都粉碎得干干净净。

可见，俄国从前奉行的巴尔干政策的真面目暴露出来了，它原来是带着蛊惑人心的假面具的一种反动政策。它给人造成一种假象，好像它是反对土耳其对信仰基督教的人民的蹂躏的。现在，俄国在东方问题上的政策，不仅就它的目的而言是反动的（过去一直是这样），而且从它的手段来看也是反动的。当然，俄国外交方针的这一新转变会对巴尔干半岛各国人民产生有益的影响。

丹麦社会民主党向 1896 年伦敦国际社会主义工人和工会代表大会提交的报告

今年，丹麦社会民主党庆祝建党 25 周年。该党是于 1871 年成立的。自成立以来，它一直存在着并发展成为一个组织完善、独立自主、不依赖国内其他党派的政党。在此，我们十分乐意提供证据来说明，社会主义思想在我国取得了极大进展，党的队伍因此得到了显著扩大。由于这个原因，我们能够满怀激情地庆祝我们的节日并满意地回顾我们在过去 25 年中所进行的斗争。我们所获得的成就告诉我们，社会主义的最终胜利只是一个时间问题；我们可以满怀信心地在我们过去 25 年来工作的基础上勇往直前地工作下去。

丹麦社会民主党最初是作为"国际工人协会"的一个支部成立的，它很快就获得了按照当时的情况来说是相当大的发展。党的领导立即开始出版《社会主义者》周报，一年之后，又把它扩展为日报。内部机构由隶属于一个中央领导机构的各工会支部组成。

蓬勃发展的社会民主党很快成了警察迫害的对象，整个资产阶级报刊也向它发泄自己的全部憎恨。早在 1872 年，国际的组织就被警方的一道法令所禁止。一年以后，这道禁令又为帝国最高法院的判决所批准。

国际的组织被强迫解散后，丹麦党内的同志马上开始重新组织起来。他们建立了各种"自由的行业协会"，这些协会在一个由各个工会的代表组成的中央机构的领导下联合起来，并通过了一份与"国际工人协会"原则相一致的纲领。在此基础上，我们的党在后来的岁月中坚定地开展工作并稳步向前迈进。1876年，在哥本哈根召开了第一次丹麦社会党人代表大会，参加大会的75名代表代表着大约5500名有组织的工人，所代表的组织达55个。

1878年，我们决定成立一个新的组织，它所担负的使命是：扩大对社会主义原则的宣传，承担社会民主党的政治活动，而各行业协会今后的任务仍然是促进工人的工会利益。这个社会主义政治组织于1878年2月12日成立了，名称叫做"社会民主联盟"。

这个联盟现在仍是我们党的政治活动的有效组织者。它的总理事会目前由28名成员组成，他们是全国各个地区推选的代表，是党内政治活动及传播社会主义原则的宣传工作的主要领导人。联盟现由239个支部组成，它们分布在全国各地，拥有23000多名会员。在这239个支部中，有85个支部建立在哥本哈根和各州首府，154个建立在农村。这就是说，我们党不仅努力使工业工人和城市居民团结到社会主义周围，而且还把它的影响范围扩大到小农阶层。我们的活动获得了良好的成果，这一点可以从我们在农村建立了许多社会主义组织这一事实中得到证明。在这方面，我们可以说是在不断地稳步前进。在我们向1893年苏黎世代表大会提交的报告[①]中，我们提到社会民主联盟的支部有150个，其中有63个建立在哥本哈根和各州首府，87个建立在农村，会员总共为17000名。这就意味着，自苏黎世代表大会以来，联盟增加了89个新支部（22个在城市，67个在农村），在此期间，成员人数增加了6000多人。

和我们党的这个政治组织并驾齐驱的工会组织也获得了巨大发展。目前，在丹麦约有720个行业协会，成员有42000多人，1893年时，国

---

① 见本书第16卷第195页。——编者注

内这些协会的数目大约是400个,成员约有35000人。这就是说,在过去的3年中,我们的工会运动增加了大约320个组织和7000名会员。之所以会有这么快的发展,是由于在过去3年里我们成功地将中小城市的工人以及农村的工人吸收到我们的运动中来了。

上面提到的而且目前仍然存在的720个组织中,约有680个组织联合起来成立了31个联合会,它们大部分都遍布全国。正像大多数工会组织一样,它们同其他国家的同志建立了国际联系,而且其中一部分还组成国际联合会的直接支部。参加工会运动的不仅有男工,而且也有女工。不少行业协会的会员男女工人都有,有8个协会则只有女会员。

下面一个例子可以证明丹麦工会运动的力量:去年,泥瓦工和木工行业的老板们也像工人一样组成了遍布全国的联合会。他们企图给工人组织以致命的打击。1895年夏天,他们演出了一场同盟歇业的把戏,以迫使工人接受一种工作证明,这种工作证明带有一个不可告人的目的,那就是使行业工会的领导人在任何地方都找不到工作,以此来达到窒息协会的目的。工人们与工厂主的强大组织展开了斗争,他产坚决反对实行工作证明制度。那时,整个日德兰半岛(丹麦最大的州)都举行了同盟歇业,其目的是要把工作证明制度扩展到其他各州去,但工人们的团结使这一企图没有得逞。斗争的结果是:工厂主被迫在行业协会提到的行业内保证只雇用工会的那些合法会员。身份证明代替了行业协会反对的工作证明,这使得行业协会比以往更加强大了。

我们再举一个例子:去年12月,哥本哈根的制鞋厂厂主们把他们的工人全部解雇了,企图利用冬天和由此造成的困难状况强迫工人接受降低工资的要求。工人们接受了挑战,同工厂主压低工资的企图进行了3个月的斗争。结果是:与工厂主降低工资的意图相反,工人们的工资还得到了相当大的提高。

丹麦工会运动带来的结果是：哥本哈根和各州首府的全体工业工人每年获得的工资比运动开始前的工资多了2000万克朗（2020万马克）。我们的组织竟使工资提高了这么多。

实际上，接近丹麦社会民主党的人比前面提到的数字大得多。因为许多工人，特别是农业工人，一部分由于贫困，一部分由于雇主对他们施加的压力，不能参加我们的组织。

1878年，工会运动同政治运动分离之后，丹麦社会民主党人的这两翼的联系却一直保持了下来。这种联系后来具有了牢固的组织形式：哥本哈根的工会联合成为一个卡特尔组织，名叫"中央工会"。中央工会讨论问题时（党的总领导机构社会民主联盟理事会也有权参加），每个协会的理事会都派出自己的代表，正如党的主要领导在中央工会下属的规模较小的事务委员会里也有代表一样。

不久，这种组织形式将遍及全国。

自工会运动同政治运动分离以来召开的丹麦党代表大会只代表社会主义政治协会（社会民主联盟的支部），而各工会联合会则各自召开独立的代表大会。在此基础上，我们党于今年7月16、17和18日在哥本哈根召开了第7次代表大会。社会民主联盟所属的93个支部派遣了178名代表前来参加这次大会。

丹麦社会民主党是以国际社会主义为基础的。它在其党纲中阐述了自己的基本原则和主要目标：

"劳动是一切社会财富和一切文化的源泉。因此，一切劳动的全部收益都应归劳动者所有。

在当今社会中，劳动资料（土地、工厂、机器、运输工具等）越来越多地为资本家所占有，这样一来，他们就把几千年劳动的成果据为己有。资本家对劳动资料的统治是政治不自由、社会不平等、民族之间发生纷争的原因，这一切使从事生产的社会成员陷入贫困。

劳动成果积聚在社会少数成员手中,再加上技术手段的不断发展,导致了以自己的劳动为基础的小企业的没落,使得社会成员的绝大多数依赖于集中了的资本。

现在,小手工业者、商人及农民已在极大程度上依赖于资本;因此,这些社会阶级与雇佣工人有着共同的利益。

私人资本主义使建立一个以公正为基础的社会制度成为不可能并造成无计划的生产,结果毁灭了巨大的财富。

因此,社会民主党要求把劳动资料转变为社会的财富,以和谐的、共同的劳动来消灭当今的阶级社会及其利益冲突,在劳动社会的民主领导下有计划地进行生产,合理地分配物质方面和文化方面的成果。

丹麦社会民主党从上述原则出发,努力争取掌握国家的公共权力,以便借助这个合法的武器来使劳动资料归全民共同占有。实行社会生产这一伟大事业的人民立法手段是没收劳动资料。

丹麦社会民主党是在一个民族国家的范围内为实现党的要求而工作的,但它认识到,社会主义不是一个民族的和地区的问题,社会主义的实现需要所有国家的工人的支持。社会民主党的任务是不分性别、种族和民族地彻底解放所有的人。"

工会运动也同样是以社会主义阶级斗争为基础的。对此,1892年在马尔默举行的斯堪的纳维亚工会代表大会上通过的决议这样表述道:

"必须认识到,私人资本主义的生产方式是实现社会的幸福与满足的经常障碍。因此,代表大会宣布,它赞成社会主义原则。"

自从苏黎世代表大会以来,我们党的报刊也像我们的组织一样得到了扩大。1893年,我们的主要机关报《社会民主党人》发行了25000份,而现在的发行量是31000多份。此外,我们党还在日德兰州出版了

4份日报，总发行量约为1万份，比1893年增加了大约4000份。我们党还出版了3份周报，其中一份是负责在农民中进行宣传活动的，而在菲英州出版的另一份周报马上就要改为日报了。最后，党还为大多数工会出版了一份共同的机关报《合作》，在哥本哈根出版，每月两次，发行量达14000份。

布鲁塞尔代表大会召开时，我们党在丹麦国会有4名议员，两名在福克庭（众议院），两名在兰德斯庭（参议院）。1895年4月9日，福克庭举行普选，在这次选举中，我们成功地在福克庭中获得了8个席位。这样，我们在国会中的议员就增加到了10名。在1895年福克庭的选举中，我们提出了22位候选人，他们共获得25000张选票，而在上届1892年的选举中，我们获得的选票约为2万张。

除了国会议员之外，我们党还有94名代表，其中一部分在城乡各地方议会担任议员，一部分在另外一些地方担任机要职务。因此，目前我们担任各种公职的代表总共有104人。

我们的国会议员的一部分活动是反对资本主义的经济管理，反对政府和资本家党派的反动行为和欲望，反对间接税以及为了军国主义目的而不断剧增的开支；另一部分活动是努力通过立法措施来保护工人并提高他们的经济地位。在这方面，我们的议员在上届国会会议上提出了下面这几项法律草案：有关八小时工作日的草案，有关普遍实行事故保险的草案（这份草案是以下述原则为基础的，即保险金应通过对高收入者征税的办法来筹集），还有一份关于在国会选举中采用秘密投票办法的草案和一份关于限制烤面包作业的劳动时间的草案。针对从农业方面提出的一份有关国家援助拥有土地的自耕农的草案，我们提出了一个针锋相对的建议，建议把希望用于上述目的款项用来援助失业工人。

由于有关实行八小时工作日的问题是国际代表大会讨论的一个主要

议题，因此，我们在这里把丹麦社会民主党制定并已提交国会的法律草案刊印出来。草案全文如下：

1. 凡是在手工业企业和工厂企业，或者在农村和水利建设事业、铁道工程及诸如此类的地方做工，或是在商业、交通运输业及零售处工作的人，不分男女，只要超过14岁，他们的工作时间每天最多不得超过八小时。这一规定也适用于为国家、乡镇或其他公共机构服务的人员。吃饭和休息的时间不包括在这八小时之内。八小时工作日也适用于从事教学工作的人。

有些企业的性质决定它们必须日夜开工。在这些企业中，应实行分班劳动并使每个工人（无论帮工还是学徒）的实际劳动时间每天都不得超过八小时。

受制于变化无常的自然力量的企业的劳动时间可以超出八小时，但每个工人每周的劳动时间不得超过48小时。

2. 在第1条第一部分中所提到的劳动时间也适用于为他人服务的人，例如，在农业和林业，或在牛奶场就业的工人，无论男女，只要超过14岁（其中包括帮工和学徒）就适用。对于农业来说，家务劳动和直接涉及生产农产品的劳动，如耕地、播种、饲养家禽、割草及收割粮食作物、往家运送收获的产品及泥煤等劳动除外。

反之，在第1条第1部分中所提到的劳动时间应适用于筑路、施肥、排水、泥煤加工、挖沟开渠以及诸如此类的劳动。

3. 商船和客船的乘务员在正常气候条件下的服务时间每天（24小时内）不得超过八小时。

4. 凡是发生了不同于第1条最后一部分中所提到的那些自然事件的情况，或者是正在旅途中的轮船上发生了事故、疾病和死亡事件，妨碍了正常的劳动时间或者要求增加劳动量，在这些情况下，与事件有关的劳动可以暂时不按照上述规定。然而，一旦上面提到的原因不复存在，或者有可能予以排除时，就应恢复上述规定的有效性。在防止发生危险事故或保护人身和财产免遭危害的情况下，上述规定也无效。

5. 在内政部主持下，应尽快提交有关在第2条中提到的例外情况的报告，以使在提到的企业中可能限制劳动时间的规定确定下来。这些规定随后应以法律的形式固定下来。

有关渔业的类似的报告，也应以同样的方式、为了同样的目的提交出来。

6. 违反这一法律的有关雇主，倘若其本人或者其代理人知道其违法行为的话，将受到20至200克朗的罚款。此外，他还应该向那些受指使超过规定时间工作的工人每人支付5克朗的赔偿费。若是再次犯法，并且情况更加严重的话，处罚可达3个月监禁，支付给劳动时间超过允许时间的每个工人的罚款可以提高到10克朗。

这一法案于1890—1891年和1891—1892年会议期间提交给了参议院，但参议院却蛮横地拒绝进一步讨论该法案。当我们党在国会的议席增加之后，这个法案又被重新提出来了。这一次是向众议院提出的，众议院在1895—1896年的会议期间仔细审议了这项法案，最后决定将法案交给一个委员会去处理，但这个委员会却没有继续研究这一问题。

在1884年的选举中，我们有两位同志第一次当选为众议院议员，使我们党的代表得到了在国会中产生影响的新机会。在此期间，我们同政府敌视人民的反动行为进行了斗争，同时使一系列不仅有利于工人，而且有利于所有中小阶层的具有重要经济和政治意义的法律规定得以实施。通过这些活动，我们使广大人民理解到社会关系的发展与社会主义的崇高思想是一致的。我们党的基本立场是：我们认识到，为了把工人组织起来进行反对资本主义的斗争，工会运动是必要的。通过这一运动，我们可以狠狠地与资本主义作斗争，迫使它作出有利于工人的让步。但是，凭借这些我们还不能战胜或者消灭资本主义，这一点只有通过社会民主党的政治斗争才能做到。在这方面，丹麦社会党的所有支部，无论是政治的还是工会的，都是完全一致的。因此，我们要通过我们的行业协会和政治协会把越来越多的民众集中到我们的旗帜下，形成一支政治力量，一天一天地瓦解资本主义和军国主义的统治，直至强大到能够保证国际社会民主主义的最终胜利。

P. 霍尔姆　哈拉尔德·延森　J. 延森

彼·克努森　K. M. 克劳森　西瓦尔·奥尔森

1896年7月于哥本哈根

请将一切致丹麦社会民主党的通告寄往如下地址：

哥本哈根勒默尔大街22号彼·克努森

请将一切致工会的通告寄往：

哥本哈根布罗勒格尔大街11号J. 延森

西班牙社会主义工人党
致1896年伦敦国际代表大会

大会代表：

西班牙工人党在经常针对无知和经济落后——这在我们这里是阻碍社会主义发展的最顽固堡垒——所进行的斗争中，取得了进步。当然，这根本不能与其他国家的工人党所取得的进步相比，但是至少能证明，鉴于我国工人生活的条件，在积极的无产阶级不断的前进运动中，他们并不是一个例外。

自上次国际代表大会以来至今天所发生的一切事件，很清楚地显示了这一点。

尽管资产阶级出版物不这样认为。五一工人政治示威没有失去意义，相反，它的影响愈来愈大。在我们这里，大部分有组织的工人在这一天走出车间、工厂，平静而相当有秩序地举行庆祝活动。当局不顾示威的和平性质，还要阻止它在公共场合进行。当资产阶级想在马路上示威时，当局就同意；它同意那些想迎送无足轻重的来访政治家的人去这样做；它给教会人士完全的自由；对工人却绝对禁止。

西班牙工人利用在关闭的场所集会、远足和群众大会来替代这种人们所没有的自由。

我们对今年在这个著名的日子里死去的工人感到惋惜。比斯开的一些矿工怀着由那些强迫他们居住在木棚、在工头开的商店里购买生活必需品（在这种商店里，他们所能买的是又差又贵的东西）的人所激起的义愤,在五一那天攻击了这些商店,把变质的食品扔到马路中间。一个担任管事、为矿主服务的警察开了一枪,杀害了一个根本没参与这次行动的贫苦工人。与此同时,谋杀者没有受到任何处罚,他仍享有完全的自由。比斯开的社会主义者除了抗议这一罪行之外,还在这位被害工友的墓碑上镌刻了他们因其遇害所产生的感情以及对凶手及其同谋的仇恨。

　　西西里岛上克里斯皮的卑鄙行为——对组织工会的农民,特别是对向农民展示救世道路的社会主义者的野蛮迫害,使人们可以看到,在西班牙工人中,国际的团结一致的原则是如何产生的。尽管我们的党是贫穷的,十分贫穷,因为它完全是由薪水很低的工人组成的,而且他们还得资助许多组织并进行宣传。他们为被监禁和起诉的意大利兄弟捐献了912法郎,确实,这个数字微不足道,但却是伟大的结果,因为它是由一点一滴的余额凑集起来的。

　　如果在卡尔莫的吹制玻璃工人的罢工中,西班牙社会主义者只是同西西里人一起做同样的事的话,那是因为,在我们的马拉加织布工人大罢工期间,他们的支持起了决定性作用,他们的力量几乎被耗尽了。

　　这次纺织工人罢工(4000名男女及其子女)是为反对拥有几百万资产的拉里奥斯家族——他对西班牙的大部分政治家,尤其是保守党中最重要的人物有巨大影响——而发动的,社会主义工人党在罢工期间高超地表现出其义务要求他们所具有的形象,它不仅资助罢工者,而且在当局对罢工者的迫害更猛烈时,把党的全国委员会主席派往马拉加,以到场出主意鼓舞罢工者的精神,使他们不被激怒和使用暴力。当局以他们没犯的罪行为借口,通知对我们的两个工友起诉,并把他们保护性地羁押了4天;最后,这两个工友被判处4个月监禁,这已在马拉加执行。工人党的中央机关报《社会主义》号召推动罢工并收到了15000法郎的捐款。鉴于由总工会——有代表出席这次大会——负责向你们通报这一罢工的意义，我们就不去评论这一反资本主义的斗争所占的地位，以及西班牙工人阶级在这次斗争中所证实的团结一致。然而，为了让你们知道我国资产阶级政党对关乎工人的一切所表现出的鄙视，我们应指出，由于马拉加当局得到授权，这使它用来对付罢工者的办法违法到无以复加的程度：当局无缘无故地把他们监禁起来，禁止他们行使结社权和集会权。当局还充当拉里奥斯的纯粹的代理人，因而没有一个共和派代表在议会中向政府提出质询，以对这种专横行为提出抗议。

4000名职工坚持的反抗强大的拉里奥斯家族的斗争只得到工人党和工人抵抗组织的坚决支持。

虽然市镇选举在我国没有什么重大意义，工人被法律排斥了当选的条件，但去年，我们党在重新举行了选举的市镇议会中取得了一些胜利。

在毕尔巴鄂这个由一些临时任职的资本家统治的城市，我们党取得了市参议员的职位，正是在这个城里，百万富翁有较多的选票去选举一个在市政府大厦中为所欲为的人。在重要的沿海城市费罗尔，我们党也获得了一个职位，社会主义者候选人因为比城里的共和派领导人获更多的选票而当选。在卡泰罗尼亚的工厂城市马塔罗，另一名工友被选上了，在萨拉曼卡（那里还没有党组织），人民的选票把多拉多教授这位社会主义思想的捍卫者选进了市政府大厦。

如果人们考虑到，直到1895年我们还只成功地向一个市政府大厦——毕尔巴鄂——输送了代表，那么就必须承认，我们目前已取得了真正的进步，因为我们已向4个城市派去了人。

在今年4月举行的立法议会选举中，这一进步表现得更加明显了。这些进步是十分迅速的，尽管议会党团几乎没有基础，但是社会主义者的候选人成功地获得了15000票，给我们投票的选民包括那些由于我国腐败的选举惯例曾受资产阶级候选人欺骗的人。鉴于在1893年大选中我们的候选人获得的选票不超过 7000 票，因而由此可见，在这 3 年中，我们的力量翻了一番多。这个结果比巴塞罗那的无政府主义者在利西剧院为反对马丁内斯·坎波斯元帅、使资产阶级接受限制性的措施所进行的鲁莽行动更加有意义，这种鲁莽行动妨碍了工人组织的发展，在卡泰罗尼亚尤其如此。在巴塞罗那省的首府，最近产生了更恶劣的后果。

资产阶级报刊为我们提供了社会主义思想在西班牙推进的最好的证据，因为他们关心两年前在马德里召开的最近一次社会党的代表大会。在我们最近一次代表大会召开期间，在其他场合不重视我们的行动并对其中大部分加以嘲笑的那些报刊已承认我们所开始的工作的确是重要而严肃的，其中一些发行量最大的报刊甚至赞扬我们党的代表在讨论一切问题时所具有的平静秩序。上述资产阶级报刊懂得了用新的方式来看待我们的进展，说我们已改变了自己的观点与策略。改变的恰恰是资产阶级报刊，它们时常认为不值得去注意社会主义的宣传与组织。这正是迫使他们改变对我们的看法的真正原因。

今天，西班牙工人党拥有 6 份周报：党的中央机关报《社会主义者》，在马德里出版；《人民的呼声》，在阿利坎特出版；《阶级斗争》，在毕尔巴鄂出版；《社会共和国》，在马塔罗出版；《工人之声》，在费罗尔出版；《工人卫士》，在利纳雷斯出版。此外，在马德里出版了社会主义丛书。它出版全国最重要的社会主义作家的作品。

为了向国际苏黎世代表大会关于农业问题的决议致敬，西班牙社会党愿意研究西班牙农民的生活状况。他们的状况从那时起恶化了，但国内各地并不相同。由于缺乏对能做一些有用的事而绝对不可或缺的资金，我们受到妨碍。我们在党的经济状况允许的时候才可能这么做。

坚决相信人类解放只能存在于由国际社会主义者捍卫的良好的原则中，受到法国、比利时、德国及其他国家的工友所获得的巨大的、不断的胜利的鼓舞，西班牙社会主义者尽管缺乏能够运用的资金，而且在自己的道路上还存在着一系列困难，却依然不停地在自己的工友当中传播救世的思想，把所有人组织在红色象征的周围，这种红色象征标志①着所有奴隶的解放。

全国委员会

1896 年 7 月 18 日于马德里

---

① 此字原文是 simboiisc，译者未查到字义，故据上下文试译。——译者注

关于美国工人运动的报告

——致1896年7月伦敦国际社会主义工人和工会代表大会

自从在苏黎世召开上一次国际工人代表大会以来的3年中,美国社会主义运动的进展是以稳健为其特点的,它所表现出的坚实基础不比蕴含永恒结果的希望少。

1893年,我们党有113个支部,主要分布于东部4个州。从那时起,纽约市的29个支部统一合并为1个支部,类似的合并也波及其他各地。即使这样,到写这份报告时,支部的数目是200个,遍布于25个州。各州支部数目分列如下:

纽约州	40
新泽西	27
马萨诸塞	26
宾夕法尼亚	18
伊利诺伊	15
康涅狄格	14
俄亥俄	11
加利福尼亚	6
明尼苏达	5
衣阿华	4
密歇根	4
新罕布什尔	4

罗德岛	4
内布拉斯加	4
印第安纳	3
缅因	3
卡罗莱	2
特拉华	2
肯塔基	2
佐治亚	1
马里兰	1
密苏里	1
得克萨斯	1
佛蒙特	1
威斯康星	1
总　计	200

全国执行委员会设在纽约市。除此之外，还有各州的组织。在加利福尼亚、康涅狄格、伊利诺伊、衣阿华、马萨诸塞、新罕布什尔、纽约、新泽西、俄亥俄、宾夕法尼亚和罗德岛等州，还有州的委员会。随着这些州支部数量的增加，其他州也都仿照它们去做。这样，党在我国政治发展中的地位越来越高。在我们的运动中，今天还无法在投票时表达自己利益的许多人，将获得投票赞成社会主义候选人的机会。这个运动本身需要从这些日益增长的力量和同情心中获得更多的动力。这种力量和同情是确实存在的，但又是不能完全展现出来的。

例如，上一次选举中，在内布拉斯加州，我们没有州的组织，也不能参加竞选。但是，有许多投票者在正式的选票票面上写上"社会主义"的字样。他们以这种朴素的宣言方式，与先进分子的队伍取得了一致步调。

官方数字提供了如下在我们拥有候选人的州或市社会主义者的最新得票数：

纽约（州）	21625
新泽西（州）	4138
马萨诸塞（州）	3249
俄亥俄（州）	1867
罗德岛（州）	1709
宾夕法尼亚（州）	1326
康涅狄格（州）	859
旧金山市（加利福尼亚州）	2104
芝加哥市（伊利诺伊州）	3375
丹佛市（科罗拉多州）	158
巴尔的摩（马里兰州）	433
圣路易斯市（密苏里州）	1537
底特律市（密歇根州）	358
其 他	237
总 计	42975

与前一年的官方统计相比，当时我们总得票数为33133票，以上的数字表明得票增长9821票，即36%。

8年前，我们政治活动的范围仅限于纽约市，在该市，我们的候选人仅获得2000张选票。去年（即1895年），在纽约和布鲁克林两市（现在这两市合并为一体，构成了"大纽约"），总共有16000张选票是投给我们的，与1894年相比增加了53%。

在纽约州，我们得票的一个重要特征就是稳健。在总数将近22000张选票中，我们两位主要候选人之间的得票数仅相差35票。

1894年春天，我们党在新泽西州的帕特森市取得了第一次胜利，马修·马奎尔同志以890票对民主党竞选对手的888票与共和党候选人的380票，当选为市参议员。1896年春天，他以1324票对民主党候选人的1112票再次当选。两个资产阶级的政党实际上联合起来支持民主党的候选人，共和党的傀儡候选人只是为了面子才被提出来的，仅得了113票。帕特森是美国丝织业中心，我们的选票在那里的增长已是很显著的了——从1892年的不足200张，上升至1893年的大约400张、1894年的1500张、1895年11月的2000张，到1896年4月，上升为2700张。

1895年秋，康纳同志又被选为霍利奥克市参议会的议员。该市位于马萨诸塞这个最大的制造业州。这两个胜利以及我们在其他市区选票的增加表明，许多城镇的公共事务被移交给社会党官员管理的时间已经临近了。党在最近一次全国代表大会上提出了"对于制定市政改革的总纲领，我们认为，这样的纲领不应作为社会主义者的政纲来考虑，而是应仅仅作为缓解劳动人民痛苦的一整套要求和缓解资本主义制度下罪恶昭彰的弊病的补救措施提出。'市政社会主义'的提法最近被一些与这种要求有关的受蒙蔽的人士使用，但遭到我们党批判"。

如上所说，我国已经开始表现出许多具有社会主义性质的发展，但是，由于组织方面的不足，这种发展的结果还没有完全展现出来。我们可以从如下事实看出这种不断向前的发展：

1. 由社会主义工人党完全控制或由社会主义者独自拥有的报刊的发行。在这些报刊中，有两家是党的正式全国性机关刊物。即《人民报》（英文版）和《前进报》（德文版）。这两份报纸都是在纽约发行的周报。另外，还有以各种语言出版的许多日报和周报，以及一份犹太人的月刊。这些报刊都是自立自给的，它们的总发行量稳定增长，现在已超过6万份。为了把《人民报》改办成一张大城市的日报，需要筹集一笔基金，同时还要为连续性的订户保留周报版。据切实估计，至少需要有 5 万美元，才能使这一计划立即付诸实施。

2. 许多不被社会主义组织拥有和控制的报纸，主要是由西方民众主义者出版的报纸，发行量大部分都不稳定，而且一般说来更加有害而无益。这些报纸也已经看到了用社会主义观点来吸引读者的必要性。这些报纸处在变化了的政治条件下，这种变化的情况过些时候就会一目了然。这样，它们不是很快接受民主党津贴的豢养就是停刊了事。一个广阔的天地将很快对社会主义工人党的机关报开放。虽然社会主义的报刊还没有深入到这些地方的任何范围的读者中去，但是这些地方的土壤确实适合播种良种并且有获得好收成的保证。

3. 书籍、小册子、传单等的销售量也在稳定增长。去年，仅在纽约州和新泽西州，地方支部就将州委员会的 100 多万份传单发送到人民中间。许多报道一致表明，为了充分满足那些感兴趣的读者的要求，发行量还需扩大。

4. 申请做社会主义鼓动员的人数增加了；在室内或露天会议上，观众的规模扩大了；以前用轻蔑和嘲笑对待我们鼓动员的那些资产阶级喉舌的评论也变了，他们虽然不友好，但是现在对我们比较尊重了。

当代另一个可喜的特征是这样一个事实：在纽约、马萨诸塞、康涅狄格和新泽西这样一些制造业发达的大州，在社会主义工人党稳步前进的同时，所谓的"人民党"——西部农民和破产的中产阶级的和平党——在回避了许多雇佣工人关于金钱问题的要求，获得了暂时的成功之后，并没有逐渐消失。例如，1893 年，人民党的候选人在纽约这样的大州获得了将近 17000 张选票；1894 年，他们的选票数下跌到 11500张；1895 年，他们溃败了，只得到 6600 张选票。实际上，在纽约、布鲁克林、帕特森或东部中心的任何州内，都没有"人民党主义"的踪迹，而社会主义工人党却在这些地区有效地组织起来，进行有条不紊的宣传工作。

在西部，有资格从事社会主义鼓动工作的人无论过去和现在都是很少的，而且水平差距很大。普通雇佣工人最初很容易接受中产阶级煽动者所鼓吹的"人民党主义"。由于启发他们认识自身利益的任务看来是长期的、艰巨的，我们需要等待一段时间。事实上，直至某种新的经济发展突然把他们从那种在中产阶级统治下会得到幸福的梦想中唤醒过来的时候为止，以上任务都是不可能的。但是，那里的形势和别处一样，最近已经经历了一次激进的变革。民主党最近采用了人民党的白银货币政纲，随后，人民党的主要分子急于把民主党候选人选为美国总统。这必然导致人民党实际上瓦解，尽管某些人民党政客出于个人目的会保住组织的外表。况且，在民主党的领导下，白银运动将带有真正的中产阶级的特征。现在，它的代言人将自己的主张集中在拥护16:1的白色金属比率，以及自称的"铁路国有化""好公路""所得税"等"社会主义的"计划。人民党的煽动者就是利用这些东西来引诱和愚弄劳动人民的。然而，这一切都将成为过去。许多雇佣加入人民党，是由于他们盲目相信人民党早期的某些成功，并且天真地认为如果它执政将立即提出快速改善的措施，迈出通向"合作社共和国"的第一步。这些劳动者被人出卖和蔑视，他们将会意识到，他们被白银大王们、受惠的农业家、破产的投机家和把白银政纲条目灌输进民主党政纲中去的那些政客们利用了。当代被称为社会主义者的人们一旦进行抗议，他们就能证明他们名副其实。总而言之，界线必须明显地划出来。我们的鼓动员们将会发现，划出这些界线比起在此之前争取无产阶级听众的工作要容易得多。

然而，这种新形势蕴含着极大的可能性，社会主义工人党在其最近召开的全国代表大会（1896年7月召开）上通过了一个决议，委托全国执行委员会向美国人民发表一个宣言。"在这个宣言中，应充分说明在竞选中一切政党的政纲都反映了阶级利益和阶级斗争的存在；还要特

别强调下列事实和考虑":

"民主党为了5000美元而向人民党的要求无条件投降,为了2万美元而反对财阀的要求。这标志着资本主义和资本主义政治发展的一个新时代,两个同样可耻的阶级,在此之前一直团结一致,掠夺劳工。目前,他们为保护各自的利益进行斗争,形成互相对立的两个营垒。他们双方都力图保持资本主义制度。如果和平有保障的话,不仅债权人阶级的经济胜利自然地得到保证,而且债务阶级的政治成功也会得到保证。但这只是采取加速前所未有的大规模货币、财政、工业和商业危机的方法,促使经济衰落。现在,这种危机即将到来。这是由于下列事实,即问题已经形成,战争已经宣布。成百万甘受压榨的雇佣劳动者曾指望从两个压榨者阶级的任意一方获取一片面包。有朝一日,这种人也许陷入无所事事的饥饿境地。

但是,和平也许是保不住的。在不爆发冲突事件和流血镇压的情况下,一场大危机也许仍然会发生。实际上,还没有人能够相信近来事件中的可怕预兆。多年来,东部的财阀们已经在训练他们的民兵;而与此同时,西部的农场主们则在擦亮自己的枪。由于债权者阶级拥有自己支配的武装力量,一旦他们受到侵犯,便将毅然起而保护他们的特权。与此同时,债务者阶级在和平的各州内掌握全权;在各大工业中心地区,则依靠饥饿的雇佣劳动者去作战。债务者阶级将拼命反抗毁灭的命运,而且将把他们的主张说得天花乱坠。总之,现在的形势就像我国历史上以前曾出现的内战成熟的那种形势。

资本主义是通过滥用财富和科学,从比较无知和贫穷的民众中发展起来的。在资本主义两大无政府主义的阶级之间,挺立着伟大的美国无产阶级。他们是雇佣奴隶阶级,没有土地,无家可归,无依无靠。他们生产了所有的财富,而这些财富现在成了资本主义两派掠夺的对象。无产阶级,而且只有无产阶级,才能在即将到来的无政府主义的风暴中拯救民族的航船。他们的措施是,在社会主义旗帜下团结一致地投票,把那些狂暴的海盗扔下船去。握紧舵柄,径直驶向合作共和国的平静水域。"

现在,我们可以从工人运动的政治方面转到工人运动的经济方面。

1893年在芝加哥召开的党的全国代表大会上，执行委员会提交的报告评论道："许多美国工人一直表现出一种绝对的信仰，觉得通过纯经济组织的办法有可能捍卫自身的物质利益。现在，这种绝对信仰处于衰落之中。"在今年召开的全国代表大会上，执委会针对自己以前的声明补充说："这一信仰差不多已寿终正寝了；已经成长起来的集中的资本的力量已经杀死了它。"

　　多年以来，美国每一次大罢工的结果总是灾难性的失败。"每一次罢工，资本家都安然无恙地躲避过去了。他们拥有供其支配的一支庞大的失业大军、法庭、法官、禁令、刺刀、棍棒和监狱。而且，所有这些手段他们都使用过。结果是工人们被打败，组织遭到破坏，工人们灰心丧气，以及黑名单的出现。"

　　面对这种倒退和惨痛的教训，在经济领域陷入绝对萎靡状态的工人阶级，至少必须运用其作为一个阶级的政治力量，否则，就要忍受无穷无尽的堕落，而臭名昭著的工人领袖就会由于丑恶地加入资产阶级党派，便提出了骗人的叫喊："工会无政治！"还有，在这些组织中，作为"大师"、主席、书记或工厂视察员的人们，找到了"唱歌"的职业，他们不仅也唱起了同样的调子，而且把他们的工会改换成保险公司和股份不公开的公司。这一切都是为了一个目的：保护他们自己的肥缺。在他们的管理下，"天真烂漫的"工会就不再向往用与资本家斗争的手段来改善工人的状况了。"它致力于与偶尔失去工作的雇佣工人的贫困恶魔作斗争。它不再是一个战斗的、有阶级觉悟的组织，不再准备向工人的堕落宣战，它的作用降低为工业战场上的一种救护服务所，只是照料一下伤员和埋葬那些死者。这时，在这种组织中也许没有多少重要的东西了。尽管这样，人们还是要问：工人运动是否没有比慈善社会团体组织更高的目标，是否只是去提高那些害人的'劳工骗子们'的工资，向那些容易上当受骗的人作些小小的慈善性施舍。"

但是，可以预料，有头脑的工人反对这种性质的道路和方法。至少，**社会主义行业和劳工联盟**会出面反对。曾经在强大的劳动骑士团的官员们中间盛行的惊人腐败的暴露是合乎时宜的事件，它最终带来了一次革命。这或许是不可避免的。1895年底，早就批判了在美国劳工同盟的政策中表现出来的那种"天真烂漫的傻瓜"的蠢举的进步团体，得到了被抛弃的劳动骑士团成员们（包括著名的第49区讲习会）的援助。社会主义行业和劳工联盟成立了，它以空前的热情、决心和智慧，立即担负起把工人运动重新组织到正常路线上来的任务。显然，这条路线是以历史和新的经济条件为标志的。它是一条阶级斗争的路线。一句话，它是国际社会主义的路线。

下面是社会主义行业和劳工联盟的《原则宣言》：

鉴于在资本主义的正常发展中，享有特权的少数人与被剥夺了继承权的群众之间的阶级斗争是不可避免的，它是雇佣制度的不可避免的产物。这种阶级斗争现在已到达这样一个阶段——工人组织的旧的组织形式、方法和精神都绝对无力对抗集中了的资本的侵犯。所有的政府代理人都支持这种集中了的资本。工人组织的这些旧的形式、方法和精神也绝对无力实现雇佣工人状况的任何永久性改善，甚至也无力阻止任何一段时间内工人的不可逆转的、全面的堕落。

此外，鉴于资产阶级用来压迫工人的那种经济力量主要依靠政治制度，这种政治制度就其本质来说是不能大幅度变革的；如果没有劳动人民本身的直接行动及在经济和政治上联合为一个阶级，那么，连有利于劳动人民的任何细微变革都不可能。

因此，我们在此呼吁雇佣联合成一个坚实的整体，在当前阶级斗争最艰难的条件下，以不屈不挠的团结精神集合在一起，作为这样一个阶级存在，它觉悟到自身的力量，明白自己的权利，决心反抗一切阶段中的错误东西，矢志不渝地争取自身的解放。作为美国和加拿大社会主义行业和劳工联盟的成员，我们将始终看到阶级的远大目标，即通过消灭阶级，把土地和一切生产、运输、分配手段都交还给作为一个集体的人民，以尽可能早地最终结束那种野蛮的斗争，用合作共和国代替当前这种无计划生产、工业战争和社会秩序混乱的国家。在这样一个共和国中，每一个工人都将自由行使并充分发挥现代文明诸因素带来的个人才能。

社会主义行业和劳工联盟的章程规定：它的目标之一就是"推动在北美大陆上为社会主义工人党所代表的独立的工人政治运动及其沿国际社会主义路线的发展。"为了防范那些"不谈政治"的政客们，它还规定了下列内容：

"总执行委员会的每一名委员、每一名被吸收到组织中来的高级官员，每一个社会主义行业和劳工联盟的地区联盟或地区大会的代表，在就职时都将宣布遵守下述向其宣读并由其签字的誓言：

'我有神圣的义务尊重每一个劳动者，特别要尊重那些在阶级斗争中被自己的雇佣工人同伴信任并委以重任和职位的人，断绝同资产阶级政党的一切直接或间接的关系。我以自己的言辞和名誉庄严宣誓，我要服从美国和加拿大社会主义行业和劳工联盟的章程和规定，永远牢记联盟的基本原则和最终目的，尽最大能力完成交给我的任务。'"

在社会主义工人党全国代表大会上提出的社会主义行业和劳工联盟应得到有力的支持和拥护的提案，受到了热烈的讨论。针对这一问题，全国总书记曾在他的报告中说道："就像每次要采取一个重要步骤的情形一样，在我们的队伍里还有一些人，他们抱着一种懦夫的、不置可否的态度，看来是害怕坚定、决然的立场会把我们卷入斗争中去。这些人忘记了，整个社会主义运动就是斗争的产儿。如果说它是什么的话，它的全部特征就是战斗的运动。"经过一场认真的讨论，下列决议案以71票赞成、6票反对、1票弃权而获得通过：

"鉴于无论是美国劳工同盟还是劳动骑士团，或者这两个组织的残余力量，都毫无希望地充当了资本主义的缓冲器，因此，迄今为止工人阶级寻求解放的每一次明智的努力都被粉碎了；

鉴于这些组织领导人的'调和'政策，已被进步运动在足够长的时间内进行了检验，这些领导人的政策就是运用他们手中的重要职权保护资本主义、出卖工人阶级；

鉴于在资本家和工人阶级之间存在着不可调和的斗争，这种斗争只能通过推翻资本家、建立社会主义共和国的途径得到解决，不从这一原则出发，劳工组织就不可能为工人做成任何事情；

鉴于这一斗争主要是政治斗争，它需要努力从政治上和经济上把工人阶级结合在一起；

大会决定：我们以极大的喜悦之情欢呼社会主义行业和劳工联盟的建立，它向着摆脱雇佣奴隶制和资本家掠夺阶级束缚的方向迈进了一大步。我们号召全国的社会主义者，把社会主义行业和劳工联盟的革命精神带进所有的工人组织中去，把美国的无产阶级统一并集中为一支具有不可抗拒的阶级觉悟的大军，使它不仅手持经济组织的盾牌，而且还握有社会主义工人党投票的利剑。"

代表大会还在党章中增加了向社会主义行业和劳工联盟全国代表大会派出党的全国代表团的规定；社会主义行业和劳工联盟也在其章程中作出了一个类似的向社会主义工人党全国代表大会派出一个代表团的规定。因为两个代表大会的开会时间几乎是同时的。

社会主义工人党在组织方面对联盟实际上完全开放。在过去的几年中，由于众所周知的原因，大批老工会的会员退出了组织。在2000万雇佣工人中，被组织起来的工人还不到40万人。在许多已经辛迪加化或托拉斯化的工业中，每一次与资方的损失惨重的斗争都容易导致会员人数的减少。唯有一种新的精神——不屈不挠的社会主义精神——才能改变这种悲惨状况。那些最终接受雇佣奴隶制的人们稍有挫折，便容易士气沮丧；而那些决心争取自身解放的人们则会因失败而激起更大的干劲，这种人也许被打败，但他们决不可能被征服。

在结束本报告之时，应当指出，1891年，完全是由进步组织组成的纽约中央劳工联盟向布鲁塞尔国际代表大会派出了一名代表[①]，它所开创的运动到社会主义行业和劳工联盟建立时最终达到顶点。自从那时以来，"天真烂漫的"工联主义者、无政府主义者在一个叫做塞缪尔·龚帕斯（现任美国劳工联盟主席）的人领导下，发动了一场反对社会主义者的战争。值得庆幸的是，这场战争不但不成功而且证明了他们的无情无义和背信弃义。他们的阴谋之一就是在美国制造一种局面，在英国和美国的保守工会之间达成一种反对国际社会主义的协定。鉴于这种目的，他们像在蹓马场上得意地显示自己的好马一样，首先推出风流骁勇的约翰·白恩士，以与老成稳重的霍姆斯先生对比，以此显示："英国社会主义者"与那些"野蛮的纽约社会主义者"相比，有多么优秀、多么宽宏大量、多么顺从练达啊！接着，龚帕斯亲自对英国工联代表大会进行了一次访问，因而获得了两名英国人的回访。这两个英国人不避海上暴风季节的艰险，来告诉我们美国工人阶级：我们必须"用资本反对资本"，并且要模仿资本家的样子，把我们的事务完全交到有报酬不菲的代理人手里。当所有这一切完全失败而社会主义以惊人的规模在至今最保守的工会中发展起来时，龚帕斯及其同伙想当然地把伟大的国际社会主义运动说成是欧洲大陆上一切工人们苦恼的根源。例如，在最近5月（1896年）份的卷烟工人的正式刊物上，一个叫做A.施特拉瑟的人，即前任国际卷烟工人协会的主席，发表了一个表格，开列了巴登的王室领地格莱福德境内的城镇中，长工时、低工资的劳动的情况，进而写下了如下评论："在这些城镇中，社会主义党派的政治正处于全盛时

[①] 即吕西安·萨尼亚尔，见本书第15卷。——编者注

期。它是径直通向贫苦人家和公共墓地的道路。"（！！！）

  这样的话非常卑鄙，但在此值得引用它们作为对我们那些国外弟兄的警告。这些国外弟兄在缺少关于美国情况的必要信息的情况下，也许会对我们的情况产生误解，或导致与我们的国内敌人建立密切关系，这种关系是暂时的、短命的，然而将证明是对共同事业有害的。

报告人
马修·马奎尔
美国社会主义工人党代表
吕西安·萨尼亚尔
加拿大和美国社会主义行业和劳工联盟代表

1893年苏黎世国际代表大会至1896年伦敦国际代表大会期间的荷兰社会主义工人运动

——荷兰社会主义者联盟执行委员会致各国有组织的工人

同志们：

我们提交的报告讲述了一个斗争的时期，我们想，它甚至值得引起我们这个小国的疆域以外的同志的一些注意。

这场斗争并不是反对拥有财产的阶级及其政府。自从苏黎世代表大会以来的3年中，我们最痛苦的经历都应归因于这个阶级及其政府。这场斗争，即阶级斗争，现在仍被我们的组织以同样大无畏的精神继续进行着。但是，将赋予目前这份报告以一种令人悲观的前景，同时使其值得引起所有组织起来的工人（他们的经验不同于我们的）的注意的是，有人企图把我们国家疆域以外的不和谐引入我们自己的队伍。尽管我们的组织取得胜利，但这种企图已造成深深的裂痕。

目前的这份报告描述了一个斗争的时期，我们想，它应该在我们这个小国疆域以外引起一定的注意。

我们要求你们大家要不带任何成见地阅读这份报告。

在我们提交苏黎世代表大会的报告中已经提到过，个别人在两年前已经企图在社会民主党以外按照德国社会民主党的模式建立一个政治上改良的党。我们还补充说："到目前为止，这种企图在工人中没有取得任何成就。议会改良主义者……是否能在未来获得某种影响，尚待观察。"①

我们不得不与受到国外影响的上述"议会改良主义者"进行斗争；正是在进行这种斗争的时刻，我们遭到了政府最为残忍的迫害。

1892年12月25日和26日，在兹沃勒召开的我们党的代表大会上，宣读并通过了一份原则宣言。它宣布："工人阶级所要支持的阶级斗争，首先是一种经济斗争，政治斗争是从属于它的。"因此，我们的联盟宣布，它采纳"国际"的立场；它反对那些自称是"社会主义者"的议会改良主义者们的观点。而且，这份宣言强调了这样一个事实：我们是一个革命的党。它说道："工人阶级不能期望在当前的社会基础上能够获得持久的改善"，同时还进一步指出：在这场阶级战争中，"工人阶级应用一切可能的方式斗争，无论是合法的或非法的，和平的或暴力的"。

看来，这份决议的最后一部分在一些政治家中引起了一些误解。这些政治家在我们党周围游动着，并且非常渴望通过操纵投票箱的方式得到好处。他们幻想"用一切可能的方式"这个短语就意味着也包括投票，并且在几次会议和讨论中，他们一再蓄意把合法的和非法的（即被法律允许或不被法律允许）这个提法与"**立法的和非立法的**"这个概念混淆起来。

在兹沃勒代表大会之后，加入我们党并承认服从组织的大多数人都来自由政客组成的所谓的人民党以及类似的组织。过了一些时候，当他们再次叛离我们的时候，这些组织又吸纳了他们（主要是通过向他们——其中一些是我们的老宣传员——提供这些组织能够给予的资助）。

与此同时，上面提到的那个短语"用一切可能的方式"也吸引了我们司法权威人物们的注意。这些司法权威人物是被全国资产阶级出版

---

① 见本书第16卷第229页。——编者注

物的狂呼嚎叫惊醒的。

在苏黎世代表大会上宣读的报告中，我们能够声明：由于1893年3月阿纳姆上诉法庭拒绝作出真正不利于我们的判决，在兹沃勒召开的代表大会之后，对我们提起的第一次法律诉讼流产了。

但是，在1894年12月25日、26日召开的格罗宁根全国代表大会之后，政府对我们的态度改变了。一位警官曾要求出席代表大会，然而，书记直截了当地回绝了他，并向他说明：众所周知，除了大会代表以及能够出示出入证的人之外，任何人都不准出席代表大会。报刊的记者也必须服从这条规定。

在1895年的第一个月里，一份针对我们联盟主席和书记以及格罗宁根代表大会主席的起诉书被最终提出。政府想作出一个一劳永逸的决定，以便搞清自从兹沃勒代表大会通过那项决议以来，我们的联盟是不是一个"被法律所禁止的组织"。吕伐登的上诉法庭以及格罗宁根的审判法庭都作了肯定的判断，即同意原告的上诉。

与此同时，上面提到的我们党内的不满分子也开始捣乱了。

格罗宁根代表大会之前的几周内，反对派就发表了反对我党的控告书。

一个不幸地在我们执行委员会当过几个月委员的人，被招来在整个代表大会面前证实他的控告书。那个人进行了自我辩护，但是事情的整个过程不能不徒增大多数代表对反对派的恶感。那些诽谤性的谣言就是由这些反对派们编造出来的。

也许，对反对派的这种恶感与通过霍赫赞德-萨珀梅尔支部的下列提案有密切关系。这份提案以47票支持、40票反对而获得通过，14票弃权，其内容如下：

"大会决定，无论在任何条件下都不参加选举，即使是为了宣传的目的。"

在对这一次投票表决作出评价的时候，人们必须考虑，投反对票的40人当中，大多数人并不属于反对派。在出席格罗宁根代表大会的86个支部（当时有126个支部）的代表中，只有3个人是代表反对派的。这3名代表之一的维图什·布鲁因斯玛博士（霍勒代克支部），尽管是众所周知的议会改良主义者（他是弗里斯兰人民党的精神领袖），但从不参与传播诽谤我们党的那种谣言的事情。

也许真是这样："霍赫赞德-萨珀梅尔"提案的内容是某种令人向往的东西。而同样真实的是，这代表了无政府主义营垒提出的抗议。这份决议案的通过，束缚了每一个社会党选民的个人自由。因为它没有清楚地说明，决议案的内容只是涉及作为一个整体的党而不是具体指党员个人。这是从我们党退出去的圣-安纳-帕罗什支部的一种想法。事实是，在这份提案被全体党员投票表决同意之后，我们在议会中的同志作为"民主党人"至少在名义上也要接受这份提案，直至我们党的下一次代表大会举行为止。

理论上、财政上以及个人方面的考虑，是他们没有这样做的原因。他们当中有几个人不可能这样做，是因为他们指控我们腐败。

1894年夏，斗争达到了顶点。

一份由12人签名的宣言发表了，它声明要于1894年8月26日在兹沃勒召开一个会议，目的是建立"一个新的社会民主党"。

使我们绝大部分同志感到惊奇的是，在这12人当中，还有不下4家的党报编辑，这4家报纸是：《守卫者报》（在格罗宁根出版）、《自由报》（在鹿特丹出版），《人民之友》（在兹沃勒出版），《护民官》（在马斯特里赫特出版）。

落入退党者手中的《守卫者报》和《自由报》两家报纸，在两个月之后由于缺乏订户而停刊。不久，《人民之友报》也一命呜呼了。但是，我们有些同志在几个月前出版的一份革命的共产主义报纸，采用了和它同样的名字。

只有在国内一个遥远的、信奉罗马天主教的角落出版的《护民官》把版面用于一般性的和针对当地的宣传，保持了以前的发行量。

这份宣言在我们共产主义同志中间引起了厌恶的感觉；因为这份宣言把我们大家都说成是"无政府主义者"，并且指责我们造成了"社会主义运动的瓦解"，"使党陷入无能为力的境地"。

此外，这些持不同意见者还以轻蔑的言辞对待他们的老联盟，并且宣称，它从未成功地将工人阶级的任何重要部分集中到自己的旗帜之下。我们很容易发觉起草宣言的一只怀有敌意的手，我们许多同志把宣言的作者说成是"一只弄脏自己窝的鸟"。但是，这些持不同意见者还犯了一个大错误，这个错误将使他们永远也不可能在我们国家成为一个像我们党这样重要的党。这一错误的原因是：甚至现在，留在我们这个革命政党内的议会行动信条的支持者的人数，也要多于新建立的信奉议会的"社会民主工党"党员人数。或许应该提到：1894年8月26日，这个党在兹沃勒由54人建立了，其中7人代表着许多组织。

它犯下的错误是，没有注意到整个荷兰工人运动的总体特点，这一特点不仅在我们的工会运动当中，而且在我们社会主义者联盟党都是很明显的。我们荷兰共产主义者的大多数人反对他们搞的那种"民主"，因为他们这些人不重视社会主义者在资产阶级议会中可能采取的行动，而他们的民主倾向则是在他们自己的工会和组织的相关活动中获得有利地位。

他们要求，应当执行已经通过的决定，但是，他们反对由一些按照个人的主动性行动的、不受欢迎的鼓动员去干涉他们的事务。对于这种干涉，他们一般只是耸耸肩，然后继续专注于自己的事务。

假如我们各支部的意图就是在我们社会主义政党内造成分裂的话，那么，他们在代表大会上早就会这么做了。但是，他们当然并不想通过干涉这"12人"的方法来造成这种分裂。从那时起，这"12人"就被讽刺地称为"十二使徒"了。

从那以后，荷兰共产主义者在其组织所及的范围内不与这种人为伍。这种人已不再被邀请来给党作演讲。"12人"当中，只有两三个人的名字被偶尔提到，那是他们在某些地方讲了话或作了讲演。他们不得已而为那些带有相当可疑的无产阶级性质的组织讲话，说得更恰当一点，他们显然是为中等阶级的听众讲话，即农民协会、资产阶级选举委员会等的听众。当然，我们这是笼统地讲的。

在持不同意见者的刊物上的一则简讯，详细说明了新"党"是在什么情况下成立的。

我们都知道，财政方面的考虑与此大为相关。当我们组织的成员听说，德国社会民主党的司库发给我们党的每位退党者75镑，以达到支持其组织的目的，我们的成员感到非常惊讶和受侮辱。由于这个消息是在持不同意见者的刊物上发表的，其真实性毋庸置疑。

现在，我党的执行委员会致信在美因河畔法兰克福召开的德国社会民主党代表大会（1894年10月21日至27日），抗议德国社会民主党帝国国会党团（社会民主党在帝国国会的议员）对另一个国家社会主义政党的内部组织所进行的前所未闻的干涉。

我们的执行委员会在信中质问道："在哪一次国际代表大会上，德国社会民主党的帝国国会党团被任命为欧洲政党的法官？"

当这封信在那次代表大会上宣读之后，辛格尔宣布说，该"党团"从未有丝毫去干涉国外任何政党的内部争论的意图。"党的委员会应荷兰一些同志的要求，仅仅是寄去了102镑10便士，以支持他们的刊物。那只是国际团结的一个证明，对此进行抗议是不可能的。"①

---

① 《美因河畔法兰克福党代会讨论记录》（《前进报》发行部出版社出版，第76页）。

那些建立了"社会民主工党"的退党者再也没有轻率地在他们的刊物上报告他们的资金来源了。

但是，我们，遭到了德国社会民主党最深刻的仇恨；我们，在过去几年从未发现柏林《前进报》刊登过有关荷兰社会主义运动的真实信息，或者在它上面看到有关赞赏我党的任何一个词语；我们，在德国党的报刊上不断地被斥为"吹牛家"。我们感觉到完全有理由呼吁国际工人代表大会的与会代表们注意这种对我们组织事务所进行的不可宽恕的干涉，并对此提出抗议。甚至直到今天，德国仍在施加影响，以支持退党者，这是德国社会民主党的错误，是德国党报编辑们的错误，我们的同志视每一个德国社会民主党党员为荷兰社会主义运动的诽谤者、行贿人和阴谋家。

产生这种结果的行为可能被认为是增进工人间的国际兄弟情谊吗？能把这种做法及其产生的后果说成是为了增进工人间的国际兄弟情谊吗？

退党浪潮发生的时候，恰恰是法庭宣布我们的联盟是一个非法组织的时候。这一事实使我们共产主义者非常痛心。

格罗宁根和吕伐登法院刚刚宣布我们联盟是一个与"法律和秩序"相对抗的协会，上诉的结果就不再是一个可疑的问题了。

事实上，高等上诉法庭在1894年12月3日的判决中确认了两个下级司法法庭的判决。从这时起，我们就不可能召开任何会议了，即将于12月25日至26日在海牙召开的年度代表大会也成为不可能的事了。高级上诉法庭的最后判决大意是说，我们建立了一个协会，"目的并不是以宪法和法律规定的手段进行对现状的改良或变革，而是以合法或暴力的一切手段推翻现存社会秩序"，也就是说，我们建立了"一个危及社会秩序的协会"。

对于在危险时刻决不会继续坚持下去的那些人看来，现在的形势变得很危险。他们当中的一些人在新建立的社会民主工党怀抱里找到了一个安全的避风港。不过，主要是由于那个党在危险时刻的态度，他们当中的大多数人并没有与这个党发生什么瓜葛，而是完全退出了鼓动。

高等上诉法庭在作出最后决定之前，在阿尔默洛召开了一个预备会议，法庭的判决一问世，现在被视为非法联盟的执行委员会主席（A. 罗特）和书记（S. W. 科尔托夫）就以个人名义向联盟的全体成员发出邀请，让他们在各地组织开会并任命代表，参加12月25日到26日在海牙召开的大会。

大家都懂得这一步骤的含义，并且知道，这是不顾法庭判决有意继续联盟的工作，力图将它们组织得像平时一样。资产阶级和资本家的报刊对于即将召开的大会表示忧虑，每个人也都预料政府将会干涉。

但是那类事情并没有发生。警察并没有占领即将开会的华尔大厅，也没有以其他形式进行干涉。首相范豪腾是个变节的激进分子，以他为代表的政府曾野蛮迫害过我们的宣传员。这一次，他却在要不要进行干涉的问题上举棋不定。根据通常的惯例，这次代表大会开始着手向我们狱中的同志发电报。很清楚，政府的这一犹豫并不能归因于政府方面的任何因素。我们现在还不知道，政府是否未考虑过进行干涉的有利时机。但是，在这种环境下，堪称为辉煌成就的东西就是：不少于60个镇都派出代表参加大会。这些代表都是在12月份专门召开的会议上被任命的。

这些代表们立即建立了一个新的联盟，叫做"社会主义者联盟"。这个新联盟马上开始讨论由刚刚被禁止的社会民主联盟起草并在1894年12月1日前通知了各支部的议事日程表。整个代表大会顺利完成，似乎根本不存在我们从前的联盟被定罪的问题。

海牙代表大会之所以重要，还有另一个原因：在之前的一次代表大会上，由于霍赫赞德-萨珀梅尔支部的决议而引起的误会因接受阿姆斯特丹支部的一项提议而被最终消除了。这项提议宣布，在一个纯粹的策略问题上，不要企图追究联盟成员个人方面的责任，而一年前通过的那份决议，仅仅是就党的整体而论的。

1894年12月25日至26日在海牙的华尔厅召开的会议决定：

"鉴于制定只能在特定环境出现时处理所要解决的策略问题的具有约束力的规则是荒谬的；

鉴于我们的宣传方式在很大程度上取决于我们对手的作为；

鉴于参加投票或者弃权毕竟只是一个功利主义的问题；

鉴于对社会主义运动成功的最大威胁在于所谓议会的建设性工作，因此，为此目的而参加选举是错误的；

党的财库没有为了竞选活动目的而花费的钱；

这份决议基于这样一种信念，即期待通过夺取政权来实现目前经济状况的改善是荒谬的，相反，经济状况决定并维持着政治。它强调工人阶级的经济解放是，而且必须仍然是，所有政治考虑都必须从属的伟大目的。"

这次恢复了旧时同志式精神的海牙代表大会，开始了我们党发展的一个新时期。新的支部在许多社区中逐渐建立起来。这些新建支部的地方，并未向海牙代表大会派出自己的代表。这一方面是经济条件方面的原因——在北部各地乡村，人民的贫穷令人触目惊心；另一方面则是由于我们党被定罪所造成的特殊形势。这些新成立的支部不久便加入了新的"社会主义者联盟"。因此，在这次代表大会之后仅几个月，我们党就在众多社区中拥有100多个支部了。仅在远僻的角落——信奉罗马天主教的林堡省（在马斯特里赫特和罗埃尔蒙德也是这样），我们还不能组成新的支部以代替老支部。《护民官》，即W. H. 弗利根先生本人转到退党者行列中去的时候想带走的那家报纸，已经担负起了党的总体宣传任务和地方性宣传任务。此外，以前的几个支部游离于我们党之外，并且在无政府主义影响下创建了一个独立的组织。这些支部是：已提到过的圣-安纳-帕罗什支部，弗里斯兰省的沃尔弗哈支部，以及盖尔德兰省的尼莫根支部。尽管我们在那里和朋友们相处融洽，在此我们还必须指出：在我们党内，我们要有力地反对无政府主义倾向。在党内，这种倾向以个人主义的无政府主义形式暴露了它本身与组织的任何思想相对立。这正如近来一些时候它在盖尔德兰省的所作所为。

我们党别具特色的一篇短小声明将立即向那些个人主义的无政府主义势力阐明自己的态度，这是一方面；另一方面，也向议会社会主义者和激进主义倾向的人阐明了自己的态度。

首先，我们同志的绝大多数是共产主义者。他们的目的在于从根本上改造当今社会，并渴望实行生产资料从私有制到公有制的转变。绝大多数同志都是反议会主义者，因此，他们把资产阶级议会看做有产阶级压迫机器的一个组成部分；并且同时认为，它不会成为工人阶级解放的工具。

我们共产主义者把立法机器看做一个仅仅用来维持现存秩序的机构；并且认为，在资本所有者阶级的资产阶级议会中，共产主义者起不了什么重要作用，他们必须在工厂车间、制造业地区进行经济斗争，必须在农村的农民和挖泥煤的矿工中间开展经济斗争。他们一定要组织起来并且站到反对农场主和地主的立场上，必须在部队中热情宣传反对军国主义，并且应在学校和家庭等一切可能的地方做到：第一，传播共产主义的原理；第二，削弱统治阶级的权力；第三，在一切行业和一切工厂车间中，传播有关新的生产组织的知识。在未来自由的共产主义社会中，这些组织将在生活必需品的生产和分配中发挥作用。

根据海牙代表大会通过的提案，我们当中仍然想参加选举的少数人可以以个人名义参加选举；如果他们愿意，可以参加任何选举委员会。当然，他们参加选举，目的是在资产阶级议会中进行革命宣传，而不是因为他们要参加所谓的议会改良工作。

因为联盟的每一个支部都有完全的自治权,我们联盟的各种不同支部——为了达到宣传的目的——都可以参加选举鼓动工作。行动的自由始终被荷兰人特别看重,很可能还将保持下去。

那些退党分子们反对我们的共产主义原则的唯一做法,就是说些关于"无政府主义的吹牛大王"、"无组织"以及诸如此类的空话。然而,我们认为,在这里有义务简要而系统地阐述一下我们的原则,特别是要向国际伦敦代表大会的组织委员会说明,我们的组织已经做了哪些工作;解释我们所做的事情,以免我们的联盟被国际社会主义工人和工会代表大会所开除。

如果本次代表大会自称为"议会社会主义者和资产阶级激进派代表大会"的话,我们就不会来敲本次代表大会的门,尽管到目前为止我们出席了历次国际代表大会。但是,只要它被称为"国际社会主义者和工会代表大会"①,我们就有权利出席。

我们应该得到完全与德国社会民主党部分报刊给我们的待遇完全不同的待遇。柏林《前进报》以如下的方式谈到我们在1895—1896年间所作出的努力:

> "纽文胡斯式的荷兰无政府主义者千方百计地参加国际社会主义代表大会。对于这些绅士们,参会是一个生死攸关的问题。如果他们找不到制造一些噪声的机会,他们就会被人渐渐忘记。伦敦组织委员会没有丝毫的意图去满足这些声名狼藉的人的要求,只是认为他们与苏黎世通过的著名决议有关。现在,我们有一个机会来判断这些活动者的有名的胆量。目前,他们在一份邮寄给所有社会主义政党的通告中正式否认与无政府主义的一切联系。正是这些社会主义者,在过去的许多年里被他们用轻蔑和厌恶的言辞骂得狗血淋头。但是,最终

---

① 原文如此。——译者注

必须对这一问题作出决定的代表大会，将理所当然地、毫不犹豫地作出判断。"

我们必须再次声明，我们没有必要"正式否认"无政府主义，因为，我们不是一个无政府主义的党，而是一个共产主义的党，是根据联盟的原则组织起来的。对于德国姊妹党官方机构与多年来的做法类似的行为，我们深表厌恶。

对于这种非兄弟党式的行为，我们只有轻蔑，而无别的什么态度。

我们一向认为，我们有责任在这个报告中清楚地解释我们在"中产阶级社会主义政治家"那里得到的待遇。

现在，我们将简短地解释一下我们在宣传方面的实际状况。

你们知道，在过去的3年中，因参加了罢工等活动而对我们的发言人、作家和我们组织中的这类成员提出的诉讼屡见不鲜。我们全国的同志对监狱生活都不陌生。

1894年5月，在恩斯赫德这个制造业城市工作的我们的一些朋友到邻近乡村洛塞尔进行了一次短途旅行，结果被判5年监禁，因为这次旅行提供了狂热的罗马天主教农民与我们的同志发生冲突的机会。我们的同志必须针对警察的攻击进行自我辩护。而与此同时，警察则与农民通力合作。

在为我们的一位同志范威林举行葬礼时发生的场面，表明了荷兰警察和法官是怎样无耻地携手而行，法官进行起诉，警察滥用权力，他们配合得多么默契！

1894年8月9日，警察袭击并驱散了一支扛着许多旗帜的送葬队伍，借口是旗帜中有一面红旗展开了。

警察的无耻行为得到了当局的认可，政府对参加送葬队伍的几个人提出指控，说他们的罪状是参加了一个非法的队伍。尽管所有的被告确实都被释放了，但是当局炮制的起诉使人们认清了整个形势。

我们不想不厌其烦地列举许多类似的对我们进行起诉的事件。

我们的党不仅必须同政府进行斗争，而且还必须同教士，特别是罗马天主教牧师进行斗争。那些天主教牧师们在农村鼓动那些无知的人们反对我们。他们一有可能就这样做。在洛塞尔、尼莫根、奥尔登扎尔、厄伊特霍伦（在阿姆斯特丹附近）、布雷达等地，我们不得不与许多被煽动起来反对我们的人交涉。上面提到的这些城镇的人们，于1895年7月袭击并破坏了我们的会议厅。特别是在国内罗马天主教徒所在的那些城镇，我们必须与最大的困难进行较量。正是因为我们不相信通过微小的议会改良取得最后结果的可能性，所以，我们仍然坚信，我们的共产主义的原则将渗透到最落后的地区，我们必须使整个一代人新生、觉悟，它激励我们在这些地区不断地进行宣传工作。

在这个报告涉及的这段时期，发生了多起工人罢工、资本家同盟歇业和关于工资的冲突。特别是1895年春季和夏季，在我们的同志起积极作用的所有地区，斗争更加突出。我们参加了木工、印刷工人、细木工、建筑工人、钻石雕刻工、卷烟工人和面包工人的罢工。最近，还参加了鹿特丹的码头工人罢工。所有这些罢工所取得的结果也许情况各异，但都有助于我们在基层工人中进行鼓动，激励起他们的反抗精神。在露天或大厅内召开的会议真是太多了，在这里简直不可能逐一提到每次会议。

我们认为，在这里应简要地讲一下我们拒绝纳税的打算。这个运动是由我们国内各地的同志，特别是阿姆斯特丹的同志发起的。这样一个运动，其进一步的目的是以法庭命令的手段禁止拍卖那些由于拒绝纳税而被扣押的货物。

为了庆祝五一节，这一运动在最近3年中不断取得进展。今年五一节，全国都在5月1日当天举行了庆祝。在最近这些年中，群众已被全国工人书记处组织起来了。

1896年5月1日，在国内44个地方爆发了示威游行活动。所有的示威都很成功。仅仅在阿姆斯特丹，就聚集了成千上万的示威群众。

为了比较两个政党的特点，我们在这里要指出，那些退出我们党并已经组成"社会民主工党"的人，在4个地方举行了庆祝五一节的活动，而仅仅在两个地方，即乌得勒支和马斯特里赫特是成功的。

这一成功看来应当归因于我们与更加进步的工会的关系，荷兰的大部分进步工会都已经采取了阶级斗争的原则。

这些工会中最重要的部分在上面提到的全国工人书记处的名义下联合起来了。根据这个书记处去年（1895年）的报告，它已拥有31个工会和总联合会，会员达187000人。

我们的联盟与全国工人书记处代表的各类工会的关系处在最良好的基础上。这一点，已被全国工人书记处召集的荷兰各类工人组织执行委员会在一次会议上通过的决议所证明，这个会议是于1895年12月1日在乌得勒支召开的。

这份决议案与伦敦国际代表大会上的荷兰工人运动的代表权有关系，内容如下：

"如果国际代表大会决定拒绝有组织的工人派别参加大会，不论他们代表哪个国家，荷兰工人代表将停止参加即将到来的伦敦代表大会的审议工作，并且将退出这次代表大会。"

这份决议案是由印刷工会的《前进报》提出来的，在22个组织与会的情况下，以20票赞成、1票反对、1票弃权而被通过。

"社会民主工党"这个退党分子的团体是唯一投票反对这份决议案的组织。

除了这份决议案，会议还通过了由阿姆斯特丹"新生活"砌砖工人联合会提出的一个修正案。这个修正案说，在退出代表大会成为必要的情况下，荷兰各组织应当召集一次持类似观点的所有工人参加的代表大会，这个代表大会召开的时间应与国际代表大会相同。

不用说，假如社会主义者同盟不被伦敦代表大会接受，投赞成票的工会希望宣布他们与同盟团结一致。因此，"社会民主工党"对此修正案投反对票并不令人吃惊。

最后，在结束这个报告的时候，我们要列举一下荷兰出版的代表工人利益的报刊：

党报：

《大众权力报》（阿姆斯特丹），过去是日报，但自从版面扩大以来，每周出版三期，有关于地方社会主义报刊的大量报道。

《未来报》（周刊），米德尔堡。

《赞兰德人民报》（周刊），赞代克。

《人民旗帜》（《大众权力报》在北荷兰省份的专刊）。

《人民之友》（周刊），阿纳姆。

《最终权力》（周刊），埃舍德。

《钟》（周刊），沃尔弗哈。

《工人》（周刊），萨珀梅尔。

《曙光》（周刊），哈灵根

《苦工》（《曙光》的专刊）。

《放下武器》（一份宣传反对军事制度的刊物）。

《阿姆斯特丹前进报》（周刊，由同名组织编辑）。

《曙光》（每周一期的画报，致力于文学与艺术），阿姆斯特丹。

《社会向导》（月刊），阿姆斯特丹。

社会民主退党分子出版的两份周刊：

《社会民主党人报》，乌得勒支。

《护民官》，马斯特里赫特。

还有一份月刊:《新时代》。

无政府主义者出版的刊物:

《无政府主义者》(周刊),阿姆斯特丹出版。

这里的无政府主义者比较相信小册子宣传的效力,而不太重视报纸的工作。

几乎每一个工会都出版一张行业报纸:卷烟工人、铁路工人、教师、木匠、油漆工人、作曲师、钻石雕刻工人、码头工人、泥瓦工人、小木匠、金属业工人等,他们的工会都有自己的报纸。

我们关于荷兰社会主义工人运动进展的报告到此结束。

我们只是希望,在下一次国际代表大会上,我们能够在提供认真进行宣传工作的强有力证据的同时,不再有目前这个报告中所写的那种带有讽刺味道的内容了。

我们还真诚地希望,我们的国外朋友们或许可以不必经受与我们相同的经历,希望他们可以免遭与自己的同志开战的痛苦,不再像我们不得不进行并胜利进行的斗争那样。

执行委员会

意大利社会党的报告

一、前言

意大利社会党不再是新诞生的党了,它推荐3名代表出席了布鲁塞尔代表大会;它也已经不再是一个年轻的小伙子,它有20多名代表来到苏黎世的大树下,被允许进入其狙击兵的战线,在世界社会主义的大军中,倾听它的战歌。意大利社会党不再是一个希望,也不再是一个允诺;它固有的力量,以及可能还有政府和资产阶级钳制、取消它的努力,使它有了几乎意想不到的跃进。现在无须再写它自身的历史,这一历史被铭刻在意大利的事件中,甚至连外国人也知道。这使我们的任务缩略到向你们报告过去3年中党的生活的特点。

我们已提交给苏黎世代表大会(1893)的**报告**,在阐明到了党的历史之后,概述了它所处的社会、政治条件,评论了它所经历的不同阶段:从乌托邦时期(革命社会党——旧国际)通过合作阶段(工人党)直到米兰(1891)和热那亚代表大会(1892)阶段,产生了"意大利劳动党",它有两个基础:一是合作社,一是选举政策,党立足于它们前进在通往夺取政权的阶级斗争的伟大道路上。

这份报告在结尾写道:

"我们希望我们的外国朋友将从对我党和我们运动的简略叙述中得出这样的结论,即在社会主义方面,意大利不再是一个死角,它同样正在解放整个无产阶级的伟大和神圣的斗争中努力和姊妹国家并肩前进。

无疑，我国经济条件仍不发达，尤其是这种经济条件的千差万别，使一个地区同另一个地区的差别几乎达一个世纪。此外，农村因素和农业经济中古老的封建形式与城市工业的先进因素相比仍占主导地位，这些都不利于宣传运动的平衡和迅速发展。如果人们说，在不同的地区对于策略或者至少在解释被认可的策略时没有分歧，这是不诚实的。我们希望，临近的雷焦-艾米利亚全国代表大会能够解决这些分歧，在大会上，同志们将会兄弟般地讨论分歧，提出加强党中央委员会的方案，在这个委员会中，国内不同地区的代表的比例将更加恰当。

然而，在意大利无产阶级和我们社会党中蕴藏着巨大的力量，我们有不可动摇的信心和干劲，将把自己的使命进行到底。"①

这不是玩笑，以后的事件已充分证明了这一点。

二、雷焦-艾米利亚代表大会

对于意大利的社会主义来说，雷焦-艾米利亚代表大会（1893年9月8—10日）具有重大意义，在国内有巨大反响。将近300个工人协会或联合会向那里派出了几乎相同数量的代表。在大会上，代表们非常深入地研究了组织与策略问题，十分活跃的讨论持续了整整3天，使得各个党派的刊物都予以醒目的报道。总的来说，甚至最反动的报纸也能够以或多或少真诚的好感评价这种平静的生命力的景象——这是从意大利各地前来商议并建立政治联盟的这些无产阶级先锋战士所展示的。

这方面，这次无产阶级的伟大代表大会不再缺少戏剧性——用这词的褒意——场面，受到热烈欢迎的国外社会主义代表、比利时人王德威

---

① 参见本书第16卷第246—247页。——编者注

尔得和德·布鲁基尔讲了话。会议在星期六闭会,在紧接着的星期日,约1万名艾米利亚农民在雷焦的一块大地方集会,欢迎与会代表,这些代表在举行全体会议的剧场平台的高处向他们发表了演说——热情超过了组织者本人的期望。

雷焦大会标志着前进的一大步。米兰大会孕育、热那亚大会分娩的党,在雷焦得到了确认;她扔掉了儿童的系索,以便穿上成年人的衣袍。

直到那时,人们还有文字上的羞怯,首先叫工人党,然后叫做劳动党,最后在字面上与事实上变成了"意大利劳动社会党"。

三、政治前景变得混乱的西西里事件

在此期间,政治前景在西西里——我们的爱尔兰,比真正的爱尔兰更不幸——变得越来越混乱,工会运动在那里取得了激烈的跃进,威胁到了大庄园主与高利贷者卡莫拉。科莱奥内的农业大会已经胜利地迫使地主接受不那么野蛮的以分成制地租为基础的契约,在格罗特召开的硫黄矿工代表大会已明确提出解放地下的这些奴隶的问题,指出了问题的解决办法。但同时,冲动的骚乱在各地接二连三地爆发,或是因为要求分割由剥削者所侵占的土地,或是因为公社的税把所有负担压在最穷的阶级身上,后者已被落后的农业统治和高利贷及复杂的剥削弄得筋疲力尽。在那里,所有中世纪领主的暴行与所有现代资本主义的自由主义精致的剥削残酷地混杂在一起。

工会的中央委员会在巴勒莫全力关注怎样阻止这个混乱的浪费民众力量的运动。为此,它做了力所能及的一切;但它还没有一个足够紧密和经验丰富的组织,以便能四处成功。尽管如此,应指出,混乱一般出现在不存在于工会或多少有些还没组织在社会党中的工会的地方。

现在,这也被证实,即在一些地方,正是封建大领主和反动党派在吹风,以便在灰炉中煽起烈火。

四、反动派独裁者克里斯皮先生

当人们想杀死自己的狗时,我说它患了狂犬病,这就是意大利封建制度采取的策略——这样评介(尤其是公开的)意大利的资产阶级似乎是不适当的,即它现在还完全受议会中大地产所有者的"农业党"摆布。因为这是这一封建制度所采用的反对社会党的策略。正是社会党所从事的合法宣传的途径和自觉的组织,开始扰乱了它的睡眠。有人打算指控社会党是动乱的因素,其实这是大量剥削自身所导致的,社会主义者致力于消除或尽力减少动乱的因素。

但是,掌握权力的部长们显得没有精力,尤其是没有必须有的伪善,来完成这项令人讨厌的工作。统治阶级打算解决此事,它好不容易找到一个人,即有三重婚丑闻,几年后仍被授予权力的克里斯皮先生。他是个律师政治家,被腐化所养,因腐化而富,有土匪头子的气质,说谎像10个妓女,女人的骗子,勋章的买卖人,横行无忌的狡猾的强盗,善于做一切事(甚至偶尔行善,如果这能使其得利的话);统治阶级把他推到权力的顶峰。

这时,革命分子在自己的宣传中,得到了意大利的巴拿马事件——罗马银行这个贪污和政治腐败的大机构、罪恶的大渊薮发生的丑闻——的有效帮助,并得到西西里的一名激进社会党议员拿破仑涅·科拉扬尼先生的热情支持。对这事的处理已牵涉了几乎所有的政治垃圾,包括国家的部长、副部长。资产阶级和旺代人的统治因而面临两个垮台的危险,一个是它自身的腐败;另一个是人民的新力量在这样的情景下冲动地爆发。

由于没有任何能够治疗第一个毛病——这是所有"上层"阶级的制度的毛病——的良药，就应至少防止第二个毛病，即阻止社会主义者从中获利。克里斯皮就是干这事的人。

五、围攻的状况：白色恐怖

这一切发生在临近1893年年底的时候，那个家伙掌握了权力。

它开始于——议会闭会，而且几乎被正式废除了——国家围攻西西里的法令，同在托斯卡纳省的卢尼贾纳一样，大理石矿工的示威在那里爆发了，资本家的出版物自然把它夸大为一场革命。这场革命依然是传奇式的，在风中盲然摇曳的卡拉拉山东部的杉树已被宣布为由反叛者树起的颠覆性的旗帜。

此后的一系列事件超出了本报告的范围，不能用几行字来概括。对此，应提及诸如议员科拉扬尼的《西西里事件及其原因》之类的书，以便了解这一切的可怕、凶恶与荒谬，这是陷入绝境的社会腐化物的最权威的代表所拥有并实施的暴行。

工会被解散了：数以千计正直的公民因参加或仅仅被怀疑参加了在光天化日下进行的完全合法的宣传而被拿着名副其实的空白公章的信函的警察（在大多数情况下，成立了私人报复的代理人）拘捕，被送往"强迫居住地"，甚至没有判决，没有任何辩护的可能；其他数百名青年人、老年人，甚至妇女也被抓去填塞已经人满为患的西西里和托斯卡纳的可怕牢狱。不顾宪法和王国的法律程序建立的军事法庭长久存在，普通的司法官放弃了他们的司法权并为他们所依据的法律喝倒彩，尽可能将人道的座椅变成法庭弹盒的屠杀，从而名声大噪。总之，种种反动以最隐蔽的形式表现出来，处以10—12年甚至18—20年徒刑的非常粗略的判决书像冰雹一样纷纷打下。

科拉扬尼在我们刚引用过的书（第二版，第340页）中写到："可以估计，仅仅西西里的军事法庭就对抗议饥馑与暴政的农民，向只是犯有一般的社会主义宣传罪行的青年人判处了约5000年徒刑。"

要注意的其他事实：在所谓的西西里革命中（实际上这一切局限于拿着三色旗和国王、王后的肖像，以欢呼胜利的一个游行），军方和当局只死了2个人（其中一个是吉贝里那的贷款人，十分受人喜爱，只是由于误会而死），而92个公民在负有镇压人民使命的士兵的子弹下倒地！

当局没用谎话来替谋杀辩护，尽管这是那么可耻，它却没有犯法，没有人对那些事提起诉讼。在所有的诉讼案件中当局都拒绝犯人选择自己的辩护人，而且辩护人是年轻的官员，根本不懂法，并且由于军事纪律和等级从属的约束而顺从于这样的法官和原告司法官，他们本有义务同这些人为受害者辩护的。人们拒绝听取现场主要证人的证词，以至于不在现场的证明，甚至被告的身份也被误认；把糊涂人所说的没有证实的控告词以及匿名密探的所谓告发（警察借口职业秘密拒绝说出名字）提到突出地位，以便把正直的人们投入终身监狱。穿着制服的法官，这些因市民热情和军事荣誉而被任命的受托人，通常决定所有这些行为都是对的。为了从议会抓走议员——可以说是人民的代表，为了在这个议会——它还意味政府很宽容——替这些吹牛者争到补贴，他们的法院写假文件，写对暴动者的上诉，在回答我们的议员普兰波利尼的质询时，大部长宣布，这些上诉是非常温和的，并说，在他的案卷中有较好的例子，他不详述是因为对刑事被告的一种怜悯的感情……人们还可回顾著名的"比萨基诺的文件"（根据伪造或泄露这些传奇的警察的住地命名），根据这份文件，工会中央委员会的委员和西西里人其他的著名人物——其中有科拉扬尼议员——与法国和英国密谋肢解这个岛，使它分离出王国，这是我们门户之一的问题。已把它割给了俄国？！

这些可悲的空话，没人向议会说过。这一切值得所有人泪如泉涌……

六、反政府主义者法和强迫居住地

围攻的一些情况没有正式公布，它的反响只在西西里和卢尼贾纳可以到处感觉到。新闻自由、集会自由等所有宪法规定的权力实际上被暂停行使，人们在意大利重新开始回忆起旧的外国统治的野蛮。

在这一迫害的打击下，社会党的活动暂时瘫痪。这对政府来说还不够。它要走到底，直到毁掉一切民众运动的痕迹。

像通常一样，上帝来帮助了。那是西班牙和巴黎的骚动，那是卡塞里奥①的匕首——一个意大利人，请留意他。反动派的激情蔓延到欧洲，但意大利在这个野蛮的进程中还是占据首位。

1894年7月1日，戒严法被匆匆通过，重罪法庭避开了新闻界，以流放到远离居住地的指定城市的处罚威胁那些表现出"用行动颠覆现存社会秩序"的思想或参加表现出"用行动颠覆现存社会秩序"的思想的人。当局通过行政方式建立了流放集中营，取代了各种单独的强迫居住地（要塞或消失在茫茫大海里的小岛）。这个戒严法——流放和政治强迫居住地——应在1895年底失效。

克里斯皮作出了最明确的宣布：这些法律只是针对宣传无政府主义（事实上是炸弹与匕首）的宣传者。他写道，这些狂人来自于大地黑暗的深渊，他们不是政党。当一些死抱住怀疑不放的议员表示害怕这些被用来对付社会主义者和其他在合法基础上斗争的政党时，部长们及其心

---

① 意大利无政府主义者，1894年6月24日在里昂将法国总统卡诺刺死。——编者注

腹炮制出义愤的气氛。对他们尊严的这种玷污同样使他们怀疑，这一狡诈手段只能迷惑那些受骗的人；根本不能迷惑众多社会主义者。

当戒严法实施时，当局开始禁止各种社会主义者的代表大会和集会。1894年10月22日，一批警察袭击了所有社会主义者协会，搜查了所有活动分子的家，劳动社会党被宣布解散。它的党员因煽动阶级仇恨之罪，因精心制定的提到以行动为手段的决议而被法院起诉。

到目前为止，我们还不能编制所有判决书的统计表，这些判决在这罪恶的两年（1894—1895）中打击了我们党。只要告诉你们，我们没有一个活动分子——甚至是最不出名的——受到宽恕就足够了。在一年多的时间里，法院里充满的只是社会主义者。被没收的文件提供了最明显的证据，证明我们的宣传合法，人们只得限于用归之于协会的简单事实来起诉："拥护了雷焦代表大会"——这次代表大会是在当局大睁的眼皮底下召开的，甚至连对温和主义生气的报纸也不得不赞扬它的温和。由党的指导委员会出版、通过了新闻出版法检查、未受到指控的代表大会速记报告，现在突然成了受控告的非常文件。在这次代表大会上，一些激动的罗马人和西西里人当中的有才智的人发表了一些雄辩的关于未来起义可能性的词语，这受到一些演讲者的反驳，代表大会非常学院式地拒绝了他们的建议。就因为这些词句，所有与会者，甚至那些发言驳斥这些词句的人都受到处罚。所有判决书几乎一模一样，它们宣布："非常清楚，社会党根本没有同无政府主义分开，也没同暴力分开；他们宁愿同它们一起斗争，并且没有停止；他们想以合法宣传和选举活动为手段，夺取权力。"

由于这个奇怪的逻辑以及我们的司法官一致以此为荣，我们的一些人被判处几个月甚至几年的监禁，其他人仅判几个月流放。这反而向他们提供了把社会主义宣传带到一些偏远地方的机会，他们将在这些地方花更多时间渗入城市、乡村。

政府提起的新闻诉讼案同样史无前例。所有对政府的言论被认为可能引起犯罪或阶级仇恨；所有对审判的荒谬行为的抗议，所有坚持认为判决了无辜者的文章都成了犯罪的证明——文章的作者否认这些犯罪的存在！

所有这些明显的事实证明，当局要把忒弥斯①的信仰拖入可笑的境地。但是，白色恐怖尤其在"独立"的司法官中盛行——我们承认，其中一些人对无耻的理解比人们要求的更好，但他们显然无力抵制。事实上，在撒丁岛的法庭中，一个曾试图抵抗的人被送往强迫居住地——这就是上诉法官、议员居依先生，他敢于赦免佛罗伦萨的社会主义者，在议会中被议长甚至部长指责。

但是，迫害的最肮脏的一页——这只在俄国才能找到相似的做法——是通过行政方式采取的强迫居住，不经过公开辩论，也没有任何辩护的可能。这是在人民脚下挖了个真正的陷阱让他们陷入，却把账算在宪法的正式条款上，而宪法禁止成立取代法官的特别委员会。成百的无政府主义者——甚至是只讲理论的——被送到地中海的一些暗礁上，多少社会主义者同他们一起！那些能逃脱逮捕的人是幸运的，然而他们也还要同流放的荒凉道路搏斗！因为人们在这些地狱里生活是如此悲惨，那里的迫害是如此沉重，以至于人们把去强迫居住地而不去监狱作为一个恩泽来要求。

七、我们的回击——帕尔马代表大会和大选

这种狂热的迫害并未阻止，相反却有助于社会党的发展。克里斯皮专制在意大利重新造成了——尽管规模较小——与俾斯麦在德国造成的

---

① 希腊神话中掌握法律和正义的女神。——译者注

同样的结果。人们宁可感谢他们，因为他们为我们认识我们中的那些没有信心和热情进行社会主义运动的人（这样的人并不多）提供了手段，这就净化了我们这个庞大的队伍。

最初的溃败过去了，我们打算重建党的组织。尽管我们的代表大会事先被禁止，但是，我们召开了各个地方的代表大会，这总是使警察受窘，他们通常派士兵营在某城某地等我们，而我们的集会则非常平静地在另一地召开。在意大利社会主义者中最出名的日子——1895年1月13日，全国代表大会在帕尔马秘密召开了。这个代表大会的重要性尤其在于它正是在反对派狂热的高峰时召开的。大会放弃了协会集体入党的旧体制，正如我们的经验所表明的，这种体制给党提供的人数范围太广泛了，而对敌人的抵抗与它的表面的力量不相称，特别是由于经济协会（合作社等等）把与政治斗争的需要格格不入的利益带入了党内。取而代之的是个别党员制，以及一个建立在选举基础上的组织形式。大会还决定了一个完全独立的选举策略，任命了一个设在米兰的党中央委员会，通过了其他涉及党的内部职责的决议。

在帕尔马代表大会上，重建的"意大利劳动社会党"取了一个更简单的名字："意大利社会党"。

但是，我们作出回击的时间应在政治普选之时。在一些地方的选举中，或者在一些镇的选举中，我们的服刑者当中最为人熟知的那些名字（其中最著名的是那些在狱中的西西里工会中央委员会的主要成员）已被提出作为候选人，我们已经取得了鼓舞人心的结果。政府以清理为借口，修改了选举人名单，一下子取消了选民团内善良的第三等级中许多人的选举权，第三等级选民人数从300万（人口的10%）减至200万（人口的将近7%），在中部的一些省份里，这个比例降至3%。

尽管这一专横取消选举资格的做法甚至连前市长、大学教授都不照顾，很清楚，这尤其打击了当局担心社会主义者占优势的那些选区（在某些镇,在修改选举人名单之后,人们发现,选民数少于要选的议员)。尽管如此,尽管有一切的欺负和恐吓,某些地方尽管在选举前夜下达了大量监禁令,以便使社会主义的选民离开投票箱,但投入选票箱的结果(1895年5月26日和6月2日)仍然表明我们党取得了辉煌的胜利。对手的报刊甚至承认,在争取选票的政党中,我们是唯一胜利的政党。

1892年大选中,我们只获得27000张社会主义者的选票,而这次在我们的候选人的名字上,我们获得了近80000票,尽管这个数字要减少20000—25000,因为共和派或简单说激进派的选票是由我们的一些候选人吸引来的。3年来,我们一直使自己的力量成倍地大量增加,尽管我们上面讲到过选民名单被删除过了。① 而且,我们在177个选民团里进行斗争(意大利全部政治选民团有508个),我们采取了播下社会主义种子的方式,把种子播在直到那时依然是我们的宣传浸透不进去的地区。在议会的社会党党团——我们小小的5人分队——人数也翻倍了。一个重要的例外是有说服力的。在巴勒莫被判刑的英雄巴巴托博士在米兰和切塞纳当选,在他的名字下共汇集了14000票;朱赛佩·德·费利切,在卡塔尼亚和帕泰尔诺当选,有8000票;加里波第·博斯科在巴勒莫当选;被判处两年强迫居住来抵罪的学校校长伊塔洛·萨尔西在雷焦—艾米利亚选举中获胜。

德·费利切、巴巴托、博斯科的选票被议会宣布无效,这些候选人因为被判18年和12年的流放,丧失了政治权利。几个月后,选民第二次任命他们。据说,他们决不放弃由这些名字所表现的所有这些受害者

---

① 人们估计这些投社会主义者的选票的地区分配如下:皮埃蒙特,10023;伦巴第21535;威尼斯6432;利古里亚3601;艾米利亚9097;罗马8864;托斯卡纳9301;马尔凯842;翁布里559;拉齐奥1645;西西里4983;撒丁岛及其他地区2550。

的事业；使这些胜利的失败者缓和的唯一方式——他们在囚牢里比在自由生活中显得更强有力——是给予普遍的政治特赦。

八、目前党的状况。佛罗伦萨代表大会

我们的选举胜利，党对一切迫害的抵抗，结果使领导阶级中最开明的人归向了党（这没有通过暴力），他们结束了同社会党的斗争；由此而来的是，政治反动有了某些松动。在1895年底，我们已说过，流放和政治强迫居住地的法令就要中止了。内阁在提出过延长期限后，应在那时放弃这个立法。

如果不是非洲事件，如果所有去征服阿杜瓦的军队的失败没有在最后引起人民义愤的爆发（这一义愤在3月的第一天彻底震撼了意大利），那么尽管——应当承认，尽管这使我们为难——政府在这场斗争中彻底失败，尽管有议会激进主义领导人卡瓦洛蒂揭示了首相生活中的轻罪的控诉文件与雄辩演说，却都不足以打倒这个独裁者，在他的后面蛰居着骚乱我们的吸血鬼的最不光彩的利益、最卑怯的恐惧。在这当中，社会党到处发挥了决定性作用。

在失败的耻辱中垂死的克里斯皮专政被一个温和的内阁取代了，它自称是"高尚人内阁"。其第一个高尚的行动是提供许多特赦，为那些政治犯敞开了监狱大门——这些政治犯的个人威望和选举胜利是永久的骚动根源，并减轻对轻犯——也就是说，按资产阶级的观点来看罪行较小的，其中大多数只是因为抗议第一批判决书而被惩罚的——的判刑。

尽管最专制的政治强迫居住地法令后将失效，新内阁仍顽固地拒绝释放这些被视为无法无天、蔑视和违反法律而逮捕的人。这些依然被关在暗礁上的人，就好像是被土匪绑票去的。议长——如同薛西斯抨击大海的波浪一样——在议会宣布，他决不允许阶级斗争，"它将被按照刑

法处罚"，他不再允许在西西里组织抵抗协会——在我们的新法典废除结社法的同一天，我们的法律正式禁止这种抵抗协会。

不管怎样，意大利社会党在所有这些日子里活跃地执行着自己的任务。如果说极端的迫害都未能使它解除武装，那么戴着天鹅绒手套的这双手所进行的新的反动就根本不再有什么可怕的了。近几个月来，在一些地方的选举中所取得的新成就表明了这一点。三个社会党候选人归来了：在伊莫拉（罗马涅），被送往强迫居住地的前议员巴达洛尼博士以微弱的优势在巴迪亚选区（威尼斯）当选；在卡尔皮（艾米利亚），面包师贝尔特西结束了6个月监禁，在选举中击败了一个少将；最后，在米兰第五选举（巴巴托博士放弃参加选举），菲利浦·屠拉梯在第一次投票时，就获得了压倒所有资产阶级政党的联盟的绝对多数票。

最近一次全国代表大会于7月11—13日在佛罗伦萨召开，至少有300名代表出席，它总结了大会前各地代表大会的工作，使我们有机会检阅自己的力量，我们有理由对此感到满意。

实际上，在雷焦代表大会上，意大利劳动党共计有294个协会，107830名成员（其中，仅西西里一地就占一半以上），但有人高声说这个数字只有名义上的价值。今天，我们有450个组织，21000名成员，都是个人入党的，定期交纳党费，也就是说，都意识到了我们斗争的目标和手段。可以这样说，他们形成了社会主义者队伍的巩固的核心，社会主义者在他们周围扩展。1893年的294个协会只分布在209个市镇，一些地区根本没有支部。现在，意大利不再有任何一个地区没有社会主义分子的宣传，我们的450个协会分布在420个地区。

现在，议会党团有12名议员，其中2名代表伦巴第（屠拉梯在米兰；费里在曼图亚的贡扎加）；5名代表艾米利亚（贝雷尼尼在帕尔马的圣登尼诺镇，贝尔特西在卡尔皮，阿尼尼在米兰多拉，普兰波利尼在瓜斯塔拉，萨尔西在雷焦）；2名代表罗马（科斯塔在博洛尼亚省的布德里奥，巴达洛尼在伊莫拉）；2名代表那波利坦（卡西利在那不勒斯，德·马里尼斯在萨莱诺）；1名代表西西里（德·费利切在卡塔尼亚）。社会主义出版物包括27种报刊，大部分是周报。其中，《阶级斗争》（中央机关刊物，米兰）、《人民呼声报》（土伦）、《斗争》（地方党的机关刊物，米兰）、《苦工》（画报，罗马）、《正义》（雷焦—艾米利亚）的订户数量分别达到7500、7000、4500、4000、3000。此外，还有《社会评论》，它是每半月在米兰出版的学术杂志，只向订户发行，平均有2500家订户。订阅费给党的报刊提供了资金。

自然，组织的分布像报刊一样，是与国内不同地区的工业发展水平一致的。这样，在伦巴第有69个协会、4315名成员和6份社会主义报纸；皮埃蒙特有48个协会、2532名成员、4份报刊；艾米利亚有76个协会、2650名成员、1份报纸；托斯卡纳有50个协会、2016名成员、2份报刊；这些数字在罗马、利古里亚、威尼斯依次递减，在中部和撒丁岛更小，再下去在西西里有一些，那里目前有12个协会、1235名成员、3份社会主义报刊。

如果人们将党费总额与对中央期刊不同的认购金额作一比较，就可以发现同样的比例。党费最少是每年1法郎20生丁，其中一半留在地方支部，另一半交给中央机关；有工作的党员或有财产的党员定期根据他们的能力缴纳党费。在近20个月里，中央机关以不同的名义收纳了共24251法郎党费，其中9784法郎是分摊额，由党员个人交给中央机关。总的来说，伦巴第上交了8681法郎，皮埃蒙特上交了2323法郎；威尼斯、艾米利亚、托斯卡纳、利古里亚分别上交了1000到2000法郎；其他地区都不到1000法郎。为了帮助西西里的受害者，花费了11774法郎；为了其他的援助和一般宣传，花了5647法郎；为选举花费了3279法郎。管理、薪水、补贴以及其他费用为7405法郎。当然，这些资料只涉及中央管理的那一部分资金，每个地区、每个地方有它自己的收入和支出。

与更发达的社会党的资金账目相比,这些数字是比较微不足道的。不应忘记,党刚刚重建不久,意大利无产阶级的悲惨境地及我们最近因罚款、监禁等承受了巨大损失。

一段时间以来,党的活动甚至延伸到国外的移民工人中。我们在苏黎世有一个工会,在马赛有一个党的支部,在美国有不同的支部、团体和俱乐部(缅因的哈洛韦尔,哈斯丁—布里奇维尔,拉特罗布,摩根,尤宁山)等。在这20个月中,从国外交来了总共3172法郎经费。

党的指导委员会包括一个全国委员会(由每个地区选出的成员组成)、议会党团、中央(执行)局(由全国代表大会选出5人组成)。每个地区、每个省也有它们各自的委员会。每年各地至少举行一次代表大会,还要举行一次全国代表大会。

在本报告中,一句都没有提及党的经济活动本身,也没有提及劳工联合会、抵抗协会、互助会、合作社的发展(在我们给苏黎世代表大会的报告中谈到过)。的确,新的个人党员体制放弃了这些机构,它们作为经济协会,在党的正式范围以外。而在反动派大张旗鼓的时期,党的活动尤其致力于基本的政治与选举活动。然而,并不能因此说,意大利社会党希望或者忽视正在一点点不断进步着的工人合作运动,相反,它依然是这一运动的唯一积极、公正的指导者,是我们的人参与了一切工人的首创,或者甚至提出这些首创,并设法给他们提供一种唯一能把他们拯救出合作制幻想的长远观点。

我们的党不想变成一个只从事选举的党;它感到,如果社会主义精神是形式,那么经济运动就应当给党的活动提供内容。同样,无数分队为了他们的将来而斗争,佛罗伦萨代表大会在一系列主题中尤其关心农村的宣传,鉴于国家的农业性质和大工业发展缓慢,这在意大利极为重要。我们的同志罗卡·皮洛、萨莫贾和比索拉蒂已经提交了一份报告,其结论已由代表大会通过。我们相信，我们正在很好地解决这个问题，这个问题紧迫而困难，尤其是因为它（当然还有抵抗运动）涉及党针对农业经济落后状况——劳动者小地产、佃农及其他农业契约规定的参加实物生产的劳动者——所开展的活动。佛罗伦萨代表大会至少在总体上确认了帕尔马代表大会上确定的党的组织与策略，把最低纲领的修改提交给下次代表大会。

  这里所简述的是我们已经做了的、现在正在做的以及希望未来能做的事情。我们毫不屈服地经受住了最剧烈的迫害之火的考验，最后来到国际社会主义的队伍中，没有狂妄，也没有虚伪的羞郝，我们要求边界另一边的兄弟大军的支持和鼓舞，他们已为我们指明了道路，显示了来自坚强信心和成熟的勇气——这是人类最神圣的理想绽放的光芒。我们也来把我们的呼喊加入到他们的呼喊中去：**一切被压迫者的全球解放万岁！国际社会主义万岁！**

全国委员会
意大利社会党国际书记处
1896 年 7 月 27 日于米兰

波兰代表团向1896年伦敦国际社会主义工人和工会代表大会提交的报告

奥属波兰

自从苏黎世代表大会召开以来,在加利西亚的东西两个部分,社会民主主义运动的规模和力量都发展壮大了。这一点从定期的和不定期的报刊都逐步增加这一事实中可以得到清楚的证明。从1894年12月以来,东加利西亚宣传区的机关刊物《工人报》已由过去每月出版两期改为每月出版三期;西加利西亚的《前进报》已由过去每月出版两期改为每周出版一期。这两份报纸的发行量为3500份。其次,还创办了《黎明》月刊,印刷业工人的专刊《篝火》,铁路工人的专刊《铁路信使》,以及用犹太语出版的政治性报纸《工人报》。其次,还出版了6种波兰文小册子和4种犹太语小册子。在这整个期间,选举改革运动始终使党的生活生机勃勃,但这并未使成立新的行业组织的活动受到任何妨碍。这种行业组织以政治组织为先导,从较大的中心向外地发展。这样,它们反过来又为政治活动开辟道路。由于我们的坚定不移和毅力,所谓的独立党人在他们自己堆积起来的桀骜不驯、愚蠢和恶意面前跌了跤,并让我们不受妨碍地去组织无产阶级群众。两个省召开了党代表大会,好几个区召开了代表会议,我们的代表出席了奥地利党的代表大会。这一切表明,我们正在努力把我们的力量继续不断地聚集起来和团结起来。这方面的另一个证据是多次公开举行的群众集会,以及也值得注意的其他许多次被当局禁止的集会。

当局企图通过加利西亚法院来阻止我们的活动。强加给我们的处罚有：

待审拘留	12 年 8 个月零 8 天
关押	7 年 8 个月零 19 天
罚款	131 奥地利弗罗林

如果在这里把停工事件，哪怕只是有 3000 名工人参加的较大规模的停工事件一一列举出来，那么我们的报告就会拖得太长了。

受耶稣会领导、得到罗马天主教各级组织支持、被波兰贵族豢养和资助的教权派，在最近一个时期内是我们党的组织得最好的敌人。他们向我们宣布了一场你死我活的战争，并嫉妒我们的武器——牢固的组织和党的纪律。教权派力图破坏我们的协会，把我们协会的会员引入歧途，并踏着我们的脚印一步一步地把他们送到警察和宪兵那里去。天主教徒召开的两次"代表大会"表明，教权派的企图是枉费心机，相反，和他们相比，我们是能够胜任自己的任务的。

还需要谈一谈这种运动在农民当中的进展情况。加利西亚人口的 80% 是农村居民。两次省的党代会曾作出决议要对农民问题表态。我们的同志已经在一些农村地区开始进行宣传活动。教权派和贵族政府正设法保护其政权的这一最后堡垒。然而，带有爱国主义政治倾向的波兰农民的小农运动，以及鲁提尼人立足于科学社会主义基础之上的政党却一个接一个地捣毁了这个堡垒周围的堑壕。当我们在相当长的一段时间里还不得不主要在城市里进行组织无产阶级的工作的时候，将要到来的、实行普选权的议院的选举将迫使我们深入到农民选区中去，去赢得无产阶级农民和雇工对我们的纲领的拥护。

普属波兰

在普属波兰,我们的宣传鼓动遇到了最大的困难:人口稀少的城市很少有或者几乎没有工业,由此造成的情况是,容克地主和僧侣的势力对无产阶级占有绝对优势。由于普鲁士实行的雇工制度,无产阶级的大部分还处于半封建的依附状态——这是波森①省的典型标志。在上西里西亚,工业(主要是采煤和冶金业)相当发达,但是由于俾斯麦先生进行的文化斗争②,人民愿意听教士的话。普鲁士行政当局在波兰的各个省份比在它的祖国要放肆得多,它到处都在阻止我们的每一个步骤。此外,我们的运动对那些完全腐化堕落的,或者满脑袋民族沙文主义思想的有教养的阶级不抱任何希望。

由于以上各种原因,社会主义在普属波兰的进步不像在俄属波兰或奥属波兰的进步那样大。尽管如此,我们还是可以怀着满意的心情对那里过去的3年作一回顾。

在苏黎世代表大会后,我们所做的第一件事情就是为自己建立了一个牢固的组织,它完全像德国社会民主党的那些组织一样。党每一年都召开代表会议,以便选举领导机构;这个领导机构指导党的一切事务,并在全年中代表党。在德国社会民主党的代表大会上,有"波兰社会党"的一名代表参加。

这是一个巨大的进步。从前,每一个协会、每一个小组的同志都各行其是;现在的组织显然已给运动提供了同一性。

至于谈到运动的方针,那么德国社会民主党的纲领已被接受为"实

---

① 即现今的波兹南。——译者注
② 指1871—1887年间俾斯麦与天主教会的斗争。——译者注

际活动的一般理论基础",同时,我们还强调积极宣传波兰各省实行自治以及在波兰学校中推广波兰语的必要性。从那以后,党的领导和党的机关报多次向波兰工人说明了争取国家独立的必要性。这个问题也在公开的集会上被提出来讨论,人们的结论是和上述观点一致的。

然而,还有一定数量的同志把他们参加代表大会的代表委托书交给了一个反对我们纲领的人。这一情况之所以发生,是由于我们党的内部还不完全团结。如果我们在波森也把运动搞得像华沙或加利西亚的政治运动那样,那么这种不良现象就会消失。

至于说到宣传鼓动,那么我们所做的工作主要是：散发文章和组织集会。我们还从未举行过一次大规模的五一庆祝活动,不过在这方面我们已取得了巨大的进步。如果说在 1894 年和 1895 年只有柏林、汉堡、不来梅的波兰工人进行了庆祝,而在波兰本土只举行了小规模的私人聚会,那么在 1896 年,我们在波森却举行了公开集会,并在星期天举行了一个有 400 人参加的群众大会。此外,在卡托维兹郊区,有好几百名矿工集会庆祝。

总之,在最近几年中,我们才在上西里西亚站稳了脚跟。1894 年在柏林召开的国际矿工代表大会给了我们强大的推动。上西里西亚的两名代表卡夫切克同志和普罗科普同志出席了这次代表大会。当他们回到选派他们的同志们那里的时候,他们的被激怒了的雇主把他们解雇了。这唤起了工人们的觉醒。威斯特伐利亚的矿工和冶金工人联合会成立了许多分会,工人们还多次举行集会。行政当局和矿山老板企图利用解散和解雇联合会会员的办法来破坏组织。普尼亚基发生的一次骚动（在骚动中有一名宪兵被打死了,这件事招来了一场残酷的迫害）在短时期内给他们的工作帮了忙。然而,被解散的组织很快又强大起来了,而最重要的是,党的机关报在上西里西亚获得了将近 600 个订户。由此产生的成效在最近一次五一节中表现出来了（请见上面所述的情况）。

柯斯丘什科起义纪念会①（波兰社会民主党在纪念会上宣布了自己对从前爆发的几次起义的立场）和缅怀在华沙被处决的4位同志的纪念日，在我们这里也像在全波兰一样，是在非常庄严的气氛中度过的。

我们参加选举的机会非常少，因为没有普选权。但是，贝尔夫斯同志在伊诺弗罗茨瓦夫、梅尔科夫斯基同志在扎搏尔泽、莫拉夫斯基同志在梅塞里茨所获得的选票比过去有很大的增加。在奥腾森的平讷贝格、安哈尔特的德绍和多特蒙德的赫德等纯德意志人居住的地区（那里有许多移居去的波兰人），我们散发了呼吁书和传单。用这种方法，我们夺走了德意志党候选人的一些选票。

我们没少遭到迫害。党的机关报编辑部接二连三地遭到起诉。于是，布热斯克维尼维茨同志被监禁了两个月；沃伊切霍夫斯基同志被监禁了两次，一次是4个月，一次是3个月；维霍茨基同志被监禁了1个月，如此等等。上西里西亚的迫害最为严重，在那里，卡夫切克、普罗科普等同志多次被判处5个月和5个月以上的监禁，外加罚款。普尼亚基事件审理的结果是宣判了许多年徒刑。在处理这件事情的过程中，我们全都受到了虐待，例如，迪龙同志被捕后曾两次被套上锁链，后来未经预审法官审理就被释放了。因此，直到现在他都不知道自己究竟犯了什么"罪"！

在普属波兰，我们除了出版机关报《工人报》（每周一期）之外，还出版了三本有关五一节的小册子，一本关于矿工的状况的小册子和一本从德语翻译过来的小册子，书名叫做《当心！社会民主党人来了!》，以及许多传单。此外，还出售设在伦敦的 A. V. P. S. 出版社出版的书刊和小册子。

---

① 柯斯丘什科（1746—1817）——波兰民族英雄。1794年在克拉科夫领导了波兰人民争取民族独立的起义，这次起义后来以他的名字命名。——译者注

俄属波兰

在俄属波兰，无产阶级处在野蛮的政治和民族压迫下，境况特别困难。完全没有政治自由，语言、宗教等凡是把波兰人同俄国人区别开来的一切都受到迫害，最后，还有俄国官吏的野蛮和专横——这一切阻碍着这个国家的教育和文化的进步。甚至在争取改善自己状况的日常斗争中，工人们处处都必须估计到政府占绝对优势的力量——这个政府什么手段都使得出来，例如，用武力把罢工工人赶进工厂里去。这种情况使工人们不得不首先提出彻底改变政治状况的要求，但是这种情况对于阶级意识的传播和组织无产阶级的工作来说同时又是一个特别大的障碍，因为无产阶级只能秘密地进行自己的一切活动，而且还经常担心会受到严厉惩罚。

尽管如此，自从苏黎世代表大会召开以来，工人运动在俄属波兰还是获得了非同寻常的发展。这表现在两个方面：首先是党组织的力量加强了——这是通过把过去的各个单独的组织和社会主义小组联合起来组成"波兰社会党"而达到的；其次是我们提出了明确的政治纲领——我们的基本政治要求：独立、民主的波兰共和国。

由于力量联合起来了，党现在能够比过去更有成效地履行它的任务了。党的政治纲领也在人民的思想感情和习惯中获得了牢固的根基，因为这个纲领还同时把人民的阶级利益与对残暴的压迫者的仇恨结合起来了。

在俄属波兰的政治条件下，我们的鼓动工作不得不只限于在工厂和工场进行秘密宣传和大量散发社会主义小册子。但是，在俄罗斯帝国印在书上的话也像社会生活中的任何一种其他活动一样是受到束缚的。因此，为了进行宣传，我们不得不成立秘密印刷所，组织一支把印刷品偷运入境的经常性的秘密运输队，以及诸如此类费力并且很费钱的机构。波兰社会党克服了这些困难。由于党在这方面的活动组织得很完善，成千本社会主义小册子在全国流传。这样一来，俄国政府加在我们身上的锁链之一——书报检查制度——至少是部分地被砸碎了。目前，社会主义书刊的传播有多么广泛，这可以从政府的行动中作出判断。还在不久之前，在一个工人那里发现了一本禁书就是把他当做一个危险的宣传员而予以最严厉惩罚的充分根据。与此相反，现在政府机关则限于把小册子销毁，或者顶多给予拘留1—2日的处分。

最近3年来，党出版了9种宣传小册子，从国外运进并散发了约10万份其他社会主义著作。从1894年下半年起，党开始出版《工人报》，这是在华沙的一家秘密印刷所印刷的，大约每月出一次，订户不断增加，目前已达到1500户。顺便说一句，这个数字并不等于实际的读者人数。因为一份报纸往往在一群同志们中间传阅。但是我们必须承认，由于秘密印刷所存在着的技术上的困难，报纸的出版不得不经常中断。当发生需要党立即加以说明的事情时，我们就印一个声明，然后把它张贴到城市里去并加以散发。在我们的报告所涉及的这个期间内，党发表了22次声明（1893年2次，1894年5次，1895年7次，1896年8次）。此外，我们党还经常设法把波兰社会主义者国外联盟出版的月刊《黎明》秘密运回国内散发。《黎明》是供比较进步的同志们阅读的，它详细地探讨党的策略和工人政策，还登载有关国际工人运动的详细报道。

在宣传鼓动的影响下，运动的地区范围扩大了。从前，我们的活动只限于两个最大的工厂中心——华沙和罗兹，以及它们的近郊。只是到了现在，一个接一个的城市才纳入党的活动范围。甚至在一些较小的城市里，无产阶级也从几百年的沉睡中苏醒过来了。在拉多姆、切恩斯托沙、扎维尔切、帕比亚尼采、卢布林以及最后，最重要的工厂中心之一，即拥有5万工厂工人的所谓的索斯诺维茨区，党都开展了活动——这一切都是过去3年中取得的成就。宣传活动已从城市转向农村。在1895年举行的最近一次党代表大会上，我们已认识到出版供农村无产者阅读的专门书刊的必要性，党已着手进行这项工作了。

宣传工作在五一节前达到最高潮，因为这一天在俄属波兰是群众公开抗议当前的政治压迫和经济压迫的唯一机会。每一年都有2—3万人放下工作。每一年的5月1日，人们都要换一个新的地方进行活动。在那里，尽管也有警察的恐怖暴行，但有利的环境便于举行群众大会。例如，1894年选择的地方是切恩斯托沙，1895年是拉多姆，1896年是多姆布洛沃。

在最近3年中，罢工是非常频繁的。我们在这里不可能提供精确的数字。绝大多数是小规模罢工，而这类罢工往往很难统计。但是，为了使大家至少能够获得一个大致的概念，我们想指出，在最近3年中，发生了19次较大的罢工，所谓较大的罢工是指每一次至少有1000人参加的罢工。这19次罢工参加的人数总计达到61400人，也就是说，占我国工厂无产阶级的20%。

随着党的活动的开展，一个悲惨然而不可避免的后果是，迫害加剧了、政治性逮捕事件增多了。关于这方面的情况也无法作出精确的统计，因为官方对俄国的政治事件守口如瓶，但在这样多的专横行为的证明下，人们有理由怀疑，政府本身是否掌握了精确的材料。一部分政治案件是这样处理的：被告在经过3—4个月的待审拘留之后，或者被驱逐出当时的波兰国境，几年之内不许回国；或者被送回原籍并交给警察监督。无论是前一种处理还是后一种处理，结果都会使受到控告的人完全失去谋生手段。这类比较小的案件占全部政治案件的绝大多数，它们不可能用数字来说明。相反，我们对一些比较重要的案件作了统计，这些案件是最终经过法庭判决，或者通过行政途径予以了结的,给予的处分是监禁或者流放到西伯利亚,或者流放到俄国北方去。

经法庭判决的有:1名同志被判处在西伯利亚矿山终身服劳役;4名同志总共被判处在西伯利亚矿山服劳役38年,1名同志被判处终身监禁。

通过行政途径也就是说未提交法庭审理而给予的处分有:65年零8个月监禁附带服劳役;407年流放西伯利亚和俄国北方。我们还提请大家注意,在比较重大的政治案件中,待审拘留的时间在俄国相当长,平均为1年半,尽管我们还可以举出一些暂时拘留时间长达3年,甚至3年半的例子。

最后,毋庸讳言,我们也存在着内部纠纷,它们在一段时期内妨碍了运动和党的发展。

不难想象,要消除一个秘密组织内部的误解是多么困难——这些误解使几名同志在1893年离开了我们党的队伍,并成立了一个名叫"波兰王国社会民主党"的特殊小组。然而,两年之后,这些脱离分子又回到党内来了。

波兰社会主义者国外联盟

1892年12月由流亡者和侨民成立的一个组织在最近3年中卓有成效地开展了活动。

目前,这个联盟在欧洲的16个城市都有盟员和支部。此外,从今年3月起,北美利坚合众国社会主义工人党波兰支部联合会同波兰社会主义者国外联盟联合起来了,以便更有效地支持波兰的运动。这样做之后,今年3月到6月这段期间,由于欧洲联合会派去的宣传员的活动,美洲联合会的支部的数目便由5个增加到20个,会员的人数则由100

人增加到了 1200 人。

国外联盟的中心设在伦敦，这里也是联盟的主要活动——为波兰党编印书刊——集中的地方。这些活动的内容有：（1）出版经济政治月刊《黎明》；（2）出版《波兰社会党通报》，这是一种不定期的、报道国外党的刊物的动态的报纸；（3）出版波兰工人丛书。这是一个不定期出版的宣传小册子专集，到现在已经出了 18 集，除了原文版著作之外，也有翻译成波兰文的李卜克内西、贝尔特兰德、席佩耳、拉法格、贝拉米等人的著作；（4）出版社会经济学丛书（不定期出版，主要是马克思、恩格斯、拉法格等人的著作，到现在已经出版了 8 卷）；（5）出版社会政治宣传方面的以及有关时事的小册子。

为了向阶级意识正在觉醒的波兰犹太无产阶级提供书刊，今年 4 月，在纽约成立了一个协会作为国外联盟的分会，名称叫做"美国—波兰犹太社会主义邮政"，这个组织已经开始出版犹太语宣传小册子。

1893 年，国外协会向波兰运送的各种书刊达 27690 份，1894 年达 35757 份，而 1895 年上半年已达 36951 份。

最后，简单谈一谈我们的策略。

在布鲁塞尔代表大会和苏黎世代表大会上，我们的代表都组成一个联合代表团，以便用这种方式来证明俄属波兰、奥属波兰和普属波兰中存在的几个组织之间的团结，同时也是为了能够更好地代表我们的共同利益。这种联合行动丝毫也没有损害我们的俄国同志、奥地利同志和德国同志的友好关系。像过去一样，我们的组织是不依赖于统治着我们的那些国家中的兄弟党的。这一情况免除了德国等国家中社会民主党组织经常为操另一种语言的民族的困难的宣传工作操劳的必要性，同时还使它们获得了一个强大的，往往是不可缺少的战友。

其次，我们已向代表大会提出一项决议案①，这项决议案已列入大会议程。

我们向我们的同志们提出这样一项决议案的要求，主要是出于如下原因：

（1）我们认为，同自己的正在进行斗争的兄弟团结一致，是每一个社会民主党人的义务。如果说觉醒了的波兰无产阶级现在终于公开提出了波兰独立的要求，那么在我们看来，其他国家的同志不站在我们这一边是不可能的。

（2）因为波兰的统一对于波兰社会主义的发展是至关重要的事情，如果实现了统一，会大大加快这一发展。那时，国际社会主义将获得一个比现在强大得多的战友。这对双方说来都是有利的。

（3）因为我们的斗争矛头首先是针对俄国沙皇政府的，还因为我们对后者的胜利，或者哪怕是部分地使它的力量陷于瘫痪，都可能给社会主义带来巨大的好处——因为沙皇俄罗斯帝国不仅是俄国社会民主党或波兰社会民主党的最危险的敌人之一，而且也是各国社会民主党的最危险的敌人之一。

（4）因为这个决议案如果获得通过，将使我国的沙文主义者失去立足的基础。

这个决议案如果获得通过，将使我们在波兰本土进行斗争的同志的力量大大增强，这将向他们表明，欧洲的无产阶级（我们唯一希望得到的是它的舆论支持）——社会民主党——是站在他们一边的。

如果通过提出我们的这个决议案能使国际代表大会讨论我们的问题，并再一次考虑沙皇制帝国对社会主义的危害，我们将感到高兴。

---

① 见本书第17卷第22页。——编者注

俄国社会民主党代表团向 1896 年伦敦国际社会主义工人和工会代表大会提交的报告

俄国《社会民主党人》杂志编辑部提交 1891 年在布鲁塞尔召开的国际社会主义者代表大会报告第 15 页中写道：

"我们肩负着建立起一个遍及全俄国的工人团体网的任务。在这个目标没有实现之前，我们将不参加你们的会议。在这之前，俄社会民主党的一切代表都是冒充的。"

现在，我们可以有资格自豪地说，这个任务已经部分地完成了。在组织俄国工人阶级的道路上，至少在有些方面已经采取了第一步最艰难的行动。这也是俄国社会民主党代表团出席今天国际工人代表大会的人数超过往次大会的原因。我们是在怎样的情况下完成我们的工作并克服我们到处遇到的困难的呢？为了使你们获得一个概况，我们将首先指出俄罗斯帝国首都圣彼得堡过去的和现在的情况。在 1880 至 1890 年的整整 10 年时间里，彼得堡的工人运动只局限在许多工人小组的范围内。在这些小组里，社会民主党进行宣传，但各个工人小组之间没有联系。宣传工作一波接一波地进行，有时加强，有时削弱，今天遭到惨重的失败，明天又在欢呼复活。这种宣传有时成功，有时失败，直到最近，即 1895 年秋天，还没有脱离工人小组这种狭隘的空间。直到今年这个时候，各个孤立的小组才组成一个统一的组织，取名为"劳动阶级解放斗争协会"（简称"协会"）。从这一刻起，圣彼得堡的社会民主党才成功地在坚实的基础上对群众进行鼓动和宣传。我们一方面成立罢工联合会并建立罢工储金会，另一方面在工人中间培养有觉悟的宣传鼓动员；其次是宣传群众，散发小册子，发布号召，提出工场和工厂所公认的要求——这是协会给自己提出的下一阶段的任务。这个协会在俄国的总的形势下的处境，只允许我们明确说明它所进行的公开活动。

定期散发大量传单的行动在圣彼得堡已经很久不见了，警察也已经彻底忘却此事，所以协会自去年11月以来在圣彼得堡各地发布的号召给人留下印象。在工人区大街上发布的上千份号召是以布告的形式贴在柱子上的，也在工场和工厂里流传。对此，那些正在竭力消灭"犯罪分子"的厂主先生们和警察感到沮丧。所谓的"知识分子"代表被捕了，10个大学生和一些被怀疑的工人被驱逐，但这些都无济于事。逮捕过后，马上就有传单出现，好像是在挑战沙皇政府那些勤奋的奴仆们。

这些协会散发的传单的独特之处是它们所反映的具体问题。每一份传单都涉及厂主的某种滥用权力的行为或管理部门的某种专横行为；每一份传单都是有针对性的，指出某件事情的特点，表达工人们的诉求，培养他们的阶级觉悟，揭露他们与资本家之间的利益矛盾，最后向工人们说明，沙皇政府一直是并且处处是资产阶级的奴仆，它以前和现在都积极地扑灭俄国无产阶级每一次自觉行动。

在圣彼得堡社会民主组织耕耘的土地上富有生命之水。协会的诞生就是圣彼得堡工人觉醒的一个大有希望的象征。

1895—1896年的冬天，工人的罢工和骚动超过往年，富有生命力，**这表明广大工人的觉醒**。

去年11月，桑顿织布厂爆发一场罢工。协会在大量散发的公告里表达工人们提出的要求。受到恐吓的厂主和不知所措的警察赶忙满足愤怒的工人们的要求。几乎同时，拉费姆卷烟厂的女工们骚动起来，并且举行罢工。罢工运动来势凶猛，但采取比较理智的形式。协会出面干预，厂主很快满足了要求，以免继续发生"误会"。一个月后，在一家机械制鞋股份总公司爆发了一场罢工。除此之外，列别德夫的锯木厂举行了罢工，列别德夫另一家公司的工厂的织布工也进行罢工。普蒂勒夫总厂的工人们酝酿不满。国王棉纺厂的管理部门与其工人们发生了不愉快的冲突。1896年1月，位于列斯沃伊岛上的沃洛宁棉纺厂里的罢工很快顺利地结束。最后，传单引发"新海军部"（皇家海军部的船厂）工人们的不满。直到春天之前的平静生活气氛被新的生活气氛代替，"新海军部"里的工人们又骚动了。

单凭传单的出现就迫使国营亚历山德罗夫斯基铸铁厂管理部门做出让步。罢工的威胁第二次挫败了沃洛宁纺织厂厂主沃洛宁先生的反抗。

直到1896年5月，情况就是如此。刚才罗列的罢工是由各个行业的工人们发起的，是由于各种不同原因爆发的。不难发现，罢工者提出的要求具有一些共同的和典型的特征。在绝大部分情况下，工人们抗议工厂管理部门直接违反法律以及这些或那些立法条款，从而使工人们完全从属于企业主。

首先，工人们要求严格地遵守法律法规；其次，他们力求维持现有的工资水平和状况，反对降低工资。

我们想用实例来说明我们介绍的情况。

桑顿厂罢工的工人要求什么？据一份传单说，他们要求遵守法律。在工人参加工作之前，就应该告诉他应得的工资为多少；他们要求工厂监督员注意工资标准是否含有欺诈的内容或者含具有双重含义。

"新海军部"工厂的工人们感到不满意，又是出于什么原因呢？港口司令维耶霍夫斯基上将发布命令说，每月只给工人发一次工资，但有关法律明确规定："如果工人是无限期地受雇的，那么每个月应至少分两次支付工资。"

1895年12月，拉费姆雪茄烟厂和卷烟厂的罢工结束不久，该厂的督察部门不得不承认女工们的要求是合理的、有法律根据的。从1895年12月20日到1896年1月1日，俄罗斯各家报纸发表的通告称："女工们的抱怨是合理的"，"不应允许任意地拒绝产品。如果企业主认为工人制造的产品质量差，他无权因几支香烟的质量不合格而拒绝接收上百支香烟。那样就是独断专行了。由于工作疏忽或者工作不熟练而致使香烟变质时，厂主才可以指示，按照工资扣除标准来扣除有关工人的工资；当材料受到损害时，厂主可以求助于法院。"

卡林琴纺织厂、国王纺织厂、沃洛宁工厂和亚历山德罗斯基工厂工人提出的主要的要求性质上是一样的。我们已经指出，彼得堡的工人们提出的要求的共同点是，力求保持现有的和不久前的工资水平。

这就是彼得堡的工人们不那么高的要求。同时，人们也应该考虑到，如何满足俄国无产阶级的最低要求。在这里全面叙述俄国无产阶级的经济状况是不适合的。我们只想摘录在彼得堡散发的一系列传单里提供的两至三种数字。在遭受贫困折磨的桑顿工厂的织布工人失去全部的耐心而罢工时，他们当中有许多人因不景气每月拿到的工资只有7个卢布（约15马克）。这在西欧工人看来是无法想象的。

春天，彼得堡棉纺厂举行了大规模罢工；"俄美橡胶厂"酝酿暴动，那些在工人中间流传的传单指出，轧钢工人每天工作11个小时，从事这种工作几年之后，势必引起大咯血。每个轧钢工人每天只挣65戈比（相当于1.4马克）。就连俄国当局的代表们也承认，轧钢工人只挣这么一点微薄的工资是难以置信的。在镇压拉费姆工厂女工罢工事件时，工厂监督部门的通告也承认女工们的抱怨是"合理的"，承认她们的境况是"悲惨的"。但是，彼得堡警察局局长还是下令用消防用的水管向女工们喷射冷水，并且厚颜无耻地劝女工们说，如果工资不够花，业余时间可以去卖淫。

彼得堡的大多数工人被赤贫煎熬着，被肆无忌惮地剥削着，被警察虐待着；他们没有组织起来；他们好奇地倾听他们那些已经组织起来的、有阶级觉悟的同志们的声音。社会民主组织的一个号召一经公开，就会在这儿或者那儿引起工人们的骚动，工厂主们赶忙作出让步——这是我们已经看见的。沙皇警察就慌忙地去"整治环境"，清除可疑分子，希望成功地瓦解并消灭可恨的"协会"。

去年旧历12月初以来，政府展开了一场声势浩大的反对看不见的"犯罪分子"的行动。旧历12月8日至9日之间的那个夜晚，警察逮捕了无数嫌疑人，其中有所谓的知识分子和工人。警察们欢呼，说什么他们抓住了运动的"领导人"。以后发生了什么呢？大逮捕过后马上就出现"协会"的公告。公告在无数的工厂里流传，又被十分礼貌地投寄给政府里的先生们。"协会"在传单中声明，警察抓错人了。"协会"宣布举行新的罢工。公告的结束语说，"工人运动是不会被逮捕和驱逐出境等手段镇压下去的；工人阶级挣脱资本主义桎梏并获得完全解放时，罢工和斗争才会停止。"俄国政府后来才重视这些话的含义和影响。

从这时开始，爆发了彼得堡警察与"协会"组织的决斗。愤怒的宪兵进行了大逮捕。这样的逮捕延续到12月底。今年1月，警察开始大搜查、逮捕嫌疑人并驱逐被捕者；后来没有一周没有工人不因与"协会"有联系而遭到逮捕。

"协会"继续发布公告，向工人们解释资本主义的剥削和沙皇奴仆们的专横，不断地提高工人们的勇气和自信心，而厂主们心里则充满着恐惧和忧虑。

最后，沙皇政府觉得有必要通过财政部长维特先生敲响警钟。他发布了一个秘密的通报。这份通报出人意料地先刊登在柏林的《前进报》上，后来才刊登在俄国报纸上。通报要求工厂监督部门的官员关心、维护俄国工厂里现有的家长式的关系；要求他们警告工人们警惕那些煽动者和工人阶级最坏的敌人们的阴谋诡计（这是通报用语）。

"协会"在工人大众中散发财政部长的通报后,俄国工厂监督局的名望一落千丈;工厂监督作为所谓的工人庇护者的双重角色也被暴露,他们作为向资产阶级暗送秋波的专制统治的忠实与顺从的奴仆的真面目被揭露了出来。"协会"没有错过任何机会去破坏沙皇政府在工人中的声誉,并且向工人们指出,他们在为一个美好未来进行的斗争中只能依靠自己的力量。"协会"为今年5月1日的劳动节发布书面号召,向工人们解释国际劳动节的意义。彼得堡的无产阶级贪婪地阅读这份号召。他们从中了解到无产阶级在严密组织领导下取得的成就。

除了偶尔散发传单,"协会"还大量散发小册子和其他出版物。部分印刷品是从国外运进来的,部分是在俄国的秘密印刷所印刷的。与此同时,人们注意到,印刷品总是供不应求。俄国政府持续的镇压使"协会"陷入艰难的处境,所以,尽管"协会"作出种种努力,但还是不能满足俄国工人日益增长的知识需求。

彼得堡社会民主党人的努力并非是无效的:播撒的种子终于获得丰收。工人阶级中间充满一种不满的和反抗的气氛。在这种情况下,一场按照俄国标准来说是声势浩大的、席卷彼得堡的罢工爆发了。这场罢工不仅在彼得堡,而且在全俄国的工人运动中都具有重要的意义。

众所周知,俄国那些坐在保税区舒适的坐垫上、过着悠闲生活的工厂主们全都是狂热的爱国者。他们利用各种机会表达他们忠实、恭谦的感情。这些爱国者也在最近沙皇加冕的庆典中露面。一旦需要他们真正作出奉献的时候,哪怕是遇到很小的风险的时候,比如需要他们掏钱的时候,他们的爱国主义就熄灭了。俄国工业界可尊敬的代表们——至少他们当中的许多人——断然拒绝满足工人们的要求。工人们坚持要求,厂方必须支付沙皇加冕庆典期间停发的工资,因为他们是被逼参加庆典的。位于圣彼得堡郊区的卡塔琳娜霍夫工厂的管理部门也拒绝工人们的要求。这个工厂的工人向其他纺织厂求助并派出代表。许多棉纺厂的工人们响应号召。最后大家决定，各工厂的代表们举行一次会议，提出彼得堡各棉纺厂的共同要求。旧历5月底，工人代表会议在卡塔琳娜霍夫公园召开，100名代表与会。这在彼得堡是非同寻常的。对于那些大致了解俄国警察政权的人，这也是一件特别引人注意的事情。

这次露天集会提出了在棉纺厂做工的所有工人的要求。"协会"把这些要求印成公告，在彼得堡大量散发。罢工接着开始了。

我们在这里发表公告全文。公告署名为"协会"，发布日期是5月30日（旧历）。公告的标题是："**彼得堡的棉纺工人们要求什么？**"全文如下：

"我们要求：

1. 我们的工作时间应安排在早7点至晚7点，而不是现在的早6点到晚8点；
2. 每天午休1个半小时，因此，每天工作10个半小时，而不是现在的13个小时；
3. 工资普遍增加1个戈比，如有可能，增加2个戈比；
4. 各个工厂周六下午2点同时停止工作；
5. 企业主既不能任意开机器也不能随意关机；
6. 每月定期发放工资，分两次发放，一次发放一半；
7. 全额支付加冕庆典期间的工资。"

几天之内，罢工扩大到17家棉纺厂。很快，4家棉纺厂又参加进来，除了几家棉纺厂之外，其他纺织厂都参加了罢工。参加的人数达到30000至40000人。这场罢工是激动人心的。这件出乎意料的事件发生后，彼得堡的资产阶级和官僚感到迷茫。他们自问道："我们俄国有工人问题吗？让'懒惰的西方'坐立不安和骚动的无产阶级精神在我们这里苏醒了吗？"罢工队伍保持少有的安静和纪律，使彼得堡的市民感到困惑不解。哥萨克的巡逻队和警察的加强分遣队在工人区寂静的街道上巡游，甚至连一般的噪音也听不到。在有人集会的地方和有人演讲的地方，每当个别人提出采取暴力的要求，马上就遭到自觉的工人驳斥。罢工工人保持安静。即使这个或那个警官在工人面前发表长篇大论，赞扬工厂主们的贡献，凭想象夸奖他们为公众辛勤劳动时，群众也保持安静。对此感到惊讶的彼得堡人第一次大声谈论工人运动，讨论罢工。有人为罢工辩护。有人激烈地攻击工人。罢工尽人皆知了。就是对这类问题一无所知的那些人，也开始对罢工产生兴趣。此时，政府的代表们也没有浪费时间。他们召开了一次有关工厂事务的官方特别会议，在会上讨论对策。财政部长秘密地通知工厂主们，政府决意支持他们；警察局长向工人们发出书面布告。工人们的语调改变了。罢工的时间越长，罢工工人越安静，这使警察感到惊讶、错愕。对罢工的兴趣像传染病一样扩散。有谣言说，普蒂洛夫工厂和其他金属工厂的工人短期内也将要罢工。这也同样意味着，将增加几万罢工工人。瓦尔古宁工厂酝酿着不满。国营亚历山德罗夫斯基工厂已经罢工，但工厂管理部门赶紧安抚工人，答应满足工人们的要求。在大型橡胶厂流传的布告说，工人们也酝酿不满。厂方无论如何想结束罢工，他们说罢工是可怕的。沙皇为此推迟隆重移驾圣彼得堡的日期。

然后，官方采取最极端的手段。警察局长在某些地方，如在国王工厂警告工人。他答应审核工人们的要求，如果有可能，可以满足工人们的要求。只是在沙皇移驾圣彼得堡之前，工人们必须放弃"叛乱"。如果温和的措施不奏效，就采取严厉的措施处置。士兵包围工厂大院，警察闯进留在家中的工人家里。他们询问每个工人，是否愿意复工，不愿意复工的工人马上被捕、被拘留或者驱逐出境。不用说，工厂里密布间谍，他们干着通常是俄国警察干的差事。政府里的先生们说，主要打击"协会"，即那个罢工期间在无数公告里宣布自己存在的组织，重新逮捕人；由于某种原因引起警察怀疑的那些"知识分子"被拘留。

　　财政部长发布了一份布告，指出罢工是非法的，是由那些怀着罪恶目的的作恶者挑动的，他还提出了一个无耻的观点，说什么"对政府而言，工人们的利益与工厂主们的利益一样重要"。俄国工人非常清楚，工人代表处和工人联合会是违反合同的，罢工是违反刑法的。在"协会"领导下，彼得堡的工人们追求的是所谓"罪恶的"目的：废除残暴的反文明的和反人类的法律。这些法律以文件的形式赞扬沙皇政府，说政府对工人们和工厂主们是一视同仁的。

　　由于缺乏维持较长时间罢工所需要的足够资金以及劳动大众无法承受遭到报复的强大压力，骚动者逐步复工，罢工的声势减退，直至慢慢停止。人们会问我们：罢工的结果是什么？如果罢工确实能够带来什么，那么罢工到底给彼得堡的工人们带来了什么？工人们的一些要求得到满足，人们承诺日后审核工人们的其他要求。成果不多，**但这些并不是刚刚结束的罢工的意义和重要作用**。对我们而言，最重要的是道义方面的成果。这种成果生动地证明，俄国工人们明白按照严格的程序捍卫他们的利益；他们有能力遵守纪律并组织起来，甚至博得他们最凶恶的敌人的赞赏。

　　对工人而言，罢工具有最重要的教育意义——这是最重要的。工人们与警察持续发生的摩擦以生动而明显的方式表明，工人们在今日的俄国处于无权状态。这些事件明白地告诉工人们，还有一个敌人站在资本家背后——俄国的专制政权。另外，工人们也明白了，他们首先需要的是政治自由，他们比其他人更需要这种政治自由。事实上，罢工期间，政治问题在俄国政治生活中重新浮出水面。"协会"给俄国社会的代表们发出宣言，向他们声明，在俄国，专制政体真正的和想象中的敌人应该利用他们可以使用的一切手段推动俄国无产阶级发动的群众运动。"协会"在此提出了政治问题。

这是在彼得堡发生的事件。在社会和工商业生活的其他中心也反复发生具有这种普遍特征的事件，只是规模略小一点而已。

1895年春天，莫斯科—库尔斯克铁路线莫斯科站的铁路仓库工人，因与管理部门发生争执而举行罢工。1895年5月20日，莫斯科普罗霍罗夫织布厂的工人发生骚动；同年6月，库什克夫的卡苏里克—格拉西莫夫工厂的工人与哥萨克和警察发生冲突；大约在这个时候，K.波波夫—S.波波夫公司的茶叶仓库的工人举行罢工。我们的莫斯科的同志们利用在彼得堡发生的那些事件，向工人们宣传他们今天面临的形势和他们今后的任务。莫斯科工人协会中央委员会利用彼得堡最后一次罢工的机会，发布了两份宣言，要求莫斯科的工人们支援他们彼得堡的兄弟们。

1895年5月，萨罗斯拉夫的科尔辛金工厂的罢工令人遗憾地导致了流血冲突（该厂有8099人，其中，4938名男工，3028名女工，111名男孩，22名女孩）。军官彼得罗夫和卡尔尼金带着一群兵痞子袭击了一支和平的罢工队伍。遭到突然袭击的工人们投掷石块自卫，军官们下令开枪，3人被打死，其中1名是男孩，1名是妇女，18人受伤。①

大约在1895年春天，在弗拉基米尔行政区的伊万诺沃—沃斯内森斯克附近的泰克沃工厂的大院里，工人们与军队发生类似的冲突。卡雷斯尼科夫工厂的大院里集结了5000名工人，他们与英籍厂长发生激烈争论。英国人拿出一支左轮手枪向工人射击，其后果对英国人是灾难性的：他被推倒在地并被愤怒的人群撕碎。地方警察局向弗拉基米尔行政区报告该事件，哥萨克士兵和步兵很快被派到泰科沃工厂。

幸好卡雷斯尼科夫先生来视察，才避免了一场流血冲突；工人们的

---

① 两名军官（刽子手）因其"英雄事迹"获得"最高长官"的感谢。沙皇尼古拉二世声明，他对于军队在工厂骚乱期间保持的安定和忍耐感到特别满意。

要求得到批准,他们复工了。当局不得不就厂长被杀一事展开调查。这种调查的特点就是专断。

在伊万诺沃—沃斯内森斯克织布股份公司罢工期间,也充分暴露了官方的专断。这次爆发于1895年10月的罢工以企业主取得形式上的胜利而告终。经过两周的斗争,工人们被迫复工。工人们团结一致反对企业主,终于取得成果:工厂稽查员由于害怕爆发新的骚动,说动分公司提高了工人的工资。

位于伏尔加河畔的下诺夫哥罗德的社会民主协会于1895—1896年冬天展开了反对多布罗夫—纳布霍尔茨公司机械厂推行的一种特别的血汗制度的斗争。该协会向该厂的工人们发出号召。这给工人们留下更深刻的印象。工厂管理部门和警方吓得惊慌失措。结果是,一些最明显的弊病被纠正了,虽然是暂时的。

在南方,工人的阶级觉悟继续迅速觉醒,其速度不亚于北方。在那里,所有较大的工商业中心在最近两三年里都有罢工和反映无产阶级日益不满的记录。仅仅在1893年和1894年,在顿河河畔的罗斯托夫,警察经常与弗拉迪考克斯铁路沿线的铁路仓库工人们打交道。那里的工人们于1894年3月要求增加工资并缩短劳动时间,但从警察的立场看,这些要求是"不靠谱的"①。

在叶卡捷琳诺斯拉夫,警察发现社会民主党在亚历山德罗夫斯基钢铁工厂里搞宣传,就逮捕了16名工人;1895冬天至1896年,再次抓人。叶卡捷琳诺斯拉夫的同志们遭受重大损失,大约100名工人被抓。许多人因被怀疑具有社会主义思想而丢掉饭碗,所以差一点被饿死。

敖德萨的无产阶级觉悟比俄国南方其他中心提高得快。我们这里不

---

① 1894年3月,警察通过行政手段,把大约200名工人从罗斯托夫驱逐出境,其他被抓的人被作为"政治犯"投进监狱。其中一人疯了。

想提那些较小的事情,只想指出,这里的工人在较长的一段时间里,定期在一个客栈聚会。在这些聚会上,他们确定了"南俄工人的纲领"。警察终于探寻到工人们的活动,一天之内逮捕了200人,控告他们建立秘密社团,采用合法和非法的手段鼓动工人。但是,逮捕绝对不能终止敖德萨的工人运动。同年7月,警方认为有必要关闭2家饭店和一家茶馆,因为那里有工人集会,并且逮捕了许多人。12月,又发生了同样的情况,所有被捕者都被控宣传社会主义。

现在,我们把目光转到俄国西部,我们相当满意地提请我们的西欧同志们注意在犹太人当中宣传社会民主主义所取得的成果。犹太人在俄国西部城市居民中占有很大的比重,在有些地方居于绝对多数。这里的制造业发展滞后,手工业和小型企业占优势,农业单一经营,主要是由贫穷的犹太人进行经营。这些俄国的贱民们享受不到俄罗斯帝国基督徒的那种特殊权利,但是他们在反对剥削者的斗争中表现出自己的坚强毅力。他们对于现代工人运动所面临的社会和政治任务的那种深刻理解,不得不使人在某些方面把他们看做是俄国工人大军的先锋。①

在罢工期间发行的一本小册子中,有如下几行文字介绍说:

"没有统一的犹太民族,在犹太人内部,有两个民族,两个敌对的阶级。这两个阶级之间的斗争在发展。这种斗争是不会被要求对犹太教堂和神职人员表示的忠诚所消灭的,也不能被政府用权力镇压下去。"

这表明,犹太社会民主党的先进代表们的社会政治觉悟有多么高。

小册子接着说道:

---

① 在这里,我们请大家注意,我们派出参加伦敦代表大会的普列汉诺夫同志将作为俄国西部城市1000名有组织的工人的代表出席大会。

"我们应该抱怨这一进展吗？我们应该阻止这一进展吗？不！因为只有在这场与资本家的斗争中，才能感觉到我们是人；只有在这场斗争中，我们才学会理解我们的利益。我们只有通过仇恨资本，才能培育对与我们共患难的同志的友爱和兄弟情谊。在这种资本和劳动的对立中产生了我们的阶级觉悟。阶级觉悟只有在这场斗争中才能提高，并且变得坚定。

我们需要抱怨那个旧时代吗？在那个旧时代，我们无知、被蔑视并被仇恨；在下层，我们受虐待，上层又压迫我们。犹太人过着牛马般的生活，犹太人永远为其生存而担忧，永远担心灾祸随时降临。

我们需要抱怨联系犹太贫民和犹太资本家之间的纽带的丢失吗？取而代之的是，我们获得了一条新的纽带，即联系我们与俄罗斯、波兰、立陶宛以及全世界的工人的纽带。我们还需要担忧吗？这条纽带将来还会加强；它会增强我们的力量，给我们带来知识。我们还需要抱怨没有斗争、没有对抗以及没有生命的黑暗的过去吗？"

这些引文无需评论。我们举出下列事例，以便生动地强调俄国无产阶级觉悟了的觉醒：俄国工人有兴趣阅读报纸上发表的所有有关西欧工人运动的消息；俄国工人秘密集会庆祝五一劳动节；今年，彼得堡和莫斯科的工人在纪念1871年成立的巴黎公社25周年之际，给法国无产阶级发去贺信；在巴黎拉雪兹神父公墓里的公社烈士墓地前摆放上了彼得堡、莫斯科工人和俄国西部犹太工人们献的花圈。

我们向你们，我们的同志们，汇报的有关我们祖国工人运动的情况就这么多。我们没有向你们夸大事实，也没有隐瞒我们的骄傲和希望。虽然运动的取得成果很小，但毫无疑问是重要的。我们满怀希望。我们坚信，工人运动已经展开，它将会迅速扩大与大力发展。我们的同志普列汉诺夫在巴黎代表大会上说明，俄国的革命运动作为工人运动是决不会被击败的。当时，许多持反对意见的代表和激进知识分子的代表对他的发言表示忧虑。我们工人阶级的运动是俄国唯一真正的革命运动，这一点现在越来越清楚、越来越明显了。这一运动以外的一切不可能有独立的价值。只有政治自由的思想深入广大劳动群众的人心，反对专制主义的斗争才能胜利地进行。我们相信，这个时代不远了，所以俄国的沙皇制度——这一欧洲反动派最顽固的支柱——倒塌的日子也临近了。

我们重复下面这句话：我们既不欺骗我们自己，也不欺骗我们的同志。我们只是在秘密地组织俄国无产阶级革命力量的道路上跨出了最艰难的步伐。

在俄国各个城市活动的秘密社会民主组织之间缺乏足够的联系，各个组织的行动有时缺乏统一性。我们在未来努力奋斗的主要目标是，建立这样的联系并采取统一行动，即建立一个统一的、不可分割的俄国社会民主主义组织。

附录　俄国的农业问题和社会民主党

在伦敦代表大会上，文明世界中具有国际社会主义倾向的工人阶级的代表们将讨论农业问题。这个问题和工人阶级与社会民主党的关系对大部分有代表参会的国家都具有不可估量的实际意义。俄国的社会民主党人作为一个最大的农业国的代表公开地、毫不含糊地阐明他们的理论观点和对这一问题的真实态度。鉴于他们国家的情况和社会主义思想的历史，他们特别感到有责任这样做。这是可以理解的。

俄国总人口中的大多数人是务农的。由于没有统计数字，所以无法确定从事各种职业的居民所占的比例。我们并不怀疑，工业这一职业在俄国国民经济生活中的重要性至今还是被大大低估了。详细谈论这个问题是没有必要的。值得着重指出的是，1861年从法律上废除农奴制以前，正是工业的发展导致从属关系部分地松弛了，有些地方从农民阶级中产生了工业人口，工业人口又分成资产阶级和无产阶级。农奴制成为国家经济发展难以容忍的桎梏，但在废除农奴制时，俄国的广大农业人口还处在自然经济状态。生活在俄国本土核心部分的所谓"大俄罗斯"的全体人民（完全排除非俄罗斯部分，如波兰、波罗的海各省），还生活在村社里。

解放农奴的法律颁布之后，这种所有制仍然保留下来。农民获得解放之后以及沙皇亚历山大二世进行立法改革之后，农民在法律上就处于一个比较高的地位，同时"知识分子"也可以接触到大量西欧的思想，形成一种社会主义色彩的世界观，这是在新的经济和生活状况下取得的思想成果。这种世界观的理论根据非常不清楚，提出的实际要求非常天真，但它却控制着"知识分子"的激进代表们的思想和感觉。这种世界观的基本内容是对于农民的自然经济——及作为其特征的乡民在社会上接近平等的状态——和所谓的原始农民公共机构的理想化。在这些农民机构中，现在具有重要的意义，对将来的意义则更重要的村社占第一位。村社被看成是原始共产主义的残余部分，它负有融合现代的社会主义思想的责任，被作为实现这种思想的基础。最新研究证明，对于这种原始制度的信仰是毫无根据的。毫无疑问，俄国的村社所有制一方面是地主拥有的控制农奴的权力的产物，另一方面也是国家财政政策的产物。由此就可以正确理解这种制度的过去，也就可以理解它现在的和将来的命运。就其本质而言，俄国的村社是建立在由村民共同承担责任基础上的强制性组织，其目的是确保完成由国家以及地主强加给乡镇协会的义务；平均分配土地只是达到这个目的的手段而已；人民由于向国家交税，他们的负担就越来越重，由于国家税收制度的不完善和实施困难，这是国家必须采取的一个手段。因此，村社在广袤的北方和俄国中部的自由农中被强制推行。实行或多或少合理的减轻税负的税收改革，将成为压迫穷人中的最穷者的俄国村社所有制的坟墓。

民粹主义很少关注经济和历史知识，这符合其乌托邦的特征，它把自己根本不符合实际的内容揉进"村社"这个词里。就民粹主义实际上所依据的事实而言，它不过是某一种社会主义世界观和社会主义政党的奇特理论，这种世界观和政党把其前途建立在俄国落后的经济基础上，在资产阶级的欧洲面前把这种落后的经济基础作为优点来夸耀。这些在理论上站不住脚的观点并没有阻止俄罗斯社会主义最优秀的代表们坚决地保持其革命性。这一点是不能搞错的。由于我国在社会和政治方面的落后状况，这种落后的经济理论对革命的政治实践的影响在减少。19世纪70年代和80年代，俄国革命者——即社会民主党的先驱者——拥护社会主义和反对专制主义的斗争广为人知。但正是由于我国落后的生活状况——这种不成熟的理论视之为社会革命成功最可靠的保证，这场斗争失败了。

其间，国家的经济继续发展。随着经济发展，俄国人民加快分化为农村资产阶级和农村无产阶级，导致资本主义和工业无产阶级的快速发展，从而奠定了两个重要思想发展的物质基础：一方面是革命的、俄罗斯民族的社会主义演变成为小资产阶级社会改良派；另一方面是产生了社会民主思想，这种思想获得成功的宣传并付诸实践。革命的和俄罗斯民族的社会主义既没有正确地理解社会的阶级斗争，也没有正确地估计政治进步对社会解放斗争的意义。实际上，这一派的代表是政治革命者。他们的英雄斗争失败后，那些在战场上牺牲的烈士的革命实践让位于教条式和推理式的乌托邦的反革命理论；整个流派陷入不断的资产阶级化。他们目光短浅，像庸医那样乱开方子。社会主义精神让位于向专制政体的暗送秋波，让位于强调其"社会天职"所替代。这样的转变是随着排斥自然经济和实行货币经济而一起发生的。虽然这种转变绝不是偶然的，但被它涉及的人士都没有意识到。这一经济过程为各种思想的变化奠定了物质基础。农村居民不注重阶级对抗，这可以从农民阶层的法律地位中找到解释，也可以从地主——老一代容克式的地主和新一代资本主义式的地主——给他们提供的经济条件中寻找解释。农民阶层的权利少于其他阶层；全体农民联合反对地主，这在几个世纪以来没有区别。这是古老的、根深蒂固的阶级对抗。这种阶级对抗激烈地表现在阶级仇恨中。这种情况掩盖了农民阶层越来越扩大的对立。直至不久前，民族乌托邦式的社会主义还控制着俄国革命的思想和感情。这一事实给站在马克思阐述的科学社会主义立场上的俄国社会民主党的代表们提出了很艰巨的批判使命。他们必须负责任地传播现代社会主义的科学思想并科学地分析俄国的经济状况。这不是一个纯学术性问题，因为这关系到的不是小事，而是关系到始终坚持政治性的阶级斗争的思想和揭发真正存在的阶级对抗——这是具有非常重大的实际革命意义的观点和问题。

在今天，俄国只有一个革命阶级。该阶级不仅对彻底变革政治状况感兴趣，而且由于其生活地位所迫，处于与现存政治制度持续的斗争状态之中。这个阶级就是工业无产阶级。俄罗斯警察国家的专制政权比西欧任何一个议会制的或者假立宪制的政府更加公开地推行资产阶级政策，他们采用野蛮的手段推行这项政策，为此，他们不择手段。俄国政府禁止各企业与工人谈判，因为俄国压根儿就不准工人罢工。俄国政府明确地声明，不要考虑工人的合法要求。俯首帖耳地服从是俄国工人的首要责任，真正接受警察和哥萨克的保护是他们的唯一权利。同时，近乎是重商主义的国家保护主义政策建立了一个强大的工业，它具有现代资本主义的各种特点。这个大工业在各个工业区集中了大批工人。俄国工人无法忍受完全无权的状态，这种感觉正在与日俱增。他们的物质生活条件使他们能够用强烈的形式表达自己的感觉。无产阶级化的农业工人的境况不同。经济状况和社会的生活状况给今天每一项有系统的、有计划的革命活动制造了最大的困难。在俄国本土50个省里的农业工人中，有350万成年人，而这些农业工人中的最大部分是自主经营的土地所有者。他们的地位处于平原地区一无所有的无产阶级和农业资产阶级之间。从这些无产阶级的经济和生活状况来看，人们绝不可能在不久的将来唤醒他们鲜明的阶级觉悟。阶级对抗是存在的，但是没有成熟到可以发展为阶级觉悟的程度。农村无产阶级的经济和社会状况与其分裂产生的心理结果是，该阶级精神水平低下，固执于某种传统，极度相信沙皇政权。这些因素给在法律之外进行政治和社会鼓动制造了不可逾越的障碍。在这种情况下，人们可以成功地在农业人口中策划个别暴动，但是不可能为了提高阶级觉悟而持续地进行鼓动工作。俄国的乡村是地主阶级和国家专制主义的产物，现在还是专制主义的支柱。俄国沙皇那些有远见的仆人们，如神圣教会代表会议的全权代表，如波别道尼斯泽夫和臭名昭著的财政部长维特先生，懂得赋予专制制度以重要的意义。1894年，维特先生在呈给议院的关于村社的一份备忘录中说："这种专制主义的思想以原汁原味的方式代代相传，构成俄罗斯国家宪法的坚实基础。俄国国家准则的守护神不仅仅是我们按照所有权的个人主义观点教育出来、但在不同时期迷恋有害思想的知识分子。这些准则的纯洁性受到如今被怀疑的村社的守护。人民在艰难时期静默而虔诚地维护着村社①。"维特还说，俄国没有"暴民"，这得感谢村社给俄国带来的好运，而"暴民"这个可怕的恶魔压在欧洲各个文明国家身上，西方文明处于被淹没的威胁之中。我们无产阶级的代表非常清楚，这些先生们说的威胁文明的那些"暴民"，指的就是无产阶级。我们感到幸运的是，财政部长和他的同事们正在被迫同意的结论正在创造一个无产阶级，他们把不存在的无产阶级美化成俄国的一大优点。

除了无法在农业人口中有效地宣传革命和社会主义或者进行鼓动，

---

① 维特先生在这里指的是庄园管家。沃龙佐夫·达泽科夫伯爵把农村的村社看做在俄国农民中间抵御推行社会主义企图的最坚固的支柱。

还有另一个严重的问题。当社会民主党的扩张势力超过工业人口的极限时，即超过无产阶级的社会主义历史载体的极限时，农业问题和对工业人口所持的实际态度成为社会民主党的实际问题。我们刚刚处在这个运动的初期。在这个时期，必须采取这种或那种形式争取绝大部分工业人口支持阶级斗争的思想。与需要我们完成的伟大任务相比，我们的力量相当弱小。为了我们的事业，我们有责任特别节约地使用我们的力量；在看到运动有成功和发展的把握时，才坚决采取措施。必须考虑下列这一点：俄国农业人口中相当大的一部分具有较高的智力水平。他们首先因切身利益与工业建立联系，而不是与农业建立联系。我们指的是在资本主义家庭手工业中工作的大部分重要的无产者，也就是大部分名义上的土地占有者和农民。综上所述，我们的这样一种看法，即**正是经济上的落后状况，正是俄国的农业国特征，给俄国社会民主党在农业政策的社会实践中提供了最大的后备军**，绝不是自相矛盾的。

俄国农民的状况是特别悲惨的，但是这种状况只是部分地，而并非大部分是由于资产阶级社会的特有祸害造成的。它是农奴制的残余，是政治机构和不合理的税收制度的压力造成的。这种税收制度是压在全体农民身上的最沉重的一种压力。从其实际内容看，这是由于小资产阶级民粹派的思想反动和混乱造成的，他们把俄国农民的一切苦难都归罪于崛起的资本主义。因此，由民粹派提出的有利于农民的社会改革计划部分是复杂的。这个计划除包含进步的要求之外，还包含特别危险和反动的要求。与此相反，俄国社会民主党在强调它的最终目的时也应该注意到，由小资产阶级的自由政党推荐的有利于农村居民的措施含有反动的成分。首先要把国家社会主义看做是反动的。去年，在德国展开的有关农业问题的讨论会上，考茨基同志所说的关于反对国家社会主义的一切都是针对俄国的。根据社会民主党的立场，应该坚决拒绝由俄国许多所谓的社会主义者提倡的在不久的将来对农民的地产实行国有化的做法。

这种国有化导致国家欺骗农民，导致农民永远在规定期限内缴纳土地税，使政府有可能避免征收或推迟征收很少使有产阶级喜欢的所得税。这使农民依赖国家及其代理人的程度提高了。沙皇宪兵尼古拉一世热情地推行这种社会主义。什么样的国家实施了这些计划？俄罗斯的专制警察国家和替代这个国家的一个半专制、半立宪的国家。俄国社会民主党根本不相信政治奇迹，我也不相信俄国的国家机构在不久的将来会完全民主化。拒绝国家社会主义之后，可以得出普遍的结论：在政治上落后的国家，社会民主党在面对各种所谓"积极的务实改革"的时候要特别小心，因为这些改革是由敌视该党，但又控制不了它的国家所操纵的。

俄国社会民主党人从上述考量中得出下述结论：

一方面，鉴于自己的占主导地位的农业国特征以及与此联系在一起文化和政治普遍落后的状况，另一方面，鉴于工业无产阶级的人数在不断增加，把他们作为阶级组织起来在不久的将来进行不可分割的政治和社会斗争需要俄国民主社会党付出全部力量，社会民主党在农业问题方面几乎不可能采取什么实际行动。社会民主党在这一领域的主要任务是反对阻止无产阶级发展和无产阶级力量壮大的反动企图。另外，俄国社会民主党人相信，在国际社会主义代表大会上，既不可能讨论某一个社会民主党的农业政策的最终目标，也不可能讨论该党的农业政策的实际步骤，更不可能讨论地产怎样转变成社会所有财富以及集体生产方式，因为这一切对每一个社会民主党人而言是坚定不变的社会主义原则。之所以不可能讨论这些问题，是因为各国的政治社会情况不同，不允许各国社会民主党在这个问题上采取统一的实际行动。

1893—1896年俄属波兰社会民主主义运动的报告
——致伦敦国际社会主义工人和工会代表大会

自从我们向苏黎世国际代表大会作了俄属波兰社会民主运动的报告以来①，俄属波兰的社会民主运动经历了一段重要的发展历程。由于波兰独特的政治条件，我们的工人运动不像在所有享有政治自由的国家那样平静而稳步地发展。相反，我们的无产阶级斗争经历大起大落和不断交替的时期。在前一个时期，我们组织了积极的活动，大量吸收新的宣传鼓动力量，在广大工人当中扩大了社会主义的影响；大约两年之后，我们遭到逮捕，组织遭到破坏，被迫解散；随后，运动进入短暂的萧条期。我们这里的运动就是按照这种独特的方式有规律地进行的。尽管运动一再遭到严重的破坏，但还是在艰难地前进。

苏黎世代表大会以来，我们的运动经历过两个时期。

1893年秋天至1895年春天，是运动最繁荣的时期。1889至1892年期间，广大工人从无意识的状态中被唤醒，他们举行了一系列席卷全国的游行，举行了壮观的五一节庆祝活动，从而显示出他们被唤醒了的斗志。

然而，这种运动还是十分混乱的。群众对于直接提出的要求和对于

---

① 指波兰社会民主党的机关刊物《工人事业报》的报告——《关于俄属波兰社会民主主义运动的现状和过程（1889—1893）的报告。致1893年苏黎世第三次国际社会主义工人代表大会》，见本书第16卷第277—284页。——编者注

所要争取的长远目标的概念相当模糊。政治斗争的性质被挪到次要位置。社会主义组织不断地企图保持运动的政治性质；1891年至1892年的五一节传单就是具有说服力的证明。传单上印着所有十分明确而强烈的政治要求：推翻沙皇制度，制定一部民主宪法。在没有集会、言论和新闻自由的情况下，在短时间内针对刚刚被卷进运动的群众进行政治教育自然是不容易的。

成功是逐步取得的，但1894年就取得了成果。在我们这里，除了运动的繁荣时期之外，之前的运动还没有这种鲜明的政治特点。下述一切活动都可以证明这一点：利用各种机会散发传单；1894年举行五一节庆祝活动；发行党的机关刊物《工人事业报》；开展口头宣传和鼓动；特别是发生在这一时期的最重要的事件——**首次在国内秘密召开社会民主党代表大会**。

第一次党代表大会于1894年3月10日至11日在华沙召开。之前，波兰社会主义者都在国外开会，这些会议的结果不为广大党组织所知。来自工人的宣传鼓动员作为代表参加了代表大会。大会的会议记录（除了组织问题的决议）在会后马上发表。社会民主党的代表大会第一次做到了这一点。党代表大会讨论党的生活中最重要的问题：党纲，党的组织，行业协会的组织，庆祝五一节的活动，与国际工人运动、与俄国工人运动以及与波兰复国问题的关系。

至于**党纲**，党代表大会保留1889年以来在实践中已经得到贯彻的那份党纲。该党纲总体上坚持国际社会民主党的立场。大会声明，波兰工人阶级的首要的政治任务是，与俄国无产阶级共同开展反对沙皇政府的斗争，争取在俄罗斯帝国制定一部民主宪法，使波兰享受自治的自由。在波兰复国问题上，党代表大会同样忠于党的立场，也就是忠于1878年社会主义运动开创时期的立场。党代表大会声明，波兰复国不在无产阶级的职权范围内，因为在现有情况下，这个问题是乌托邦式的问题。如果追求这一乌托邦式的理想，波兰工人阶级就会偏离唯一可以达到的政治目的——推翻沙皇制度，就会脱离唯一的战友——俄国的无产阶级。

大量散发党代表大会的记录，向广大工人传达党代表大会的信息，这些做法都取得了效果。在警察鼻子底下商讨工人利益的大胆想法，有效地实施这一想法，讨论的严肃性和多样性，如此种种给工人们留下了深刻印象，给党的领导力量带来新的勇气和信心。

党代表大会之后，我们以极大的热情准备庆祝五一节的活动。

我们出版了大量有关五一节的印刷品。党的机关刊物《工人事业报》出版了五一特刊，出版 4000 册小册子，在华沙印刷了 6000 份波兰文的传单，为罗兹和索斯诺维茨的德籍工人印刷了 2000 份德文传单，在住有 15000 名男女工人的工人小区举行庆祝活动。参加庆祝活动的人数比 1891 至 1892 年的人数少，然而意义却比这两年重大。那时，工人们还不清楚目标，是自发的反抗，并不是目标明确的反抗。就像 1891 年在济拉尔道夫以及 1892 年在罗兹，那时工人们并不完全理解五一节庆祝活动的性质。这种活动变成没有准备的大规模罢工。这两个城市的罢工以警察实行血腥屠杀而结束。从那时以后，济拉尔道夫和罗兹的工人运动至今还没有恢复到昔日的规模，五一节的庆祝规模微不足道。1894 年的庆祝活动完全是另外一个样子。在这一年庆祝五一节时，工人们已经完全理解了庆祝的目的和性质。他们没有被煽动，而且完全避免了骚乱。5 月 2 日，各地恢复工作。还有两个情况表明了这次五一节庆祝活动的优点：妇女的参加（在马尔基的英国人办的纺纱厂里，4000 名工人参与了，女工参加庆祝活动甚至担任游行的领导人）；庆祝活动扩大到新的工人中心和栋布洛瓦矿区。

五一节庆祝活动之后，我们开始热心组织各种行业协会。在此之前，有两个不分职业地吸收会员的罢工基金会（分别在华沙和罗兹）。

它们为1890年和1891年的运动提供了宝贵的服务，把完全没有培训过的群众组织起来，与社会主义宣传鼓动员建立联系。但是，由于他们的组织存在着明显的缺陷以及1892年的大逮捕，这些罢工基金会陷入衰落状态。

1894年，人们继续向前走了一大步——组织起正规的工会。仅在华沙，就组织了6个工会，每个工会拥有100至800名会员。工会由党控制，向党交纳三分之一的收入。这些工会具有明显的社会民主主义性质。

1895—1896年期间，在这里或那里共爆发各种**罢工**36次。重要的是，华沙和罗兹做出榜样之后，工人运动向各省扩展。工人们的要求一般涉及缩短工时、增加工资、改善工作条件等。大部分罢工集中于较大的工场和小工厂。只要警察不帮助企业主，每次罢工多少都能取得一些成效。党忙于在物质上和道义上支持工人，总是给工人以指导。在没有政治自由的国家，这样的罢工自然是最有效的宣传鼓动手段之一。

我们想特别提及这一时期在波兰华沙的扎维尔切棉纺厂爆发的最大的一次罢工。这个工厂的5000名工人于1894年4月举行罢工。他们反对厂方减薪以及厂方恶劣地对待工人的做法。

遗憾的是，工人们后来屈服于政府。警方和军方暴怒，采取无比野蛮的手段，殴打妇女和儿童，用棍棒击打男工，把他们赶进工厂。两次罢工都遭到骇人听闻的高压手段镇压。工人们筋疲力尽，只能屈服。扎维尔切棉纺厂罢工期间，还没有一个有力的组织，罢工是在毫无准备的情况下爆发的。这次罢工的爆发说明，工人们的处境极端恶劣，在沙皇政权下受苦受难。当工人们感到绝望时，政府为资本家服务，扮演了卑鄙的角色。这又一次教育波兰工人：有必要组织起来，展开反对野蛮与独裁的政治斗争。

党的**印刷品**，除了每月出版的党的机关刊物《工人事业报》之外，还有一本名为《关于工会的组织和好处》的小册子。这本小册子是由一家秘密印刷厂印刷的。1895年以来,由社会民主主义图书馆出版了两本小册子:《波兰的独立和工人阶级》和《五月一日——工人的节日》。图书馆的任务是用容易理解的和尽可能通俗的形式向广大工人阶层解释社会民主党的目标。

党的印刷厂利用各种机会在党的秘密印刷所印刷的传单对党的活动进行介绍,这些传单引起了更多工人阶层的兴趣。1893—1896年期间,又出现了一批传单。最有趣的是为济拉尔道夫的女工们印刷的传单。传单是针对该城的宪兵队长华西杰夫的讲话的。他在演说中称女工们为"家庭炉灶的女祭司",要求她们在瘟疫面前保护她们的家庙,就是做她们丈夫和儿子的间谍和告密者。

传单的结束语说:"用要求八小时工作日、用要求政治权利、用要求集会和言论自由来回答卑劣的施压!行动起来并参加我们的组织!因为我们为你们的权利而斗争!在斗争中鼓励和支持那些当局要求你们背叛的人!让那些想从你们嘴里听到告密话的人听到你们的呼声:无产阶级的神圣事业万岁!国际社会主义万岁!"

党的生活中另外一种特别的事情是,近几年在为著名宣传鼓动员举办葬礼时举行示威游行。沙皇制度总是成为爆发示威游行的缘由。没有一年不发生我们队伍中的最高尚和最优秀的分子从监狱直接走向公墓里的坟墓的事情。1889年,我们忠实的战友扬·莱德、西多罗维奇、利比策夫斯基就是这样殉难的。几千名感激逝世者的工人走在这些战友的棺材后面。每次葬礼都变成一次庄严的游行。送葬队伍达上千人,在花圈红色的饰带上写着:"献给为思想而牺牲的人!""献给战友!"异常的送葬队伍每次穿过最富有的街道时,都给人留下深刻的印象,甚至连沙皇的警察也在暗中表示敬意,不敢采用野蛮手段阻止游行。

党的活动经过强势发展的时期之后,逮捕总是紧跟其后,犹如黑夜与白昼交替一样不可逆转。

被拘留者通常要熬过1—2年的待审拘留期,接着被判刑,有的被判处较长的刑期,有的被发配到西伯利亚或俄国内地。近来所判处的刑罚还要残酷:在许多案件中,有的涉案者被判1—2年重刑,有的被遣送,有的接受警察的监视,或者被流放较长时间。在一个案件中,涉案者被发配到东西伯利亚8年。1893—1895年,党曾相当活跃,党所开展的活动都具有鲜明的政治性,政府不得不调集一切力量进行大逮捕,犹如一场大暴雨向党袭来。

1894年秋天以来,警察开始乱抓人。1893年冬天至1894年新年,我们损失了22人,1894年秋天,损失了76人,1895年五一节前,损失了127人,1895年前,又损失了36人。1896年新年以来,警察继续抓人。华沙的8个工会只留下3个,另外5个工会因主要领导者被捕而被迫解散,许多工会会员被赶走。这种大规模的逮捕浪潮使我们遭受双重打击:我们失去一个又一个战友;那些还是自由之身的战友在这一时期必须蛰伏,在这一段时间内,停止大胆的大规模活动,以免落入警察设计的陷阱,这也是也为了避免党的瓦解。因此,1895年,我们几乎停止五一节活动;1896年,我们也停止庆祝活动。由于遭到逮捕,党的纪律松弛,动员群众参加运动是要冒风险的,所以我们的宣传鼓动员只好放弃发动五一游行。在这一时期展开活动会诱发群众争吵,但控制争吵是不可能的,所以展开活动是轻率的,是一种犯罪。

虽然运动的发展速度被迫放慢,但是我们一点也没有气馁。萧条期几乎已经过去。党不久将以双倍的努力投入斗争,用新鲜的力量补充在它队伍中出现的空缺。

迫害使愈来愈多的人移居国外。因此,有必要联合移居到欧洲和美国城市的许多波兰社会民主党工人,为他们建立一个组织。1896年成立的"波兰社会民主党海外工人联合会",旨在援助留在国内斗争的同志们。它是俄属波兰社会民主党的组成部分。

在接下来的运动高涨时期，党的事业肯定又要前进一大步，目前已有这样的迹象出现。在去年尚处于萧条的时期，社会民主主义运动已经不为人注意地赢得了一个新的、重要的阵地：华沙的犹太工人开始组织起来。尽管这最初的一步还不明确，我们仍然希望，犹太工人和波兰工人紧密接触，赋予他们的运动以特别鲜明的政治色彩。

我们在给苏黎世代表大会的报告中已经指出，波兰当时还处在萌芽状态的社会爱国主义运动没有前途。当时我们就声明，鉴于波兰当时的社会状况，只有所谓的"知识分子"把运动的近期目标确定为在波兰重建波兰人的由一个阶级统治的国家。这些知识分子按照其社会属性是小资产阶级性质的，他们的主张必将是徒劳的，因为他们的目标是一个站不住脚的乌托邦。我们在当时就主张，波兰工人从不推行使他们偏离推翻沙皇制度的计划，这个计划是根据他们的利益制定的。他们只有与俄国无产阶级并肩战斗才能达到这个目标。

过去的3年证明我们的观点是有根据的。我们从无数的实例中抽出两个例子。一个自称为"波兰社会主义党"的社会爱国主义小组在1894年作出努力，把科西阿斯科斯起义100周年纪念变成表达他们原则的示威游行。他们确实安排了纪念活动，但是只有一小部分大学生和年轻姑娘参加活动，工人们没有参加游行。失败是肯定的，连游行发起者也否认这是他们的事业。另外，社会爱国主义"党"夸张地对外报道说，该党有强大的力量。它以自己的方式鼓动工人们参加五一节活动，但还是没有把工人叫出来自愿参加五一节庆祝活动。由于大逮捕，社会民主党暂时无法领导游行，这种游行并未举行。

由于这个大学生群体不可能在波兰做什么突出的事情，他们认为有必要在国外的报刊上大做广告，用各种方式夸大自己的功绩。近年来，我们读到关于各种大会和群众游行的报道，看到上万种偷运进来的小册子和大学生在沙皇专制政权下取得的成就及其他童话般的成就的文章。这些报道的事件不过只存在于作者的想象里。关于所谓的波兰社会民主党与那个社会主义爱国青年学生组织联合的报道也属于这类报道。当前,散布这个报道的目的是为了给社会民主党参加伦敦代表大会的代表制造困难。谈论上述所谓的联合是可笑的,因为这两个政治派别之间存在对立——这种对立存在的历史与波兰社会民主运动一样久远,这种对立就像无产阶级思想和小资产知识分子思想之间的对立一样尖锐。

我们用下列这段话结束我们的报告:我们希望,波兰真正的革命力量不久就站到不受乌托邦和民族主义的空想干扰的社会民主党纲领的立场上来,与我们一起为推翻沙皇制度并为国际无产阶级的最后胜利而斗争!

报告人:
俄属波兰社会民主党机关刊物《工人事业报》
和俄属波兰社会民主党出席伦敦代表大会代表

关于瑞典社会民主工党活动的报告
(1893—1896年)

1893年在苏黎世召开国际代表大会的那一天，适逢瑞典国会大选。同年3月，人们所说的人民议会①就已商议了推行选举改革的措施——废除当前的财产资格限制（每年800克朗应纳税收入以及在一定时间向国家和市政部门缴纳税费的条件）。社会民主派的少数迫使"人民议会"明确接受普选权并且在一定程度上撤销了那个受到欢迎的计划——温和的500克朗的财产资格限制。

"人民议会"作出如此多的决定，以至于1893年选举运动中的普选权问题比之前的选举更为突出。但从整体上看，这并没有改变这些政党的地位和力量。两个农民大党（实际上是农民党）在成员数量上又拉平了。这些城市选出了反革命分子或温和分子，混杂着一群自由党人和激进党人。中心大城市选出了20名自由党人和5名保守党人。在社会党人得票最多的斯德哥尔摩和马尔默，社会民主党的候选人都被提名了。他们在斯德哥尔摩获得了700张票，在马尔默获得了500张票。

由于首先在"人民议会"中提议集合普选运动的力量，在上面所说的那次选举之后，社会民主党人就掌握了提出一项新措施的主动权。这项新措施就是废除上层阶级的政治特权。1894年4月，在哥德堡召

---

① 人民议会（关于人民议会的由来，参看本书第16卷第313页——编者注）在由受财产资格限制的选举产生的下院的同一选区选出，当然要在普选的基础上。

开的党的第三次代表大会,社会民主党通过了有关党的组织和普选权问题的决议,这是党在当前活动中的核心问题,提出了政治大罢工,以作为争取普选权的最后措施。当然,党也考虑到了总的经济形势。这个决议就是在比利时举行的政治性的大罢工取得成就的影响下作出的。

实施这一计划要求首先在地方工人群众中,特别是在铁矿区各支部和锯木厂各支部中,开展宣传工作。由于1894年夏季的准备,由于几个大城市的组织的有力支持,1895年的宣传成就表现为在同年秋季组成的"瑞典矿工和钢铁工人联盟",该地正处于伯格斯拉根这一铁矿的中心地区(在达拉纳和韦斯特莫尔兰)。在整个北部格里瓦拉新矿区的拉普兰区①,我们也为建立组织开辟了道路。

1895年的国会给人民带来了下列礼品:两个农民党在上院联合成为一个保守党的集团。据说,其中一个党是温和的自由贸易之友和人民需求之友;而另一个党则是保护关税主义的、保守的和奢侈的党,它牺牲国家的资财,不断地增加军事预算。此外,国会否决了政府有关义务养老保险的提案,它通过了关税增至3倍的谷物法,决定增加军事供应,不降低选举财政资格限制;最后,但并非最不重要的是,它发表了一个威胁挪威的声明,这个民主的兄弟邻邦正在担心其自由的、近乎共和的宪法可能因在瑞典反革命党派的影响下完全修改了的联合法案受到伤害。

由于瑞典方面的战争威胁,联合问题尖锐化了,并且更加严重。这种威胁把其他一切问题排斥到次要地位,迫使瑞典和挪威社会民主党掀起了反对使用武力的抗议运动。在这两个国家内,工人党派都积极进行反沙文主义宣传,反对破坏和平的阴谋。直至今天也不能否认的是,社

---

① 拉普兰区是瑞典北部拉普兰人的居住地区。拉普兰人还分布于挪威、荷兰和苏联北部地区。——译者注

会民主党的坚定立场驱散了贵族和资产阶级的战争风雷。工人阶级拯救了斯堪的纳维亚半岛的和平。在瑞典，这场激烈的斗争使社会民主党的报纸《劳动报》和《社会民主党人报》的编辑丹尼尔森和卡尔松被定为"欺君罪"，布兰亭先生由于在同一年斯德哥尔摩五一节示威的讲话被控告为煽动暴动。两位编辑都被宣判无罪，布兰亭先生被处以500克朗的罚款。联合的危机走向平息，修改联合法案委员会得以成立。

那些曾经蹩脚地与瑞典反革命沙文主义进行战斗，并且也反对挪威人民的民族民主主义反对派的自由党人，在去年秋季对社会民主党为他们所做的一切表示感谢。

他们激烈地反对著名的政治罢工的提案。这个提案是在联合问题最终让位给普选权问题之后，由工人党提出来的。在梅特罗波立斯和其他一些地方，激进派和自由党人逃避了1895年"人民议会"选举。即使这样，参加选举投票的人仍不低于13至14万人。特别是在斯德哥尔摩和哥德堡这两个最大的城市，自由主义被抛弃了。

据统计，在今年（1896年）5月召开的"人民议会"的120名代表中，社会主义党派的代表有35—40名。本次人民议会拥有一笔52000克朗的宣传基金，可以支付普选权宣传的费用。这笔钱是在1895年夏季的几个月份中募集的，其中社会民主党组织的捐款就有两万多克朗。但是，多数派对于这笔资金的使用是很谨慎的。这笔钱大部分偿付今年夏秋季的选举宣传费用和人民议会的消息发布的费用，而没有一文用于特别措施的宣传（包括政治罢工的宣传）。尽管社会民主党人只是要求激进派在他们关于政治性罢工的宣传中不要阻碍社会民主党人就可以了，但政治罢工这个最重要的问题还是以67票对63票被否决。政府在两个月前提出将选举的财产资格限制从800克朗降到700—650克朗。反对大幅度扩大普选权的其他政敌们津津有味地嘲笑"人民议会"。政治性罢工的决议被否决的另一个后果是，社会民主党和自由党在有关群众宣传方面都公开决裂了。

今年夏季，新的议会选举还要继续进行，一个新党——"人民党"——正进入政治舞台。它是一个议会党派，它"最卓越的"敌人是农民党，以及下院中有势力的地主乡绅和官僚。这个党是由我们亦敌亦友的激进派和自由党人构成的。在当前的条件下，根据当前的普选权，当我们必须在议会选举中站在二线的时候，我们支持继续进行普选权改革的人。现在，有一种看法，认为应在国会中组成一个坚强的进步党派。

现在的形势是这样的：我们在追求普选权的群众中进行宣传和组织工作；自由党人和激进党人在其他阶级中进行宣传工作。

在我们这个经济落后的国家，我们党正在工人当中获得日益扩大的基础，这一基础不断巩固并且增长较为迅速。我们讲"较为"，你们可以体会到：瑞典的国土长900英里，宽240英里，人口只有500万。在这里，宣传要付出极大的努力才能获得在其他工业比较发达的国家看来无足轻重的效果。1895年底，我们党统计，交党费的党员有10230人；今天，据统计有12203人。除此之外，许多组织虽然并没有加入我们党，但是却站在接近我们党的立场上。

我们以最美好的希望等待着未来，工作是艰苦的，但它正在前进！

欢呼工人阶级的解放！

欢呼国际社会民主党！

瑞典社会民主工党理事会
1896年7月24日于斯德哥尔摩

瑞士社会党的愿望

　　社会主义的愿望倾向于一个目标：使无产阶级摆脱资本主义枷锁；把现存社会——一个已经腐烂到骨头的社会——改造为更好的社会，在其中，工人得到公正的报酬，不再有悲惨之景，弱小者不受强大者的欺压。但是，如果说这一最后目标对全世界的社会主义者来说是共同的，那么，认为社会主义运动在不同的国家里具有一个地方的同样特点就是再错也没有的事了。

　　社会党不仅注视着未来，而且还寻求实现迫切的进步和改善；它比其他一切政党更顽强、更自觉地为社会改革、为改善工人在现实社会中的待遇而工作；它在有闲者的市镇里寻求得到尽可能多的让步。为此，它根据不同的国家制度，运用不同的手段。

　　在这方面，瑞士社会党毫无异议是最幸运的，因为它享有的人权其他国家还没有。

　　每个20岁以上的公民都拥有议会的一切选举权和被选举权，甚至可能成为国家最高行政机关的成员。

　　拥有5万名公民的签名，就能根据他们的签名要求就全部或部分修正宪法举行全民公决；这5万公民还可以要求将他们提出的修正案提交公决，这个权力叫做创议权。

　　最后，3万名公民签名，就能够要求将联邦议会拟定的任何法律交给人民决定取舍。这种权力叫做全民公决权，关于这一点，《年鉴》在1894年出版了TH.库尔蒂的一篇论文。

的确，募齐签字者并非总是来得那么容易，因为我们要同偏见与冷淡作斗争，而且我们没有像法国、比利时、奥地利、德国那样的大工业中心，每个人都很清楚，工人还是同其他各处一样，是具有依附性的。

然而，我们的政治生活总是很激烈；另外，我们社会主义者并没有无所事事地躺着。当我们没有开展某个运动时，我们的力量应当致力于坚持不懈地同反动和闭塞斗争，不幸的是，这种反动和闭塞不再麻痹了。

这两个一切民主进程的敌人似乎取得了地盘，尤其是在前联邦参议员努马·德罗兹，这位玷污审判会议的法官——他不久前退出了这个会议——成了他们的旅行推销员，并寻求推销他们的坏料之后。这些人与那些在马孔和巴黎与所有法国被算入机会主义的人、与非常出名的梅利纳——这位法国的真正利益的著名保护者，一起大吃大喝的人是同类。

我们不打算与你们谈我们过去的政治活动家，他们否定自己的过去，以便讨好各种反动分子；我们打算与你们谈谈那些我们寻求尽可能迅速得到满足的要求。

首先，我们谈一下"医疗与意外事故强制保险"。联邦参议院在1889年11月28日的信文中，向联邦议会建议修正宪法，在这方面写进一段这样设想的条款：瑞士联邦有权通过立法手段，实施意外事故强制保险。它也有权制定有关医疗保险方式的方法，使一切领薪者强制加入这类保险银行。经过参、众两院各自委员会的深入讨论及在议会的重大辩论，议会决定修正宪法，在其中写入下述字样："联邦通过立法手段，实施意外事故与医疗保险，同时要考虑现有的救济银行。它能宣布全体或某些指定的公民类别加入这些强制保险。"这一补充于1891年10月26日以283228对92200票被人民接受；18个州和5个半州宣布拥护，而瓦莱和外阿彭策尔半州不接受。为便于读者理解，我要指出，一项提交公民投票的法案应获得多数人民与多数州的同意才能有效。

为使这个保险对工人阶级真正有利，有必要通过类似的努力平等地分配必需的资金，工人阶级已指出了自己在这个问题上的心愿：它要求国家负担医疗和药品的费用；工人通过医疗银行得到薪水补贴，最后，雇主支付意外事故保险的费用。

联邦议会没有满足这些心愿，因而瑞士工人联合会展开运动，以募集必需的5万名签字者，进而通过公民投票的方式得到联邦当局拒绝答应的东西。

不幸，这个运动失败了，不是因为给予病人免费照顾不得人心，而是因为改革的发起者同时指出了支付这一费用的来源。他们同时要求给病人免费照顾与烟草专卖。担心这一专卖的许多人——穷人的烟袋不挑三拣四——拒绝签署最初的要求书。我相信，如果我们把财政问题撇在一边，必需的签字者（50000人）将会容易募齐。人民将对修正案投票。

但是我们可以说，我们的运动并不是完全徒劳无获的。在我们最初的方案中，联邦议会只准备提供100万法郎作为管理费用的开支。现在，在我们的新方案中，它要另外每年向每位投保人提供一笔3.56法郎的医疗津贴。至于主要的意外事故保险，联邦政府将投资四分之一。

现在，联邦议会的方案已在负有预先规定了其使命的特别委员会手中。经过它深思熟虑修订后的方案将提交联邦议会，然后，如此决定的立法将提交公民投票。工人党保留对联邦议会的最后方案要采取的态度；然而，它期望在对政府的恩赐耐心地盼望了5年之后，这一次不会碰到障碍。

除了这一重要的保险问题之外，我们还非常积极地关心建立一个国家银行。我们的两院最近已经投了票，但是这自然应经由公民的洗礼才能通过。鉴于高额财政,犹太人(接受过或者未接受过割礼的)准备进行公民投票的斗争。

每当涉及从资本那里夺取战利品交给团体,瑞士社会党就走在前列;因而,它不能不对国家银行问题感兴趣。1877年,瑞士社会主义的元老卡尔·毕尔克利就已经以工人及苏黎世民主分子的名义,要求建立联邦银行,从此,这形成了瑞士工人政党的要求之一。联邦银行将对货币作出规定并方便其流通。1870年之后,银行发行了3000万到4000万的票据,这笔钱应被留做共同财产,利润将交还给各州,用于社会经济目的(免费学校与教育的材料,免费安葬等)。国家银行的反对者企图用战争威胁犹太人民的良好意识,说战争期间国家财产将被没收,而私人财产是由国际条约保障的。他们还有其他许多异议,但是,并没有掩饰他们害怕看到丧失这块已使他们得到如此巨大利益的地盘的那种心情。

他们已出乎意料地得到了旅行推销员的支持,这个人我刚刚向你们讲过,他的名字叫做努马·德罗兹。但是,瑞士人民会给这些浑水摸鱼者以妥当的回答。

在我写下这些话时,社会党委员会正呼吁一切同志、一切受邀者开展募集必要的签字者的运动,以要求铁路国有化。

我国所有大的交通干线都掌握在私人公司手中;柏林和巴黎的犹太人是主要的股票持有者。每年,大笔金额都涌进那些贪得无厌的金融家钱袋里;或是对互相阻碍的交通干线作些改善,或是削减价格,这些最正当的要求都遭到蔑视;这些干线使用了一种不光彩的节省体制,它们的雇员受到一种不体面的剥削。最近,铁路雇员运动已着手对付这一不可容忍的处境,并取得重大反响。

为了结束所有这一切的不正常状况,为了把交通线路交给那些被授予权力的人,交给全体,交给集体,我们进行了支持铁路国有化的运动。

这就是我们在此时所关心的问题的特点。我们一切活动的指导思想是,在目前争取更多的幸福,在未来争取更多的保障。

G. 雷曼
代表伯尔尼大会议的社会主义者
1896 年 7 月于伯尔尼

捷克斯洛伐克社会民主党向国际社会主义工人和工会代表大会提交的报告

在波希米亚、摩拉维亚和西里西亚，工业的资本主义制度正在飞速发展。一方面是大股份公司和巨大的工业公司，另一方面则是广大群众中的贫苦和堕落。这就是这些省份的突出社会特征。以捷克斯洛伐克种族"坚不可摧的核心"自诩的农民阶级负债沉重，正处在迅速、彻底地转入无产阶级队伍的进程之中。农民的生产资源正在慢慢地被大土地所有者侵吞，而这些大地产正膨胀到一个大得可怕的规模。在波希米亚，362人拥有土地1448638公顷，占全国全部土地面积的27.88%；同时，波希米亚和摩拉维亚国土面积的8%是世袭的。

在自由和独立的农民所在地区，现在也出现了佃农和雇佣奴隶。波希米亚的大地主也是工业雇主。大概世界上没有任何一个地方会有如同波希米亚和摩拉维亚、西里西亚这样飞速发展的农业工业主义。波希米亚的富豪是酿造商、制酒商、玻璃和糖业制造商、木材商、煤矿主，样样兼备。

随着小农户被剥夺，与之同步进行的是无产阶级队伍在小工业中的不断集中。波希米亚的大工业绝大部分都掌握在外国人手里。德国、法国和英国的资本家们因贪图廉价的劳动力而移居那里，而那里的波希米亚无产阶级却每年成千上万地流落到德国、俄国、美国等国家。在波希米亚、摩拉维亚和西里西亚，付给工人的工资是名副其实的饥饿工资。根据官方按照《保险法》条文编制的统计数字表明，在波希米亚和摩拉维亚的160个地区中，劳工通常的日工资如下：成年工人每天工资为5便士到1先令；年轻工人的每天工资为2便士到6便士。

现在，捷克无产阶级已经开始意识到资本主义对社会关系产生的有害影响，并以最大的热情接受社会主义的社会观，认识到在反对共同敌人资本主义的斗争中与其他各国无产阶级团结的必要性。

由于捷克工人的特殊处境，在很久以前他们的阶级意识就觉醒了。迟至本世纪60年代末，他们仍然处于民族资产阶级政党的主要影响之下。资产阶级把中等阶级"**自助**"的信条教给工人。甚至在1868年，捷克劳工代表大会在布拉格召开时，会上一致通过一项决议，保证捷克斯洛伐克工人党全力支持那些在可怜的"自助"原则基础上建立的工会。这样组成的节俭的、合作的社会团体不久就走向可笑的垮台，整个自助幻想的那种外表华丽的骗局彻底破灭、崩溃了。

最后，依靠与波希米亚境内的德国工人自由交往，也许更多的是通过廉价的捷克劳工的涌入——他们主要来自农民队伍并进入了德国人办的波希米亚的工业中心，社会主义在捷克工人当中开始传播。拥护自助的人和拥护国家干预的人之间的斗争一直在波希米亚进行，直到70年代末。在捷克无产阶级中的社会主义宣传鼓动是在最困难的条件下进行的，因为鼓动员们最初被剥夺了进行宣传鼓动的一切手段。进行这种宣传的大多数印刷品先后都被当局没收了，很少有例外——因为它对财产权的一切正确的思想产生不利和破坏作用，并含有煽动进行反对特权阶级和资产阶级团体的敌对行动。

使捷克工人懂得社会主义原则的第一本书，就是谢夫莱的《社会主义的实质》。由于这本书是霍亨瓦特内阁的前大臣所写的，是不可能被没收的。这本书被人们如饥似渴地贪婪吸收。直到80年代末，捷克斯洛伐克工人接触到的全部社会主义的印刷品大概只有十多篇论文和一些德译本的书。只是在最近的6年中，大型著作的出版才成为可能。后来出版的印刷品中，也出现了下列著作：卡尔·马克思著的《经济研究》①、B.李曼诺夫斯基著的《19世纪社会运动史》以及奥·倍倍尔所著的《妇女与社会主义》。

80年代初，还出现了第一批具有明确的社会民主党倾向的报纸（在布拉格有《未来报》和《组织报》，在维也纳有《劳动妇女报》）。捷克社会民主党正在成长，但它的敌对力量也在民族主义者、神职人员和官僚集团中日渐增加。由于对俄国沙皇亚历山大二世的抨击，针对社会民主党的激烈而集中的反动措施开始了。社会主义在人民群众中间的进一步传播必然要付出某种代价。对社会主义者的凶残迫害达到了高潮，这些迫害几乎都是针对年轻的捷克社会民主党的。整个党被宣布为"秘密社团"。

法官和地方当局持这样一种观点：社会民主党本身就是"对国家的一种危险"，仅仅加入这一政党就是一种应该惩处的违法行为。由于订阅一份社会民主党的报纸——该报是在整个当局官员们的眼皮底下公开出版发行的，一位同志被判处几个月的惩罚性监禁并被剥夺全部公民权利。

成百名最热心的社会党同志被逮捕，戴着镣铐，从波希米亚各地被拖到布拉格来并且被审判，被明确判定有罪。座无虚席的布拉格地方议会参议院起到了断头台一样的作用。正是在这些日子里，受这个时代迫害的受害者在波希米亚的监狱中奄奄待毙。大部分工人的联合会被解散，党的机关报（《未来报》、《组织报》、《劳动妇女报》、《无产者》、《凯撒之魂》）遭到镇压，所有这些报纸的编辑记者全都被关进监狱。只是在几个偏僻地区，一两个工人联合会尚在危险中继续存在。

全国资产阶级政党大声欢呼战胜社会民主党的辉煌胜利，并且想要

---

① 原文如此。——编者注

进一步肆无忌惮地对全体人民进行剥削、镇压和迫害。然而，搞这种反动措施的人完全想错了，事实证明他们完全是枉费心机。

6年的恐怖统治之后，政府开始意识到：社会民主党既不能用特别立法的鞭挞来清算，也不会被所谓社会改革的甜枣所迷惑。社会主义是不可遏止的，不管政府愿意与否，它也被迫同意给社会民主党予较大的活动自由。1887年，剩下来的捷克斯洛伐克社会民主党人在布吕恩召开代表大会并制订了一部新纲领。大会强调宣布，这部纲领只是在整个奥地利社会民主党同意一个共同纲领之前的时间里有效。奥地利社会民主党是全奥各族人民中一切工人的代表。在布吕恩代表大会（1887）通过的决议宣布，捷克社会民主党拥有自己独立的组织，它将依然是整个奥地利党的一部分。在这次会议期间，党的机关报只剩下3份了：普罗斯尼茨的《人民之声》，布吕恩的《平等报》，布拉格的《自由新世纪》。一年之后，全奥第一次公开举行的统一社会民主党代表大会在海恩费尔德召开。当时，德国、捷克和波兰社会民主党人经过长时间的审议，以统一召开的代表大会的名义，在"**海恩费尔德纲领**"的权威宣言中体现了他们的共同原则。

自从海恩费尔德代表大会以来，捷克社会民主党得到稳定而持续的发展。在波希米亚和摩拉维亚，在布拉格、克拉德诺、比尔森、布德韦斯、布吕恩、奥斯特拉夫、普罗斯尼茨等工业中心，党的组织和报刊都建立起来了。从事这些报刊出版的人也参加了党的工作，他们是宣传工作和组织工作中的领导人。

1893年，捷克社会民主党已经获得了极大的发展，以致能够建立自己独立的政党。这个党在布德韦斯代表大会上建立了。这次代表大会是捷克社会民主党发展道路上的一个里程碑。来自47个地区的81名代表出席了此次大会。海恩费尔德纲领被确定为党的纲领，组织体制也确定了，党分为地方的、各省的和地区的组织。已建立的地区组织的数目在布德韦斯代表大会期间是11个，即：波希米亚7个，摩拉维亚3个，下奥地利（维也纳）1个。党的策略时刻与奥地利社会民主党一致，并且以派出捷克党组织代表的方式经常向"统一奥地利党代表大会"报告工作。

党的代表团由每个地区组织选出两名代表组成，他们之中又能够选出较少的人组成执行委员会，并确定开会的地点。1893年，党已经主办了24种期刊，其中9个是政治性的，10个是行业性的，3个是幽默讽刺性的，1个是自由思想性的，另外还有一份妇女报纸。这些报刊的总发行量达到61600份。党还经办了10个俱乐部，会员达到3650人。由于这样的组织成果，捷克社会民主党现在能够在全奥党的活动和共同行动中发挥积极卓越的作用。在争取广泛、平等和直接普选权的长期而严峻的斗争中，他们走在了奥地利无产阶级的最前列并且付出了最沉重的牺牲。在布拉格附近的斯特拉施尼茨和利斯本以及布吕恩附近的白山举行的争取选举权的大示威之后，来自布拉格的53名同志和来自布吕恩的57名同志遭到法庭起诉，因为他们反抗了警察和士兵用棍棒和刺刀执行的禁止集会权的非法命令。单是布吕恩的审判就花掉了党的2000多的佛罗伦。

1894和1895年，党几乎全力投入普选权的鼓动与完善政治和行业性组织。1893年底，布拉格"非常法"的出现并没有能够妨碍党的发展。当时，"非常法"在整个波希米亚实行，但只在一定的范围内阻碍了党的活动。奥地利工人的组织，已经成为举足轻重的一支政治力量。

今年5月24日至25日在布吕恩召开的捷克斯洛伐克代表会议闭幕之后，我们经历了由奥地利工人联合阵线进行的小有影响的反对联合内阁的斗争，继续应对捷克斯洛伐克社会民主党面前的处境。代表们的报告表明，当时代表大会的组织范围已经超过了13个地区：波希米亚有7个，摩拉维亚有4个，西里西亚有1个，北奥地利有1个。在过去两年之中，34个地区召开了代表大会。自布德韦斯代表大会以来，在9个地区内共召开了2523次宣传会议，有182次会议进行了筹备但遭到禁止，还有很多次会议被冲散。遗憾的是，有4个地区的组织没有提交报告。根据奥地利工业委员会的统计，在波希米亚、摩拉维亚、西里西亚和下奥地利，有260个捷克斯洛伐克进步俱乐部，拥有成员15600人；还有220个工会团体，拥有成员20800人。在这些组织中，有56个是中央级的联合会，其余是地方性的，还有一些其他团体。但是，其他的俱乐部和联合会人数很多，他们并未统计在工业委员会的报告中。从1894年1月1日至1896年2月底，被提起诉讼的党员不少于452人。其中，159人被判罪，100人被释放，还有193份讼状被撤销。从总体来看，判刑的规模很大，两年间，被处罚的人比过去19年零23天的总数还要多，罚款数总计达到599佛罗伦。

以被监禁者的名义募集和支出的基金，约达4000佛罗伦。

自从布德韦斯代表大会以来，党的出版物的状况没有太多变化，只是几份报纸的发行总量有了稳定的增长。例如，布拉格的3份报纸《社会民主党人报》、《民权报》和《钢铁工人》发行量达到8000多份。在布德韦斯代表大会上任命的负责出版党的印刷品的"出版委员会"工作很有成效，为党创收了相当多的利润。

在布吕恩代表大会上，最重要的事情就是改组了我们的党，以适应最近选举改革所产生的新环境。这次代表大会也如同整个奥地利党前不久所做的那样，以同样的方式和同样的理由，表示了对这次选举改革的不满。它抗议这次选举改革的欺骗性；但是也宣布，它打算只把这个包括新选举等级的选举权作为进行鼓动和组织工作的手段，作为争取平等和直接选举权的一个武器。为了充分利用这一武器，根据新的选区进行改组是必要的，因而党已经决定这样做了。党在每一个捷克选区都任命了一个地区委员会，这个委员会同时起着选举委员的作用并且承担即将到来的新选举的一切准备工作。

　　除了这一变动之外，这次代表大会还首次直接选出了一个比较小的执委会，以便在维也纳处理日常工作，并且构成奥地利党的整个代表委员会的一个组成部分。

　　最近这次代表大会已经准确无误地证明，捷克社会民主党处于显著地位，充分适应了时代的需要。完全可以说，由于党自身的努力，它已经取得了当前的领导地位，并且获得了勇敢地站在各民族和各国最先进的工人党行列的权利。如果我们考虑到党不得不与之斗争的艰难环境和党在能够保证自身自由行动的范围之前不得不克服的不利条件与障碍的话，那么，捷克社会民主党目前所取得的地位的意义就更大了。党不仅必须与有产阶级的自私作斗争，而且还必须与民族迷信和宗教迷信作斗争，还要与官方大量的背信弃义行为和阴谋诡计作斗争。捷克无产阶级目前的首要任务就是使自己从民族资产阶级政党的影响下解脱出来。资产阶级政党披着民主和对工人友善的伪装，极力使工人党处于被摆布的地位。在布拉格召开的全奥党的代表大会证明了党是如何完美地完成了这一任务的。捷克资产阶级政党"青年捷克党"的最有成效的机关刊物是《人民报》，它在这次代表大会期间声称："企图将捷克斯洛伐克社会民主党拉入民族政党的一切努力都被证明是枉费心机。因此激进派（青年捷克党人）与社会民主党人之间的关系现在必须终止。青年捷克党人从此以后与社会民主党人不会有什么共同的东西，而且必须反对他们。"来自青年捷克党官方机关报的这一宣言，从反面承认并说明了捷克社会民主党人所进行的伟大行动。青年捷克党已经退出了作为唯一的、真正的人民党的地位，他们自己也承认，在捷克人中，犹如在其他地方一样，唯有社会民主党在领导着工人运动。

　　在1893年的布德韦斯代表大会上，捷克社会民主党人已确立了一个固定的组织并且已经增强了它们在党内和党外的地位。他们从国际社会民主党的原则出发，奠定了一个强大的民族组织的基础，这就使他们将能够与其讲德语的奥地利的同志们坚定地并肩前进。

在指导政治鼓动和组织工作的同时，党决不否认它在经济方面的责任。工业组织的工作已稳定地向前推进了，无数的工会成立了。钢铁工人、木材工人、纺织工人、矿工、印刷工人、制鞋工人、缝纫工人、手套制作工、建筑工人、制砖工人等，所有这些工人，在波希米亚和摩拉维亚，目前都在积极活动，并且拥有了有力的行业组织。目前，党正在努力促使所有这些行业组织成立一个中央委员会。这一问题在今年的布吕恩代表大会上已经提出来了，但是这方面的决定要延迟到下一次"奥地利工会代表大会"执行。某些组织形式将无疑是为了保证在奥地利工会运动中的捷克语区和德语区的工人获得和谐的合作。

在捷克斯洛伐克的组织与奥地利境内的德意志和波兰的社会民主党人之间已有了充分的了解。与此同时，通晓数种语言的奥地利资产阶级政党自身都陷入了无休止的争执之中。整个奥地利社会民主党作为唯一强大的、不同种族组织的党，其地位独占鳌头。在巴黎、布鲁塞尔和苏黎世的国际社会主义代表大会上，捷克斯洛伐克社会民主党都有代表出席，那几次会议通过的决议体现了党的团结基础。

在布拉格、布吕恩、比尔森，以及在波希米亚、摩拉维亚和西里西亚的其他大工业城市，以争取八小时工作日和世界和平为宗旨的"五一"庆祝活动，每年都作为节日来庆祝。

捷克人民虽然物质财产贫乏，但却从他们的共产主义的胡斯运动①先辈身上继承了一种百折不挠的意志和与生俱来的民主精神。毫无疑

---

① 胡斯运动：15世纪由捷克爱国者和宗教改革家胡斯（1369—1415）领导的运动。——译者注

问，独立的捷克斯洛伐克社会民主党人已进入成熟的、生气勃勃的青年时期。他们不承认自己原则以外的一切想法。他们的全部精力都投入到保卫无产阶级的权利和利益之中。他们以这种保证和问候向伦敦的国际社会主义工人和工人代表大会致敬。

社会民主党万岁！

捷克斯洛伐克社会民主党代表
约瑟夫·希贝什
1896年7月于维也纳

附录一

伦敦代表大会[*]

——关于会议过程的说明

下述内容并非是人们容易获得那种介绍代表大会的报告,而是由我——部分是作为目击者——所收集的对这些报告的补充材料,这些材料重点介绍了大会整个过程中我们认为表现了其特征的情况。

盛大的和平示威游行定于7月26日(星期天)在海德公园举行。为此,本年度五月的示威游行定于第一个星期天举行。五月一日的示威游行最初是由社会主义同盟和伦敦东区的一些工会组织于1890年组织的,之后几年的示威游行由无政府主义者单独组织。从1894年开始,伦敦的部分社会民主党人参与组织活动,那时海德公园示威游行处于发展阶段。之后,人们对星期天示威游行的兴趣减退。工联伦敦理事会就今年是否举行示威游行发出问卷,只收回37份答卷:29人同意继续举办,6人反对,2人建议于5月1日举行示威。这种游行的前景是悲观的,人们想放弃这样的和平示威。

大家认为,至少应该就游行问题取得一致意见,并且在游行中应有各方代表。与此相反,大会组织委员会在确定外国发言人等问题上,从小集团的立场出发,无视法国的工会运动,把一个名叫波拉克的荷兰人定为发言人,而社会各界人士谁也不认识此人。更有甚者,人们在最后

---

[*] 作者为古斯塔夫·兰道尔,柏林古斯塔夫·弗里德里希出版社1896年出版。——编者注

时刻发现，和平决议还与要求普选制、议会活动、法定八小时工作制等糅合在一起，把广泛的和平思想简单地当做广告手段，重新提出老掉牙的、反动的和一点儿也引不起别人兴趣的要求，以期获得考虑不周的广大民众的欢迎。

示威游行如期举行，像以前举行的类似示威游行一样，零零散散的示威者跟在旗帜后面，旗帜多于示威者。无政府主义者报名晚了，组织委员会拒绝他们参加，但他们还是来了。他们声称，他们对大会决议的性质一无所知。他们认为，对于和平问题，我们的观点是一致的。他们走在示威队伍的前面，举着霍尔本镇大厅集会的红色大标语牌。标语牌固定在框架上，用杆子举着。他们兴高采烈地走进公园。之前，他们曾要求带一辆车子进公园当讲台用，但遭到公园管理部门的拒绝。他们的集会开始后，改良主义者特里首先发言。虽然下起瓢泼大雨，但集会继续举行。这时候只留下12辆汽车供正式的示威用。雨下得越来越大，每个讲台前有时只有40或50名听众，后来，这些听众也悄然离去。我们的集会继续进行，演讲和歌唱交替着，最后我们成了落汤鸡。我们第一批进公园，最后一批离开。

* * *

当天晚上，大会的正式代表在霍斯舒饭店参加宴会，我们这一派的代表和其他同志讨论了他们在大会上应采取的立场。大家在讨论时提到大会建议的议事规程第11条（星期一之后，将不再接受或讨论有关议事规程或议程安排的任何修正案）。根据这一条款，把关于准许参会问题的讨论限制在星期一举行一次的短会上。这一条款看上去不是问题，但实际上却是一个扼杀讨论的极好的举措。大家一致决定，在各自国家代表的大会上和全体代表大会上立即反对该条款。

人们预料到会采纳苏黎世决议,排除无政府主义团体出席代表大会,但是大会在这个问题上没有取得一致立场,因为一方面,持有委托书的荷兰人在出现这种情况时必须离开,而另一方面,持有委托书的法国工会代表——如果我的理解是正确的——以及独立的社会主义者(阿列曼派)则不用离开。法国代表的这种委托书的目的更多在于:如果大会把他们作为反议会主义者,拒绝他们参会的话,他们将坚持立场,无论付出多大代价,也不会自愿离开大会;另一个目的是,阻止因向不宽容的做法的牺牲者表示支援而产生冲动,并在这种冲动的影响下自愿离开大会。但这样的委托书(就像所有事前作出的规定和制定的法律那样,这种限权委托书是有其害处的)只出现了一次,并且没有带来恶果。法国代表认为他们这样做是正当的,即只有所有的工会代表都被要求表态承认议会主义的必要性的情况下,他们才会离开大会。但大会的策划者避免这么做。如果他们这么做,就是把自己置于不支持大部分英国工会参会者的位置。

与会者经过较长时间的讨论之后,得到如下结果:每个人都按照各自的方式行动,以期取得实效,这种结果远比人为的统一要好。我们在大会内外活动了一周。虽然我们因做了双倍的工作而感到劳累,但是对事业有益。自愿的分离总要好于强迫的、人为的统一。

* * *

7月27日上午11点30分,英国老工联主义者考威宣布大会开幕。他的开场白是"女士们!先生们!"与会者注意到一个细节:他不止一次提到"社会主义者"。从他的立场看,他的欢迎词是善意的。

大会在皇后大厅召开。这是一座剧院式的建筑,有两个回廊,舞台背景处放着一架管风琴。在每个回廊里都放着三三两两的长凳,即使多来 10 倍的听众也有位置。舞台左边放着用鲜花装饰的马克思的油画像。没有罗伯特·欧文等人的画像。另外，大会主席一次也没有提到马克思和恩格斯。辛格尔补充说了一句："我们伟大的导师弗里德里希·恩格斯"，算是对恩格斯的颂扬。

辛格尔称赞政治行动是解放工人阶级的"最重要的手段之一"，艾威林夫人却翻译成"最重要的手段"。这是她第一次翻译，也是第一次出错。她还保持着在巴黎时的传统，以后我们还会看到。

爱德华·瓦扬就昨天示威游行一事表扬英国警察局。李卜克内西在翻译时更加热情洋溢，他说："警察和工人组成的秩序维护员是可能合作的。"这样的事甚至在今年五月一日发生于维也纳，但一小时后警察就再次痛打工人。除了爱德华·瓦杨，反议会主义者盖拉尔也被法国铁路工人选进大会主席团，但是李卜克内西却没有翻译此事。他不愿意说出令人不愉快的真相。

艾威林意味深长地停了一会儿，然后宣布收到一封来自约翰内斯堡的信。他暗示这是詹姆森博士发来的信。他制造了一个小小的轰动。然后又宣布，经过以他为首的娱乐委员会的交涉，伦敦两家档次较高的音乐厅——帝国音乐厅和皇家音乐厅——答应把门票以优惠价格出售给大会代表。这个消息引起了更大的效果。艾威林听到笑声和掌声。他说："正如我所看到的那样，这是你们可以信赖的帝国。"伯恩施坦翻译这句话时十分滑稽。他采取夸张的姿势，热情很高。他得意洋洋地翻译参会者可以用优惠价购票一事。他很兴奋，好像在得意洋洋地宣布成立一个共和国。

威·索恩是煤气工人的书记和马克思主义者的驯服工具。他声明虽然"组织委员会"在许多国家成为被攻击的目标，但它仍然尽量坚持苏黎世决议。他好像不得不这样做，但是大家都认为，如果他们对于委托给自己的不光彩工作不满意，该委员会可以自行解散，每个委员也可以辞职。他没有说，这些指示有多少次被人违背了。下面的信可以说明问题。我得到这封信的两个文本（德文和英文）：

> 我委员会委托，在给您发放临时出入证前，向您索取一份原则声明。我们必须获得表明您绝对不是无政府主义者的证明。苏黎世决议只承认社会主义者和工会会员。
>
> 您的
威·索恩

事实上，苏黎世决议并不涉及代表大会代表的个人信仰，也不涉及代表的身份证、防疫注射证明和警察局出具的品行端正证明。索恩和他的组织这样做的目的是企图"威慑"（德国北方叫"吓跑"）那些他们不敢正视的代表和组织。由于人们的抗议，他们必须放弃干涉。

会议结束前，会议主席宣读议事规程第11条：星期一之后，将不再接受或讨论有关议事规程的任何修正案。会议结束时已经将近下午一点了。在代表中流传着第11条的两个文本。一个文本只说不接受修正案，另一个文本（可能是后发的）则连讨论也不行了。两个文本都是议事规程的正式版本。

艾威林夫人赶忙通知：德国代表愿意全部接受议事规程。这等于告诉人家，没有必要讨论修正案或修改苏黎世决议。在扼杀讨论的肮脏勾当上，德国人走在前面。

科内利森的发言被与会者的喊声淹没。威·帕涅尔（伦敦的木工）要求把讨论日期延长到次日。德国人在听到这句话的翻译时，不满地喝叫"哎呀！"马拉泰斯塔和法国人要求发言，但没有得到机会。大会主席不懂一句法文，以为是打断发言的喊声。法文翻译迟缓了一下。等到法国人的要求被翻译出来之后，他们的要求再一次被拒绝。虽然大会主席受语言知识所限，但他也不至于无知到无法理解法国人的要求。每个人都知道，出现这种场面的责任在于他。

当大家对于压制言论自由表示愤怒的时候，伦敦东区工会的一名活跃的工会宣传员 E. 莱格特同志在回廊里站起来发言，他说了一些振奋人心的话。他讲的英语很清楚，大会主席应该完全都听明白了。莱格特在结束发言时高呼："无政府主义万岁！"因为他不是大会代表，所以在回廊里发言。不过他和我们都不在乎，坐在下面楼层里的先生们却目瞪口呆，好像看到瓦扬在法国议会里扔炸弹一样感到惊恐。德国的议员们出于傲慢向上观看，但他们也帮不上忙。我们全力支持莱格特的建议。这都归功于各方的自发行动：讨论没有像德国人计划的那样在第一天遭到压制。德国人建议利用所谓的多数国家的优势贯彻他们的计划，但他们没有预料到以粗暴的方式和以多数票的方式通过的这一议案会引起我们和正派的在场者的普遍愤怒。

科内利森回忆起倍倍尔本人在苏黎世发表的关于苏黎世决议的补充声明。这份声明只保留在德国代表团的备忘录里。这份声明从荷兰开始就引起《工人领袖》杂志的注意。科内利森问道："是苏黎世决议有效，还是补充修改后的决议有效？"没有人回答他，倍倍尔沉默着。尽管如此，尽管当时和随后几天都不断有人要求他凭自己的良心宣布承认或否认这种补充。

大会拒绝马拉泰斯塔发言。虽然科内利森刚刚说过，议事规程不会阻挠马拉泰斯塔发言，但还是不允许他发言。一个法国人走上讲台，他想打听在什么情况下才允许发言。他被一个站在他对面、又比他强壮的法国代表团的工作人员拽进大厅。英国人弗兰克·斯密斯是社会主义者和原救世军成员。他习惯于忍耐和服从。他称这个办公室的法国工作人员是卑鄙和粗暴的胆小鬼，结果他也被撵走了。（报纸也报道过此事）

大会主席考威说："音乐厅业主派人对我说，如果再不安静下来，就叫我们走人。"

这种不让人发言的战术一再被利用。这个战术起到挑衅性的作用。继这个法国人之后，纽文胡斯成了主席无论如何都要阻止其发言的人。

考威威胁道，要叫警察来维持秩序。李卜克内西却翻译说："主席说，他要叫警察来把你们扔出去。"德国人听了后欢呼道："**好极了！**"

不过，什么也没有发生。主席于2点半宣布会议结束。我们高呼："无政府主义万岁！"

* * *

为了对7月27日干扰会议进程的那些人进行惩罚，7月28日星期二上午开会时，顶层的回廊被关闭，不让进人。观众忍耐了一个小时，然后有一两个人开始采取行动，在入口处的秩序维护者被挤到一边，观众占领了顶层回廊。我们蜂拥而入时，大厅里的人都目瞪口呆，但是没有人采取反对的行动。今天观众的表现够恶劣的。

辛格尔是今天的大会主席，他拿来一个很大的铃铛，铃声响得足以淹没每个人的发言。我深信，没有一个国家的议会会配那么大的铃铛。这是火车站用的大铃。他可能读过加富尔的格言："在戒严状态下，连驴子也会作出反应。"辛格尔想，用这个铃铛，我也能作出反应。另外，他的举动是粗野的，像是奴隶主的举动，是为了取悦为数不多的人，为他们开路，压制我们。

英国代表团主席基尔·哈第坐在辛格尔旁边，他努力倡导采取正当的行动。也应该感谢他让德国人理解，压制讨论的行为在英国并不流行。两位发言人支持声名狼藉的议事规程第11条，两位发言人反对，辩论围绕这一条款展开。法国议会演说家饶勒斯发言支持第11条，英国独立工党书记汤姆·曼反对，也就是一方反对、另一方还是支持允许所有人参会，但我们没有听到。海德门发言时，我们才挤进会场。他是社会民主联盟的普通成员，但却被神化了，多年来都是马克思主义者嘲讽和取笑的对象。长期以来，他与法国可能派成员暗送秋波，但一段时间以来还是与他们同甘共苦。（实际情况是，大部分法国可能派成员都反对议会，只有海德门留在右的立场上。另一方面，艾威林先生和艾威林夫人是"科学社会主义"的化身。科学社会主义向英国各个组织胜利进军，从一个组织走向另一个组织，直到在遭到完全破产后，一次一次地被抛弃，最后幸运地抵达了艾威林先生和艾威林夫人于1884年12月离开并一直大力反对的社会民主。孤独的海德门与到处被人抛弃的艾威林夫妇再次联手，像狂犬吠日一样粗暴地责骂独立工党。这个党是英国工人党，绝不是无政府主义的，也不是反对议会制的党，但它在很大程度上至少是远离仇恨和不宽容的党。社会民主联盟和3至4个马克思主义者是做不到的。该党主席基尔·哈第和书记汤姆·曼在这天晚上也谈到霍尔本镇大厅的无政府主义讲台。为此，该党的一些成员第二天对他们提出不信任案。海德门的社会民主联盟有100名代表，他们按照德国人的模式以一个团结一致的小集团的形式出现。英国的大会代表集会时，这些代表被人取笑、遭人忌恨。现在情况证实，他们的行动接受多重领导，每个领导部门事先都规定好需要表决的决议，因此，他们好像是木偶。这也是这类事情发展的结局：真相大白后，大家都嘲笑他们。）

根据海德门的英语发言，梅利诺于1889年已经在巴黎说明，无政府主义者参加巴黎代表大会，只是为了防止这种悲惨的温和行动；他们反对代表机构，根本不承认历次代表大会。我认为，梅利诺在巴黎马克思主义者大会上没有发表的意见是否在可能派代表大会上发表，只能由他自己决定。我猜想，海德门参加了可能派代表大会。梅利诺发表的意见是被极度歪曲了的。在长期的讨论中，梅利诺从不回避讨论。在各种环境下，他总是采取宽容和温和的方式，但他坚决客观地代表我们的立场。

李卜克内西兴高采烈并夸张地翻译了海德门的发言。无政府主义者会友好地对待社会主义者吗？他们不是始终竭尽全力地破坏我们在各国开展的运动吗？我们应该友好地与他们握手吗？这肯定不行。无政府主义者既不是社会主义者，又不支持工会运动。每个组织都是反对无政府主义原则的。

在代表大会的邀请书和大会名称里，没有一句话与无政府主义者和反议会主义者有关。这是纽文胡斯反驳的论点。他说，没有哪一句有关社会民主党人的话说明他们是享有专利权的社会主义者。

代表们在大会上没有表现出宽容，而是在做交易。

斐·多·纽文胡斯反驳道："我们来到这里，不是来搞破坏。我们承认每个人都有权召集代表大会和规定参会条件，但这些规定不能模棱两可。代表大会既不叫社会民主党大会，也不叫无政府主义者大会。每个社会主义者都有权参加。"

共产主义的无政府主义者不是社会主义者吗？是或者不是？克鲁泡特金和勒克律不是社会主义者吗？茹尔·盖得当着一个名叫马丁的记者的面，称他们是傻子和窝囊废。（我非常清楚地记得他们的采访——那是在拉瓦绍尔时代，我相信，那无论如何是巴黎的迫害最残酷的时期之一。）

苏黎世决议开除了我们。倍倍尔关于苏黎世决议的声明准许我们参会。

西班牙代表团排除了一名工会代表，德国代表团排除了一名消费合作社代表（德国人大声嘲笑）这样下去，部分英国工会也可能被拒绝。（据 A. 科恩所写，李卜克内西用"摸左耳或右耳"作出暗示，德国人根据暗示在投票后、大会结束后和举手宣誓后大声喊叫，或者幸灾乐祸地大笑。这成为"科学社会主义"的代表们的主要活动。）

没有任何一个社会主义派别有权垄断"社会主义"这一名称。应该强调社会主义斗争的经济特点，讨论政治问题时应该每时每刻都要避免无休止的争吵。

在正式的英文译员斯密斯翻译其讲话时,纽文胡斯希望作一个小小的更正,但辛格尔不让他发言。而总是挑事的艾威林夫人说:"纽文胡斯想再次发言",这引起英国人的抗议。基尔·哈第坚持,应准确地翻译纽文胡斯的发言。

现在,辛格尔进行解释。他明确地断言:接受议事规程第11条不涉及工会的委托书,不涉及委托书持有人的意见。(法国人欢呼,盖得出丑。德维尔等人声称,有必要在法国代表团中调查被打发去散步的工会代表们的思想观念。)

按照国家进行表决。英国人支持苏黎世决议。社会民主联盟那些俯首帖耳的盟员、小部分独立工党党员、那些混进工会和在政治上追逐名利的工会人士起着决定性的作用。

澳大利亚人支持苏黎世决议。艾威林博士先生是澳洲的代表。这使参加苏黎世代表大会的巴西人李卜克内西感到惊讶。艾威林大声叫出国名,他的声调和姿势就像星期六晚上在大街上兜售毛毯的小贩。

法国人反对(57票对56票)。

葡萄牙、挪威、保加利亚、波希米亚等国各自只有1名或2名代表,当然表示支持。

塞尔维亚仍然没有人参会。几周前,报纸上发表了一则动人的消息,说有一个塞尔维亚木工从贝尔格莱德出发,流动打工,争取参加大会,但他没有到会,大概是没赶上。

在科恩的出色的通报中没有提到中国、美索不达米亚和格陵兰等国家的名字。

表决结果:

18个"国家"支持苏黎世决议;

2国(法国和荷兰)反对;

1国（意大利）支持票和反对票相等；

1国（塞尔维亚）缺席。

辛格尔说，据此可以断言，代表大会同意议事规程和日程安排。

艾威林宣布了一个令人不快的通知：帝国音乐厅不是像某些人以为的那样可以免费入场，只是可以购买优惠票。真是天上不会掉馅儿饼。

科内利森问："我可以提个问题吗？"

辛格尔（特别粗暴地）："提什么问题？"

科内利森回答："我们想知道，我们该做些什么？是没有附带倍倍尔声明的苏黎世决议有效？还是附带倍倍尔声明的苏黎世决议有效？是否允许我们参加今后召开的代表大会？是要排斥革命但反对议会制的社会主义者吗？是或者不是？"

辛格尔要他注意工会问题。但他坚持认为这是一个原则问题。

科内利森又问，代表大会对反议会主义者持什么态度。

他没有得到回答。在宣布了一些无关紧要的通知后，会议在将近1点结束。

星期二下午的会议

（7月28日下午3点45分至6点45分）

辛格尔主席说："今天还是审查委托书。明天下午开始工作。"（众所周知，没有对法国代表的提案进行表决。）

德国。蔡特金夫人宣布46份委托书有效，6份无政府主义者的委托书无效。我们要奠定一个共同开展实际工作的基础，我们不想为讨论各种偏离工人运动路线的意见提供场所。

有人解释说，人们需要的只是承认他人从事政治活动的权利，而不是亲自参与这类活动。德国代表团并不同意这种意见。（其间，有人呼喊:"倍倍尔的声明!")一方面承认这样做的权利,另一方面却不断反对和阻止这样的行动。就是说,给人以携带武器的权利,但却阻止他使用武器。

工联主义的英国议会委员会的存在向他们证明,这些工会不是政治活动的反对者。(这显然想避开下列众所周知的事实:一部分工会组织试图在一些小事上影响这个或那个法律提案的同时,坚决反对国家干涉劳动时间的问题。但德国人不敢反对这些工会组织,反而是帮助它们过关。)

蔡特金夫人还提供了一个特别的论据:宽容无政府主义者就意味着不宽容无政府主义者的对手。例如,这些人从事目光短浅的宗派主义活动时,并不熟悉"宽容"这一概念最基本的含义。他们无法理解这一概念的含义。

古·兰道尔说:德国人挑剔我的委托书和别人的委托书。我已向主席团递交了我们的抗议书。我在抗议书里再次强调我的观点:通过议事规程第11条后,我就不能就此发言,但不管怎样都应该允许我们参加会议。自从我们德国无政府主义者被赶走后,法国和比利时代表团的激动情绪没有减弱,因为这份被以不愉快的方式在苏黎世强行通过的规定中含有原提案人的一个声明,原文如下:

"……补充提案绝对不是说,每一个参加代表大会的人都要承担义务,在任何情况下都要一丝不苟地按照我们的定义采取政治行动。它只是要求承认工人有根据是否符合促进工人阶级利益的标准利用本国的全部政治权利,并把自己组织成为一个独立的工人政党的权利。

(签名:**倍倍尔,爱德华,考茨基,奥托·郎格,阿德勒**)"[①]

---

① 见本书第16卷第69页。——编者注

这一点当时没有得到说明，因为他们认为，它已经表达了这个意思——至少我是这样认为的，但毕竟应该进行说明。苏黎世代表大会采纳了它，本次代表大会于今天早晨也同样采纳了它。

我强调声明：我们不想剥夺各国工人参加议会的权利。我们是无政府主义者，我们是宽容的，无政府主义者就是宽容的同义词。我们要让每个人都享受其权利，但是我们也有不利用议会制的权利。

我们有理由斗争，我们不想排斥谁；在事关工人阶级和人类的利益时，我们不应该被排斥。我们是社会主义者。我们全力反对私有制和资本主义。我们要使经济生活社会化，在社会主义基础上建立自由。社会民主党人的要求有些不同，这是他们的事。如果他们是诚实的，他们就得承认我们是社会主义者。为此我们希望，应该宣布我们的委托书和所有在场的社会主义者的委托书都是有效的。

讲话在被翻译成英语和法语时译错了。兰道尔要求发言加以纠正。

辛格尔表现得特别粗暴。他说："您不要说了！请您保持沉默！我在这里宣布，兰道尔，您得注意听！我在这里宣布，凡是未经我的允许就发言的人，我要请秩序维持员把他带出大厅！"（无法描绘此人粗暴和粗鲁的叫喊。他给人留下非常恶劣的印象。）

接下来发言的是来自柏林的理·费舍。他说："我们不想让无政府主义者留在这里。我们来此，并不是为了争论。我们与你们毫无共同之处，我们不想了解你们。"（当此人叫喊这些话时，他的眼睛好像在喷射毒焰或者流露仇恨。根据社会民主党最高层的判断，无政府主义者会继续"随心所欲地对待"他们。在接下来的几天里，他的耐心将接受考验。有人说，费舍发怒时，每半个小时就跳一次，气得咬牙切齿。他说："这一切应该结束了！"他跑出去，好像要把两个无政府主义者吞了似的，但后来又安静下来。如果他不咬破舌头，如果他不服毒身亡，他至今还会活着。一个想吞吃无政府主义者的滑稽的典型。如果我的记忆是正确的，他就像安徒生童话里那个砸核桃的夹子。)

辛格尔命令道："将来正反两方只能各有一名发言人。"

德国代表团的提案被通过。

兰道尔要求宣读他的抗议。

辛格尔说："请您闭嘴！"

科内利森说："兰道尔有第二份委托书（消费合作社的委托书）。是吧？"

辛格尔说："您再不保持安静，我就把您撵出去！"（一个巧妙的回答）

一位法国人想发言，但被反对声淹没了。

最后，报告**英国**委托书的情况。工会会员 185 名，社会民主联盟 120 名，独立工党 115 名，费边社 22 名，社会主义协会 5 名，工人教会 3 名，工联议会委员会 13 名，代表大会组织委员会 12 名。所有委托书都有效。

艾威林自我证明是**澳大利亚**的代表。

比利时：24 名代表，19 名到会。

美国：6 名代表。纽约马车夫协会一名代表的委托书被质疑，因为他像这个协会所有的会员一样拥有自己的马车，所以就被否认是工人，被称为有产者。这名代表解释道，马车是他的生产工具，是用于谋生的。大会这才赋予他参会的权利。乔·肖伯纳在讨论中用费边社著名的观点驳斥工人特有的观点，辛格尔想用喊叫声和铃声打断他的发言，但却是徒劳的，为此他被所有英国人责骂。

瑞士：格罗伊利希报告 12 份委托书被承认（其中包括富克茨·冯·劳萨纳的委托书。他是此次会议最胖的代表，比科内利森重好几倍）。来自苏黎世的桑夫特莱本和来自日内瓦的伦格的 2 份委托书没有被承认。桑夫特莱本为自己的委托书的有效性进行辩护，而格罗伊利希对此不置一词，委托书仅以6票反对、5票同意而被否决。（桑夫特莱本进行了非常详细的辩护。众所周知的是，瑞士社会党不接纳外国人，但却欢迎外国人资助工会。巴塞尔的社会民主协会公开开除反对人士，从而使这些人被警察注意并在第二天被驱逐出境。另外，有些社会民主党人在警察部门和法律部门任职，如福格尔赞格担任苏黎世的警察局长，该党主席兹格拉根是伯尔尼的检察官。具有社会主义倾向的格吕特利联盟也有民族偏见，并且仇视外国人。大家都知道，工人们至今对于他们选出来的候选人的腐败行为很少感觉到。不是领袖们对这一切了解得少，而是各国工人们对这一切知之甚少。被吹捧上天的代表大会并不是他们的启蒙工具。）桑夫特莱本竭尽全力为自己辩护，但当然被俯首帖耳的大多数人拒绝了。

来自日内瓦的伦格也遇到同样的情况。

一位**罗马尼亚人**声明他的委托书是有效的。

然后是4份**保加利亚**的委托书。

不幸的**塞尔维亚人**还是没有到会。

普列汉诺夫报告**俄国**的情况。俄国第一次有了工人组织的代表（共7名代表）。他们出于对民意党的尊敬，承认了一位居住在巴黎的俄国侨民的委托书，但驳回一个居住在瑞士的俄国小组的委托书，这是一个有意识形态倾向的大学生的组织，而不是工人组织。（这个理由很动听，不会不对代表大会产生影响，但普列汉诺夫和他的朋友们到底是什么人？侨居国外的俄国人长久以来从事俄国式的宣传，但是我不相信他们。普列汉诺夫及其同伙声称代表工人，但却把打击侨居国外的俄国小组作为首要责任。他们只是不敢接近拉甫罗夫和民意党。）

法国：无政府主义的和反议会主义的工会代表占多数，他们申请承认他们的委托书有效，还要求允许3名在场的无委托书的代表参加大会。法国共有123名代表，其中3名代表（饶勒斯、米勒兰和维维安尼）是没有委托书的议员。

英国人表示抗议。其他人强调，是宽容的无政府主义者曾经允许没有委托书的议员参加大会。

其中一位没有委托书的议员饶勒斯说："无政府主义者在工会委托书的幌子下混进法国代表团。他们还说我们没有委托书。我们可以拥有很多委托书，由于法国无政府主义者否定采取政治行动的必要性，所以我们希望代表大会承认下列事实：如果某人代表一个合法成立的政治组织（他指的是一个选区），并且得到这个组织的委托书，那么他就可以在任何地方代表这个组织。他没有必要专门获得一份为了参加社会主义代表大会的委托书。"①

这位好人非常沉着地提出新的信条：一位社会主义议员的地位是很高的，他应该利用从选民那里获得的委托书干预一切。这是不错的前景。德国人表示完全同意，认为一定程度上是理所当然的，而英国人则认为太过分。

接下来，法国的阿列曼派、议员法贝罗特将要发言。辛格尔企图用铃声阻止他发言，但他继续发言。他说，仅有议员委托书是不够的，他和其他人还有工会委托书。政治家企图控制工人，他们参与的政治不是我们的政治。我们与所有的工人组织合作，但是我们无权给他们规定纪律。

蔡特金夫人拒绝把这位议员的精彩发言译成德语。她的听觉突然变得不好，而在无政府主义者谩骂时，她的听觉就很灵敏。那些可能被这位持异端观点的法国人诱骗的德国人再次得救了。A.科恩、兰道尔和其他人也要把这位议员的讲话翻译成德语，但却被叫喊声打断。德国人

---

① 饶勒斯先生说，他可以拥有很多委托书，但他不想要。他的表达不完整。事实是，代表大会召开时，他请人用电报发了一份玻璃工人工会的委托书给他。

喊道:"我们根本不想听你们的!"

乔·兰斯伯里是社会民主联盟的成员(该联盟没有议员,也没有俗人的观点,所以在这些事情方面像清教徒那样严格,他们称约翰·白恩士是个令人讨厌的人)。凡是没有委托书的人都无权在这里。他建议拒绝3名没有委托书的议员。

现场陷入一片混乱。3名议员的轻率举动使社会民主联盟及其只会听从命令的成员陷入混乱。英国代表团表决通过了兰斯伯里的提案。

然而,随后就兰斯伯里修正案进行了表决。德国人出于尊敬议员的传统,第一次,也是最后一次支持准许没有委托书的人参会,法国无政府主义者从包容立场出发也表示支持。似乎是表决同意他们参会,但这种说法并不准确,因为不是全体代表大会对兰斯伯里修正案进行表决。为了使人们更加混乱,有人提议按国家表决,并且说明,法国人分成两个支部,他们相互承认其委托书。辛格尔说,大会不反对。他建议同意这个提议,但这似乎不像是准确的描述,因为他的话被翻译成法语之后,法国人表示抗议。阿列曼想发言,但却被铃声打断。会议结束。

但是,问题并没有被轻易地压下了,第二天的会议证明这一点。

那天晚上,我们无政府主义者举行了霍尔本镇大厅会议。这次集会有理由被称做反对代表大会迄今采取的工作方法的抗议性的集会。

星期三下午的会议

(7月29日下午3点半至8点45分)

海德门担任主席。他声明,昨天没有对兰斯伯里的修正案作出决定。3名议员把正式的工会委托书递交给他了,但一直放在他的口袋里(由于对无政府主义者感到愤怒,所以没有拿出来!)。他建议把这些委托书交给一个专门成立的委员会审查。(这又是对这几位先生的优惠。

他们的待遇比普通代表好，更不用说普通人了。）

赫伯特·伯罗斯（社会民主联盟成员）说："委员会也应该审查一下，为什么现在才把委托书交出来。"海德门——他的社会民主联盟的上级——温和地提醒他，再使这些先生们丢脸是否明智。罗马尼亚的代表只发了一次言。对他而言，昨天承认了他是议员之后，问题就解决了。

基尔·哈第与在他之前发言的人相比更为强硬。他提议，干脆把这些新提交上来的委托书交给法国代表团，这是理所当然的。他要求，不要特别优待他们。

詹姆斯·康奈尔（独立工党）毫无敌意地强调："议员们为了创造一个先例，不出示委托书。如果大会决定，允许没有委托书的议员参会，同样开创了一个先例。"

基尔·哈第的修正案被通过。（几乎所有英国人和两个派别的法国人都支持该修正案，只有德国人反对。英国人和法国人支持对待议员时可以不同于常人。）

随后，我们受到了费边社策略的考验——悉·奥利弗提议，结束委托书的审查工作，因为根据生效的议事规程第8条，这是星期二的议程，而今天已经是星期三了。海德门必须给他这样做的权利，但由于委员会的报告还没有写好，所以将可以继续发言，他的提案被驳回。

波兰：约德科先生要求驱逐一个波兰人。他大肆攻击他的这位波兰对手。一封来自拉甫罗夫的声明对这位波兰人的指控毫无根据的信没有被宣读，但这封信后来被作为传单散发。在表决是否允许他参会时，12个国家的代表反对，7个国家的代表（包括法国）表示同意，最后他遭到驱逐，但他作为法国代表继续参会。

奥地利共有7位代表。他们对争取选举权等伟大斗争大唱赞歌。

波希米亚：约瑟夫·希贝什以前是一名极端社会主义者，现在是社会民主党人。他要求把一名无政府主义者代表从代表团中清除出去。他指责大会承认这名无政府主义者的做法是令人震惊的和卑鄙的。他说,此人对将要讨论的议题不感兴趣,只对总罢工感兴趣。这时,一名天真的代表问道,为什么波希米亚人组成一个特殊的民族,而不是与奥地利联合。要是这么好的话,英国、爱尔兰、苏格兰和威尔士也可以作为拥有4票的4个国家。阿德勒博士站在独立组织的立场上作了解释,好像独立组织独立组织起来的并不参加奥地利的全国党代会似的。① 另外,他向大会揭发,波希米亚的委托书是由一个沙文主义者和无政府主义者的协会颁发的,这使大会感到害怕。(一位在回廊里的代表把这一切称做谎言,我对此不知情。估计这个协会像几乎所有的捷克人那样支持波希米亚享有国际法意义上的自治——类似于爱尔兰的地方自治。只有参加国际的捷克工人对这个协会怀有敌意,他们的"国际主义"主要是对德国和奥地利的社会民主党唯命是从。我把这个问题放在一边。我只注意到,所有被允许参会的波兰人——马克思主义者——都是民族代表。)委托书经表决被拒绝。

匈牙利:也有一名所谓的民族代表被驱逐。此人也是一名进步的社会主义者。

丹麦:共有7位代表,其中一人是无政府主义者。他是我们的同志,名叫托尼·彼德森。他是哥本哈根"宽容"协会会员。他被拒绝了,人们并不宽容他。在别人看来,他所在组织的名称都是危险的。

海德门不让他发言。海德门第一次提出他的原则:无政府主义者已经在昨天被驱逐,所以不允许他们发言。

瑞典:有2名代表。

费里报告**意大利**有10位代表,1名无政府主义者,其中3名被承认

---

① 当时捷克被奥匈帝国统治。——译者注

为工会代表。

P. 戈里想要发言。海德门说，代表大会与无政府主义者无关。在被问是不是无政府主义者，而戈里回答说是之后，他未被允许发言。

西班牙：伊格列西亚斯是一位马克思主义的老阴谋家，是永久的候选人。他咬牙切齿地尖叫着反对马拉泰斯塔的工会委托书。他认为，无政府主义者是社会主义思想的敌人。

马拉泰斯塔说：几个月前，在巴塞罗那成立了一个委员会。该委员会向各个工会发出有关向代表大会派遣代表和批评苏黎世决议的调查表。许多接受调查的工会都驳斥了各种不宽容的参会限制。

一些代表团的准备工作因巴塞罗那发生炸弹爆炸事件后的追捕而受阻，委员会的一部分会员坐牢。有人给马拉泰斯塔寄来文件和工会委托书。根据伊格列西亚斯的命令，这些委托书都被宣布为无效，因为他们是无政府主义者。这正像1891年在布鲁塞尔发生的事情一样，那时，一位代表40—50个工会的西班牙代表，在大会听取了伊格列西亚斯的诬蔑之后，被拒绝参会。（西班牙大多数工会一直都是无政府主义性质的。不管伊格列西亚斯在每次代表大会上是否粗暴地责骂他们，这些工会组织都抱着无所谓的态度。）

马拉泰斯塔要求大会就是否拒绝一个派出政府主义代表的工会进行表决。虽然这是一个最容易的办法，但人们还是不同意他的建议，表决机器同意伊格列西亚斯的报告。他的报告是所有报告中最为卑劣的报告。

葡萄牙：1名代表。

荷兰：科内利森：来自21个组织的13名代表，其中一名是社会主义教师协会的代表。他们代表2万名由荷兰工人书记处组织起来的工人。我们愿意宽容待人并且接受了一名议会党团的代表。我们社会主义者联盟反对议会制。

我们一直期待得到对下列问题的回答：反对议会制但不是无政府主义者的共产主义者是否会遭到排斥？

他试图再次就马拉泰斯塔在西班牙代表团中受到的对待发言，这种转换话题的做法遭到主席的断然否定。表决在一片混乱中进行。海德门说，驱逐荷兰人是不允许的，因为他们都有工会委托书。① 他们的意见与我们无关。（这是西班牙的马拉泰斯塔事件！）德国人支持驱逐荷兰人。他们的被保护人弗利根想发言。海德门告诉这些德国人：在这次大会上，你们不能把自己当成痴汉！显而易见，海德门的这一客观的行动使德国人十分生气。人们看出了倍倍尔和其他人的心情。

现在，我们考虑结束这场没有尽头的辩论。在这场辩论中，每半个小时就有一名无政府主义者被驱逐，但在下一个代表团报告时，又有一名无政府主义者精神焕发地起来反抗。

但又发生了不同的事情。法国议员们给我们展示了议员的高傲自大，这种高傲自大即使是无政府主义者给他们画的漫画也无法恰如其分地描摹出来。这使我们特别开心。为此，我们衷心感谢这些先生们。

米勒兰议员解释道，47名法国代表希望脱离无政府主义性质的代表团，希望自成一个单位参加各委员会和参加表决（似乎想组成一个新的国家，一个由议员组成的国家）。

海德门说："如果代表大会有特殊规定，才可以讨论。"费边社的乔·肖伯纳提议，讨论转入议事规程方面。

海德门说："如果是这样，就请盖得派（法国的马克思主义者）离会。"

---

① 这是为了回避科内利森的问题而寻找的借口，但却是站不住脚的。荷兰社会主义者联盟的大部分代表故意不携带工会委托书，强迫作出一项原则性的决定。

米勒兰获得发言机会。一位英国人对这位想表现得比其他人好一点的先生表示异议，因为他的委托书没有经过验证①，所以绝对不能允许他发言。

这位先生惊奇得目瞪口呆，但海德门不得不断言，上述异议是有道理的。好像法国的无政府主义派和阿列曼派试图支持给予米勒兰发言的权利。大会主席不让他们发言，引起吵闹。

英国人提议转入议程。辛格尔为了维护议员们的团结，出来帮忙，他呼吁安静。这时他多情善感，这符合他的性格。他的做法有利于可怜的米勒兰。辛格尔说："如果我们的法国朋友们离会并且说：'我们没有发言。'那对大会可是耻辱！"（此人昨天摇动一个火车站使用的大铃铛，用响亮的铃声淹没许多人的发言。在一周时间里，他摇铃的次数超过其他大会主席。）

艾威林夫人充满激情地翻译了辛格尔这段乞求性的话，但取得的效果一般。乔·肖伯纳说，盖得派会说，如果他们的愿望实现不了，他们就离会。面对盖得派的威胁和辛格尔的发言，他着重建议：更加坚决地尽快回到议事规程。

然后进行表决。表决结果如期望的那样，（法国代表一致同意）虽然在审查米勒兰的委托书方面有不足之处，各国代表团还是决定，破例允许米勒兰发言。

米勒兰上了一堂宽容课（所有无政府主义者都支持宽容）。他说：无政府主义者，不管他们以无政府主义政党党员或是工会会员的身份出现，都不能参加一个社会主义者的大会。必须避免模棱两可的做法。在法国代表团以57∶56拒绝苏黎世决议后，我们退出。我们不能接受这个真实的闹剧。酝酿这个闹剧时，愿意和解的一大批人是不知情的。无政

---

① 参见这次会议开始时的讨论。

府主义者在他们正式的机构里说,他们来此是为了维护参加一个社会主义者大会各项工作的权利。他们在代表团里承认他们的忠诚:尽管他们拥有工联主义的委托书,他们还是以无政府主义者的身份到会,他们曾经有并且现在还有无政府主义思想。

我问代表大会:我们法国社会主义者应该被迫为国际社会主义政党和法国担负与无政府主义政党合作的责任吗?我们绝不担负与无政府主义者合作和交往的责任。(此人应该非常害怕无政府主义者。同时,他的观点是夸大的,好像全世界都焦急地注视着他做什么或是不做什么。)如果不接受我们的提案,我们就离会。

(蔡特金夫人在翻译时,还添加了一段话。她说:"这些人(指无政府主义者)要回法国去,在那里继续散布这类谎言和污蔑。"米勒兰可从来没有说过这类话。她还对英国人说,"法国的公众舆论"。米勒兰也没有说过这句话。)

现在谈到一个调解性的提案。根据这一提案,每个法国支部都有一票。唯一反对米勒兰的发言者是比利时议员王德威尔得,法国多数派失去了回击米勒兰攻击的机会。

王德威尔得说:尽管我们的个人关系良好,但我们在道德层面上无法接受米勒兰的建议。意大利人和荷兰人有权提出同样的要求。你们(盖得派)明天会对你们今天的态度表示遗憾的。(他们称他是"阴险的好人")你们也会对不只针对我的侮辱表示遗憾的。我是受比利时代表团委托说这番话的。(他们今后会和解。这是不应该忘记的话。王德威尔得说。)

爱德华·瓦扬和和阿列曼要求发言,以抗议米勒兰的含沙射影的发言,但没有获得许可,因为进行两次表决之后,辩论结束了。

表决结果:英国人(114票对110票)反对法国代表团分裂。盖得派同意分裂,但遭到抗议。法国人反对分裂,荷兰人也反对,共5个国家反对，但它们与14个总是唯唯诺诺的"马克思主义"的傀儡国家相比是少数。

这样，议员先生们的愿望实现了，但他们给我们表演的舞台是昂贵的。更为糟糕的是，他们最厉害的对手也无法使他们威信扫地。

星期四上午的会议

（7月30日上午10点30分至下午13点）

大会主席是比利时的王德威尔得。（他表示，不采取粗暴的方法，不用摇铃也可以掌握会议。）

爱德华·瓦扬和阿列曼断言，（法国）代表团里并非所有反对议会主义的法国人都是无政府主义者。（这番话对代表们的教训意味并不少）我不能详谈各个细节。结论是，需要审查盖得、德维尔和工联主义代表的政治观点；据《社会报》说，当盖得派撤离时，其中一个叫佩德龙的人要像变戏法一样带走全部委托书。委托书被从他手中及时夺回。虽然他们退出，但是不记仇的多数派还是把他们选进各个委员会。爱德华·瓦扬根本不想召开没有工会参加的大会。阿列曼结束发言时说："我们抗议一切阴谋。社会革命万岁！"

（阿列曼发言时，蔡特金的听觉又出了问题，她虽然翻译了，但几乎等于没有翻译。德国人再次免受欺骗了。）

星期四中午12点半，终于开始围绕日程表上的事务展开实质性的讨论。

* * *

读者可以在大会的详细报告里查阅下面的报道和讨论记录。我们对各种决议的看法，最好是在一系列文章里解释，但我们无意这么做。由于我缺少时间，甚至没有介绍每次讨论的一般特点。在此仅仅提供偶尔经过检查的笔记。

农业问题。比利时的王德威尔得作报告。

与会者通过承认各国土地问题的差别，谨慎地回避了这个问题。又是由一个委员会研究这一问题。

英国人建议进行一些改革，如铁路国有化，建立失业工人专区。布·舍恩兰克博士全盘否定这些改革。他说，俾斯麦推行铁路国有化，但却有利于国家和军国主义；容克地主希望建立工人专区，以便获得便宜的劳动力。英国人听得目瞪口呆，这些受欢迎的改革却被称做反动的改革。大会拒绝了这些改革建议。

这对正在探讨原因的国家社会主义者是一个很好的教训。他们在一个国家宣传的每一项改革，另一个国家的反动派早就实施过了。

举例说明：瑞士社会民主党人曾经要求粮食贸易国有化。这与德国东部庄园主代表的观点多么一致！瑞士社会主义者还要求对火柴和烟草贸易实行垄断。这两项贸易在奥地利和法国十分繁荣，而奥地利的国营卷烟厂却是男女工人的人间地狱。德国纲领里包含的几乎所有民主改革，瑞士、美国和澳大利亚都在热火朝天地推行，但同样存在贫困和腐败。不是改革到处失败，就是人民遭到反动派的剥削，而改革原本应该是有利于人民的。

这次会议结束之前，大会主席费里（意大利人）要求，在大厅里散发印刷品要事先经过大会主席团审查。这是最好形式的预审。

把实行审查的企图解释成主席团周到的关心，说是要纠正散发的文件里的校对错误。法国人抗议。在众人的大笑中，这个建议被取消了。又是一个耻辱！从这个方面，我们也认识了这些先生们。

星期四下午的会议

(7月29日下午3点30分至6点15分)

称俄国为"反动势力的最后堡垒"是马克思主义者一直争论的问题,这一称呼又在瑞士代表的一个决议中出现了。反议会制的法国人强调,各国政府同样是反动的。(德国代表叫喊:"啊呀!")由于德国人明显地表示不满,俄国就被改称为"反动势力的最后堡垒之一"。

多梅拉·纽文胡斯解释道,荷兰代表团之所以离会,是因为把国际的革命基础变为议会主义的基础的企图越来越占上风,是因为社会主义者同盟被排斥,是因为我们反复提出的关于反议会主义的共产主义者的问题得不到回答。

德国人大声嘲笑道:"好极了!"纽文胡斯回答:"我感谢你们的喝彩!"他再次号召尊重倍倍尔在苏黎世发表的补充声明。倍倍尔说:"我无所谓。"(如果我的理解是正确的)理·费舍作了讽刺性的评论。这就是全部的回答。

然后,弗利根出现了。他是一个支持议会主义的荷兰人。这类荷兰人接受德国社会民主党提供的秘密资金。他答应听话,他值得获得恩惠。他们对"德国社会民主党的附庸"这一头衔感到骄傲,尽管他们人数少,但他们答应尽力增加人数。

法国代表科洛夫人声明退出大会(德国人幸灾乐祸地嘲笑她)。

* * *

政治行动。英国社会民主联盟的乔·兰斯伯里作支持选举活动的报告。

巴黎木工托尔特利耶支持反议会主义的少数派。读者熟悉这一派的论点。

饶勒斯接着发言，他是对倍倍尔说的。他特别善于辞令。即使人们没有理解其中的一句话，即使是不偏不倚，他的发言似乎也没有给人以好感。他的发言流露出其权势欲和冷冰冰的政客作风。他在与议会里的同事争论时的表现可能够好，但我们认为他不够好，不足以使我们喜欢他，而不喜欢被他反对的那些人。他那浮夸而又有声有色的发言是一首取得政治权力的赞歌，使人们想到他是饶勒斯部长。

两位老工联主义者亨尼西和斯特德曼在选举中反对独立的工人候选人，支持在选举中同激进派进行可能的联合。这表明大会在准许落后分子一事上是多么宽容。（李卜克内西在翻译这一发言时很温和，考虑得十分周到，所以德国人无法估量他们的观点与这些根本不是社会主义者的人的观点之间的巨大差别。这些人根本不是社会主义者。独立工党的皮·柯伦发言反对他们。）

之后，倍倍尔发言。他再一次因100万选民的支持获得了必要的掌声。意大利的社会主义者恩·费里教授在他的发言中发现了马克思主义的一项新成就：拉丁语系国家的人不习惯于纪律，而纪律是特别必要的。（显然波旁王朝、教皇和和奥地利人不会向意大利人灌输纪律）政治行动中的政治纪律，是社会主义选举活动和党派活动教给人民的纪律。

这个观点与倍倍尔的观点相当一致。他说：社会民主党是从事军事活动的最好的预备学校。如果公开这些观点，我们将会很高兴。

费里认为，意大利反对无政府主义者的非常法，实际是针对社会民主党的。他厚颜无耻地说这番话时，他的政党已经获得赦免，举行了代表大会并参加选举，而数百名在鲁迪尼和克里斯皮领导下的无政府主义者却一如既往地被流放到岛屿上，被关押在牢房里或者流亡国外。

* * *

7月31日，星期五。（今天的主席是爱德华·瓦扬）

我因睡过头而耽误了参加上午的会议。下午召开无政府主义者大会。

大会讨论**教育问题**（报告人为悉尼·韦伯。报告内容是尽可能多地实现国有化。）、**组织问题**（在伦敦设立一个国际委员会①）和**战争问题**（报告人：埃·武尔姆）。

战时总罢工和拒绝服兵役的提案被否决。在这个问题上，曾经支持上千项改革的那些先生们突然站到教条主义立场上。他们说，只有通过消灭资本主义的生产方式才能消灭战争。完全正确！但是这个观点同样适用于现存制度的每一个弊端，而在许多情况下，这些先生们想通过他们在议会从事的活动来修复这种弊端。

对于他们这种不符合逻辑的观点只有一种解释：他们卑鄙透顶！

社会民主党的一个标准观点是：由人民决定战争与和平。E.贝尔福德·巴克斯（正像书里叙述的那样，他是正统的马克思主义学究。）对这一观点提出异议。他问道："政府不能轻松地在人民中间煽动沙文主义吗？不能随意控制决议吗？例如，12月和1月在英国、美国和德国这样做是何等容易！"

这是非常正确的。但正是在这方面，现在的政府和将来的政府也能够在一切其他问题上影响人民。这正是为什么我们反对各种民主，反对人民的统治（多数人的统治）并支持无政府主义（没有统治）。一个政府，不论是否是社会民主党的政府，始终都需要一个执政党，这种政党

---

① 指国际局。——编者注

会通过个人利益和贿赂获胜,通过不断作出让步,变成一个盲目的、没有思想的传声筒。这个传声筒没有集体的良知,也抑制个人的良知,企图采用各种手段持续地保持统治地位和肥缺。现在的大会多数派就是这样一个传声筒。在仅仅记录学究式的决议的时候,他们的行动就比独裁者还要坏,就被仇恨和激情耗尽精力。当这些众口一词的传声筒掌握真正的权力(不仅掌握政治权力,而且掌握社会生产的最高领导权,即经济权力)时,他们会怎样呢!

* * *

8月1日星期六。今天的主席是文静的瑞士人济格。

经济改革。报告人是莫尔肯布尔。一些小的改革受到认真重视。总罢工很快被否定。

我手头有经济委员会报告的两种版本的德文译文。一个版本说,"不认为有举行国际总罢工的可能,**并且认为宣传总罢工不利于工会运动**"。在另外的一个版本里,如法文版里,没有上述用黑体标出的句子。我没看到英文版。(德国工人报纸发表的是哪种版本?)

法国铁路工人欧仁·盖拉尔只是要求在少数派报告里加上下列建议:总罢工问题交给工人研究并由下次代表大会决定。这一要求也被否决。

* * *

大会对一些小提案进行表决,其中大部分被通过。第29号提案是:"大会认为,各国证券交易所和商品交易所里的投机行为是造成农业和商业领域许多灾难和破产的原因,各个社会主义组织和工人组织对证券交易所和商品交易所采取明确的敌对态度的时刻已经来临。"这个反对交易所的决议在罗得斯和巴尔纳托那个年代是完全有理的,尽管也是完全无害的,但主席团里的先生们却视而不见。他们认为,人们不理解这个决议,决定放到以后表决。这真是一场灾难。他们帮了对手的忙。

* * *

现在,李卜克内西就下一次代表大会召开的时间、地点和参会条件作报告。

不准备在1898年召开大会,因为这一年许多国家将举行大选;也不在1900年召开,因为不知道旧世纪是否在这一年结束,新世纪是否在这一年开始;也不在巴黎召开,因为这一年将在巴黎举行世界博览会。如果大会在巴黎召开,只对法国人有利,因为旅费就会便宜。(不知各国是否开辟通往巴黎的便宜的客车)

下次代表大会定于1899年在德国召开。由于时局原因,没有确定具体地点(也有建议在纽约召开的)。

现在,轮到李卜克内西发泄积聚了一周的对于无政府主义者的愤怒了。

苏黎世决议似乎被撕碎了。其他决议似乎也是如此。我们直到现在还不能不受干扰地召开革命的社会民主党的会议。

对此,根本就没有客气话。

只有两个办法:(1)仔细判断,我们邀请谁;(2)注意:照此办理。邀请方把一切不属于工人运动的分子统统拒之门外。

大会主席团的多数派反对关于将来拒绝工会的提案;少数派认为,这将是一种倒退。

我们也不能只邀请主张开展政治活动的工会,因为德国和奥地利的法律反对这么做。

他最后说，不能邀请无政府主义者；但我们持相反的意见。

他们不是革命者。

他们不是社会主义者。

他们不同意解放工人阶级。

他们属于资产阶级政党。他们的思想属于资产阶级意识形态。我们不愿意与他们打交道。（这是革出教门的话。这都是骗人的话。）

李卜克内西本人先用德语说，然后把讲话翻译成英文。他翻译的话与他的原话不一样。无政府主义者的个人主义原则与社会主义是相对立的。这一问题已经由马克思等人作出结论。在工人运动初期，到处都有中产阶级人士以自由的名义进行宣讲。他还说，我们需要真正的代表，而不是假的工联主义代表。他避免当面对法国人说这些话。虽然他会说法语，但还是请蔡特金夫人翻译。她翻译时满怀恶意，充满想象力。她好像对无政府主义者情有独钟。人们可以想象，结果会怎样。

社会民主联盟提出了只是真诚地邀请社会民主主义组织（政治组织和工会组织）的修正案，但被否决。之前，英国一名社会主义的工会人士对大会说过一些虽然不客气，但却应该说给大会听的话，比如说大会是在浪费时间，不够宽容，作出的决议的实际价值低。他的愤怒是可以理解的。参会者不是革命者，就是无政府主义者，或者是企图采用各种方式从今天的社会里捞取尽可能多的好处的人，又或是普通的政客或英国工会的改良人士，他们发表关于社会主义的言论。这纯粹是在浪费时间。遗憾的是，英国的工会人士目前是后者。我们希望，他们有一天会成为无政府主义者。在革命的言论和无害的行动之间，他们决不会小心翼翼地跟随社会民主党。如果有必要，他们就退出大会。

李卜克内西翻译他的发言。他把批评大会的话改译成表扬大会的话。这样，德国人认为，这个英国人受到他们的鼓舞。实际情况恰恰相反。

大会主席团建议邀请下列组织参加下次大会："1. 把立法斗争和议会斗争视为一种必要手段的团体"；"2. 一切虽未参加政治斗争但声明承认政治斗争和议会斗争的必要性的工会组织的代表。因此，无政府主义者被排除在外。"

代表大会不再审查委托书，指定了一个委员会接手这一工作。

下次代表大会将于1899年在德国召开，如大会届时不可能在德国举行时，则改于1900年在巴黎召开。

表决结果，英国社会民主联盟的修正案被否决，通过李卜克内西的决议。（除了法国代表团，其他国家一致赞同，英国以119票对109票赞同李卜克内西的决议。）

下午两点半，代表大会结束，大家唱起《马赛曲》，高呼："社会民主党万岁！"（英语翻译成"劳动团结万岁！"）法国无政府主义者唱起卡曼纽拉歌。人们听到他们高呼："无政府主义万岁！"回廊里的听众也跟着叫喊。

德国社会民主党竭尽全力保护国际代表大会这株幼苗，以免它受到可恶的无政府主义的伤害。这种印象是令人悲痛而可怜的。

这些先生们的社会主义见不得舆论的阳光，所以利用紧急状态法和黑白色的界桩来保护自己。自由还不能跨越这些界桩。

正如我开始说的那样，1872年时马克思的第一国际逃到纽约，1896年，它的翻版，即李卜克内西和艾威林的国际代表大会转移到德国。这两种现象的意义是相同的。现在的马克思主义与当初的马克思主义一样受到了重创。我们将继续破除这种新的迷信，我们要使这次的重创成为毁灭性的！

在圣马丁堂举行的无政府主义—社会主义者代表会议

（1896年7月29至31日）

如果所有正式代表大会的反议会主义代表退出大会，连同反正不被允许参加大会的无政府主义的代表以及对此感兴趣并且又在伦敦逗留的各国同志们下定决心，在代表大会的一周时间里，利用3至4天召开几次会议，以无政府主义观点讨论各种问题，那么我们很容易召开一次最全面的、参会者最多的无政府主义者"大会"，也就是说在公众面前讨论这些问题，就像我们在其他各个集会上公开我们的思想，那么"大会"对我们的意义就有些不一样了。

但一部分人（如法国人）根本没有退出大会，一部分人（如荷兰人）星期二才离会。我们全体参演了这场出人预料的荒唐剧。只有晚上才有空，也只能在晚上举行会议，因为代表大会结束得晚。

星期日至星期二的3个晚上，参会者忙于共同讨论问题并参加在霍尔本镇大厅举行的会议。直到星期三下午2点左右，几个人紧急磋商几分钟，研究邀请书并草拟所要讨论问题的目录（由英国人准备，其他国家的人补充）。

这份目录包括下列内容：**各国的报告；无政府主义社会主义与国家社会主义；议会行动及其失败；总罢工；战争与军事罢工；工联主义，合作与劳工立法；渐进改良与革命；在农业工人中间进行宣传；犯罪与犯罪的阶级；无政府主义与暴力。**

这份目录在下午才被印出。由于法国议员的到场，代表大会延长了很长一段时间，所以能够在会议结束时散发目录。一个半小时之后，会议在圣马丁堂举行。

由于没有时间，事先不可能进行协商，会议突然出现了三种不同意见。英国同志希望尽可能广泛地讨论上述引起人们普遍注意并且我们在很多方面看法一致的问题,他们认为会议应该是宣传性质的,有利于让人们学习别人的经验。一些同志,特别是德国同志持相反的意见。他们希望我们或多或少地深入讨论有争议的问题,如合作制问题;另一些同志,如荷兰同志则希望按照正式代表大会的日程逐条讨论,以此来比较议事日程和决议中所反映的我们的观点。

尽管各方都作出了让步,但是由于我们的时间如此紧迫,没有哪一方完全放弃自己的观点,所以三种意见中没有哪一种意见得以完全贯彻。所有可能发生的事情都发生了。并且,把我们在大会之余腾出时间用于讨论其他问题,也是不可能的。不过,如果把我们经过6个小时准备之后举行的会议和那个经过3年准备之后举行的会议进行比较,我们会感到满意。

来自各国的报告

费尔南·佩卢捷(代表法国工会运动):"反议会主义的派别由革命的社会主义者和无政府主义者组成。在法国和阿尔及尔,有48个工会联合会,它们是由地方工会协会联合组成的。"

1894年,在南特召开了法国工会代表大会。持有工会委托书的马克思主义者到会,他们企图争取工会支持选举政策。他们的意见被拒绝,主张总罢工的派别获胜。这种派别之所以形成,是因为人们看到,局部性的罢工总是失败。马克思主义者在3天时间里一直反对总罢工,但总罢工的提案还是被通过了。

1895年在利摩日召开的大会重复了同样的争论,总罢工的决议还是获得通过。

今天,人们已经明确表明与政治家们决裂。各个工会都知道,有反议会主义人士和无政府主义者在大会上代表他们，即使仍有许多成员还没有走得这么远。但必须以这种方式一步步向前走，只有这样我们才能真正争取群众。

德勒萨勒叙述了法国无政府主义者的直接宣传行动、对他们的大规模迫害以及目前宣传的方式方法。

另外一位同志和托尔特利耶谈论了工会的战术和个人主义的战术。这时已经11点了，不能再使用礼堂了。

要是有无限多的时间来作报告该多好！要是英国、荷兰、德国、瑞士、意大利、西班牙、丹麦和北美来的人都能发言，那就好了。已有瑞士、意大利、罗马尼亚和瑞典的报告。上述的假设没有成为现实。

最后，一名俄国同志提请注意：1864年第一国际就是在这座建筑里成立的（该建筑物于1890年改建）到今年9月29日，国际成立已有32年了。

* * *

J.佩里同志宣布会议开始，讨论自由社会主义和专制社会主义的不同之处。

T.C.奎因（联合无政府主义者）阐明了他那一流派的特有思想。

兰道尔打断讨论进程。他说，我们应该讨论我们真正感兴趣的问题，那样我们方可相互学习新的东西。

斐·多·纽文胡斯建议讨论农业问题，就像在正式的代表大会那样。经过较长时间的讨论以后，他的建议被采纳。纽文胡斯谈到代表大会采取的软弱态度的问题，还谈到德国布雷斯劳的党代会，建议通过下列决议：

鉴于土地的资本主义私人所有制和资本主义剥削给农业工人以及整个社会造成的日益深重的灾难，只有在这样的社会里才能最终被完全消灭：在这种社会里，土地和其他生产资料一样归社会所有，由社会为了公共的利益并以最合理的方法来耕种；

另鉴于，只有对广大农业工人的剥夺使土地和生产资料的社会化成为可能和必要时，农业问题才与革命的工人运动相联；此外，考虑到应在思想非常反动的农业人口中进行鼓动，本次革命共产主义者和共产主义无政府主义者代表会议声明：

革命共产主义者必须宣布坚决反对各国（如比利时和法国）社会民主党的农业纲领和德国党布雷斯劳代表大会的农业委员会所建议的措施，这类措施旨在保护耕作自己土地的小农场主，旨在通过税收改革改善他们的处境和租户的处境，或者旨在促进实现与我们自己的活动完全相对立的国家社会主义。

你们必须努力使小农场主深信，这些措施是不够的。这些小农场主在与大地主的竞争中将不可避免地走向没落。

另外，代表会议宣布：革命共产主义者的任务之一，就是把工人们吸收进工人联合会之中。这样，他们可以在现代社会里展开反对企业主的斗争，并为将来自己负责管理土地做准备。

巴黎的 L. 帕森斯提出下列观点：

他赞同纽文胡斯的意见，并且声明，农村居民的土地被剥夺，与其他工人一样无产阶级化并因此成为一种革命的因素之后，才值得我们注意。

英国社会民主党人汉特·瓦茨建议，农民通过政治途径夺取教区委员会（拥有一定的自治权的地方代表机构）。英国无政府主义者 J. 托沙提在接下来的会议上详细地驳斥了这种观点。

E. 普热（原《悠闲的父亲》杂志的出版人，现在是《社会》杂志的出版人）说：我们受到马克思主义的腐蚀。马克思主义让我们相信，农民首先要成为无产者。

实际上，人们可以天天对农民进行鼓动。国家以宪兵和收税人的身份出现在农民面前。不难向农民指明，他们被国家以各种方式吸尽膏血（如交税和服兵役）。他们还被那些受到国家保护的高利贷者盘剥，如接受抵押贷款。另外，还可向他们指出与各领域农民合作的好处；可以向他指出，法国寺院的不动产与革命之前一样，大得惊人。

我们在法国要争取农民，因为城市革命始终不成功——1848年和1871年都是如此。但1789—1794年的革命①是农民革命，也是一场城市革命，那场革命成功了。

E.马拉泰斯塔说：我们的观念一再被马克思主义——这一现代工人运动的痼疾——所腐蚀，这是真的。按照法国和和意大利的马克思主义者的幻想，必须把农民降到英国农业工人那样的地位，因为他们认为，英国工人运动的发展方式是个典范，是遵循马克思指明的方向的。几周前，佛罗伦萨代表大会指示工人代表投票反对一项关于把农民的某些劳动工具变成不可抵押的工具的法律。（我补充下列几点：俄国的马克思主义者，如普列汉诺夫，在这些问题上更加荒谬。此外，那里的公众舆论已经从空洞的教条转到讨论议事日程。）

警察和宪兵不会剥夺农民的财产。只要农民们相信，革命会剥夺他们的财产，他们就必定会反对革命。这是清楚的。关于资本集中和农民迅速无产阶级化这一马克思主义的教条是一个谬误，这也是清楚的。中产阶级的某些部分会消失，该阶级的新阶层又会很快形成。一个新的发动机可以完成动力分配，使社会进入新的全面发展的轨道。

社会主义是人类的福音。

---

① 指1789—1794年的法国资产阶级革命。——译者注

资本主义所有制可以通过干预被废除,但是农民拥有的劳动工具等财产,如土地和牲畜,是不会被废除的。

对于农民来说,实际存在的剥削往往比经济剥削更严重。农民拥有其劳动的收获,但国家通过税收以及要他们的儿子服兵役等方式掠夺他们的钱财。

应该像英国那样采用各种方式组织农民和农业工人参加工会和合作社,也像法国那样组织他们反对纳税、反对交租和反对服兵役。

各地必须因地制宜,而不是坚持马克思主义的幻想。

在接下来的会议中,兰道尔说明他的观点。他的观点与普热和马拉泰斯塔的观点相似。

他建议的决议是:

无政府主义者不相信马克思的宿命论的和虚伪的理论。这种理论宣称资本的集中以及小农的消灭是实现社会主义的必要条件。

在农业问题方面,他们主张如下:

1. 我们拒绝国家的援助,不是因为为了革命而不能帮助小农,也不是因为要帮助他们是不可能的,而是因为国家的每一个干预行为都导致国家的继续存在和压迫;

2. 我们要在工人和农民中间传播自由社会主义学说;

3. 我们希望农民通过在农业合作社里与农业工人联合起来,因而阻止大地主所有制的增长并建立可以成为社会主义社会萌芽的组织,从而阻止自己的无产阶级化;

4. 鉴于上述追求在许多情况下只是一种虔诚的愿望,我们建议工人、自耕农和农民联合起来,展开一场坚决反对剥削者的经济斗争。

接着,意大利人奇尼提出相似的决议案。

荷兰人原来打算回答问题,但由于其他人的催促和时间等原因,会议就转换了议题。第二天纽文胡斯回答问题。他声明,可以与马拉泰斯塔和兰道尔保持一致意见。

根据我的判断，马拉泰斯塔在发言中最准确地表达了普遍性的意见：不应该像马克思主义者那样为发展规定一个方案，相反，应该让活生生的人和机构顺其自然。马克思主义者把农民视为一种破坏性的资本主义的工具，因为农民不是雇佣劳动者。至于农民也受国家盘剥这一点，却被马克思主义者忽视了。农民对国家观念心怀仇恨，这是整个发展过程中的革命因素，但马克思主义者想利用虚假的国家善举调和并消除这种仇恨。

反对国家并——在可能时用实例——证明自愿的合作社的优点——这是无政府主义者向小农开展的宣传工作的要点。

通过虚假的国家善举维持对国家的信任，通过加强个人主义的所有制思想，达到农民无产阶级化的目的。这些似乎常常是马克思主义者向农民开展的宣传工作的要点。

在各个发言中都触及彼·克鲁泡特金在《农耕》（载1895年《为了全民的福祉》杂志）和《集约耕种》（1890年6月发表于《论坛》杂志）阐述的集约耕种问题，如果有时间大家本来会详细地讨论它。几个月以来，《号角》杂志（罗伯特·布拉奇福德的社会主义周刊）出版的由阿瑟·柯顿和 W. 索尔比撰写的小册子及《号角》杂志本身都在讨论这个问题。一段时间以来，有一个小组在纽卡斯尔附近的农村做这方面的试验。该小组的最近目标是，进行分散耕作。分散耕作和分散工业构成无政府主义未来的经济基础。

* * *

现在讨论**无政府主义者参加工会运动**的问题。

来自设菲尔德的 D. 尼科尔和贡普洛维奇博士谈论了传播总罢工思

想的问题。前者在英国矿工中传播这种思想，后者在法国铁路工人中传播这种思想。

来自伦敦的 E. 莱格特说，由于迫害不断增加以及面临其他宣传方式，需要强调工会活动的重要性。

来自伦敦的 C. 弗勒利希强调说，工联内部的独裁组织使该组织的宣传变得困难起来。另外，他并不反对这类宣传，只是不允许把这类宣传作为唯一的宣传方式（几乎没有一个演说者企图这么做）；同样，这种宣传必须是无政府主义的，而不是参加工会事务。

一名德国人和莱格特反驳弗勒利希的观点。弗勒利希再次明确地说明他的观点。（这一观点没什么可反对的，所以我们大家可以考虑下面这一点：各种特殊的宣传方式都有片面化的危险，要十分重视这个问题；要依靠每一个同志的力量避免这类错误。如果他们失败了，那是个人的失误，而不是这类宣传方式本身的问题。）

来自苏黎世的桑夫特莱本提请听众注意合作社运动。（这大概是巴塞尔的汉斯·弥勒博士写的一本书中的观点）他还提醒听众注意瑞士农民。瑞士农民在国家体制之外组织合作社，而瑞士的工人却越来越成为小市民。农民拥有共同的机器、牛奶场和消费协会等。这个运动几乎没有引起外界注意，但它却从根本上搞垮资本主义。

这次会议虽然特别有趣，但由于时间关系只能结束。

* * *

在最后一次会议上，一名俄国人提出下列决议案：

> 鉴于所有的无政府主义—社会主义者都同意，在不系统地开展反对享有特权的国家的斗争的情况下，劳动人民的解放是完全不可能通过总罢工那样的有

组织的反对资本的斗争实现的。

代表会议决定制定一份反对国家的长期、明确而切实可行的斗争计划。

此外，鉴于政治权力并不源于议会的大多数，而是源于组成国家的每一个成年人的自然的政治权利；在以投票选举其代理人的形式将这些自然权利让渡给政府的同时，选民自愿地放弃了直接监督腐败的国家机器的权利；

另外，如果政府没有从组成人民的每一个个人手里收到钱，那么它就不能行使以这种方式获得的政治权力。所以，会议建议：

1. 所有成年公民立即通过可资利用的各种宣传手段向政府要求就此进行强制性的全民公决，即由各个社区的群众大会决定政府赖以生存的重要经济资源，如年度预算、战争特别预算以及所有税种。

2. 至于纳税……

3. 劝说选民限制对其议员的授权（如果他们把他选出），以剥夺他们在这些经济法案上的最后表决权。

4. 组织所有已经在与资本作斗争的人参加政治总罢工，直至人民获得直接和完全控制国家经济事务的权利。

他希望，除了目前广为宣传的经济手段即总罢工之外，再加上政治手段即政治罢工。

这一想法获得普遍赞同；他的详细建议在这一点上受到批评，即实现这一想法的建议还意味着要参与表决，要由多数人决定。与此相反，我们坚持主张举行政治总罢工。弃权——这是各国的无政府主义者历来宣传的主张。法国和意大利的选举中特别大力地进行这种宣传。在那里，这种宣传在各种表明弃权的宣言和各种会议里比比皆是。

要坚持不懈地推动这项运动，联合纳税人、交租人和房客，直至最后拒绝工作。这对于我们的宣传是一个广泛的领域。如果政治罢工一词具有和总罢工一样的光辉前景，那么我们的集会就不是完全没有成果的。

来自马赛的 L. 格罗斯最后发言。他概括了无政府主义思想。

路易丝·米歇尔：局部暴动被镇压，但是**表达世界上一切不幸的总罢工这样的被动的经济反抗，是镇压不了的**。我们必须努力传播这种思想。

一个住在伦敦的德国同志反对俄国决议中的个别部分，并且还指出，重要的是要经常告诫工人们：生产一切财富和维护一切现状的他们是不成熟的；如果他们不必再牺牲自己的宝贵时间去养活懒汉，该是多么轻松。

J. C. 肯沃西（来自克罗伊登）：这并不足以谴责，还够不上是摧毁性的。我们必须是积极的，必须重新建构一切。我们应当赢得工业组织，我们应当组建我们自己的工业。摧毁国家的唯一途径是，不要与那些出卖自己，使自己的劳动力以某种方式供国家调遣、被称为叛徒的人交往。

有必要取消暴力，但这只有在那些有道德的人中间才能做到。我们是弱小而分散的，因为我们在道德方面没有联系。我们相互不熟悉，相互不信任。一个人首先要征服的人是自己。

无政府主义是这样一种进行道德教育的运动。在一切领域，人们都开始看到，人必须回到自己。用一句话来表达：无政府主义是一种复活的古老宗教。

肯沃西的思想最接近托尔斯泰的思想。他把自己的观点以书面形式总结如下："自由社会主义或者无政府主义的真正纲领就是征服工业组织。这必须通过自由社会主义者的合作和实行工业民主，通过人民大众退出国家从而摧毁国家来实现。这样一定会推翻依靠暴力的政府。我们的运动只有一种性质，并只能通过每一位男女的自我发展和提高他们在道德上的平等程度来进行，因为只有这样才能使自由人民的合作成为可能。"

A.C.白恩士(一名社会民主党代表大会的代表)向此次会议表示问候,并强调首先要宣传思想启蒙的必要性:依靠今天这些人,我们既不可能在明天实现社会主义,也不可能实现无政府主义。

一些发言者继续批评俄罗斯的建议。尼科尔(设菲尔德)认为,仅仅取消维持国家运转的资金是不可能的。政治活动不等同于选举。个别人的行动不是政治活动吗?消灭国家不是政治活动吗?

贡普洛维奇也递交了一份决议案:"政治意味着争夺权力。我们无政府主义者并不是为了争夺权力,不想以一种新的权力形式代替现存的权力;我们不寻求统治,因此,我们的行动只能是非政治的和反政治的,从来不是政治性的,并且至少具有攻击性的军事特点。通过拒绝……我们能使国家权力逐渐瓦解,但是,我们不会以我们一方的攻击性的武力去反对施加在我们身上的攻击性的武力,因为这将导致新的武力统治,而不是自由。"

快到11点了,已没有时间进一步讨论这个问题。

P.戈里宣读了一封意大利无政府主义者的来信。他们被流放到一个岛上,他们向在伦敦参加集会的同志们表示致敬。戈里不愿把这封信交给伦敦的正式代表大会,因为它不配获得这种致敬。

亚美尼亚的一些同志也持有这种意见。他们散发了一封写给各国自由社会主义者的宣言,伦敦代表大会不再获得他们的信任。这份宣言强调,亚美尼亚真正的革命者始终在斗争,他们不信任外交,因为这种外交为了自私的目的而牺牲一个仅仅为了生存而斗争的民族。被所有人遗弃的亚美尼亚人指望社会主义者的同情,希望得到他们有力的帮助,如有可能,希望得到他们提供的武器或志愿者,但不需要花言巧语,因为他们已从各种党派那里听够了。

会议结束。如果时间长一点,还会有人发言。人们能够从本文的三个部分看出，在这 6 天里无政府主义者十分感动。他们在大会内外尽可能利用**这次宣传机会**——除此以外没有其他目的。我相信，当我们回顾这一个星期时，我们比社会民主党人更有理由感到满意。虽然他们开始满怀信心，最后却遭到彻底失败。

附录二

从苏黎世到伦敦

——向伦敦代表大会提交的关于德国工人运动的报告

这份报告的目的在于，以极短的篇幅，主要给外国而非德国的社会主义者描摹一幅德国工人运动的图景，也就是呈现在我们这些身处工人运动之中而又置身于社会民主党之外的无政府主义者眼前的这幅图景。

在任何一个国家，都不像在德国那样拥有一个独一无二的政党、一个独一无二的宗派，它善于以独一无二、唯一合法的无产阶级代表自居。在其他所有国家，特别是在——依我看来，社会主义和社会化最发达的——法国和英国这两个国家，各种不同的派别并存，它们即使并非和平共处，但还是承认对方生存的权利。在法国、英国、意大利、西班牙、荷兰，试图把毫不宽容而贪权的德国社会民主党的榜样作为唯一可以借鉴的理解马克思主义学说和建立政党的做法，迄今都悲惨地失败了，并将由于这些民族在政治上的成熟和不受拘束的秉性而永远落空。只有在德国这样一个大多数人都习惯于按照党组织的大区制定的旨意行事的国家，才有这样一个纪律严酷、千篇一律的工人党。如果有人想要理解这一点，他就必须思考，并且必须愤懑而痛苦地承认，德国享有首屈一指的君主主义和军国主义之国的可悲声誉。这种专制和军人的精神，可惜在极大的范围内同样也存在于最底层的那些在社会、政治和经济上遭受最大程度的压迫的民众当中，而且很遗憾不得不在此坦率地直言，德国社会民主党善于以真正不道德的方式，在这种被压迫的民族秉性和民众的这种依赖性的基础上建立极其严厉的党的统治，这种统治常常已经足以将自由和愤怒扼杀在萌芽之中。

德国社会民主党的领袖们（他们首先是些老练的装腔作势者和新闻记者）特别善于让他们的党在国外大出风头，把德国的工人运动说成世界上最强大的运动。作为德国的革命者和无政府主义者，我今天和当初在苏黎世①一样，认为我的义务就是撕下这个假面具，并郑重地宣布，德国工人运动的光彩不过是表面上的和虚假的，而实际上，全力以赴并带着明确而清楚的理解去支持人类社会的完全革新、支持争取一个自由的社会主义社会的骨干的人数，远远低于社会民主党选民的人数。

这样，就道出了选民这个尤其是在国外给人留下极深印象的词汇。但实际上，它已经成为德国工人运动的灾难和真正的诅咒。德国社会民主党把议会当做政治利益核心的策略，使无产阶级的任何自主行动，使整个教育工作，使原则性的斗争，特别是使经济斗争陷于停顿，变得无足轻重。社会民主党努力的主要目标至多不过是争取选票，选举斗争只不过是用来通过竭尽一切煽动之能事使蒙昧的大众偷偷地把他们的选票投给社会民主党候选人。在选举期间，极其罕见进行真正的社会主义宣传、反对私有制和一切剥削与压迫的鼓动。相反，所讲的不过是税法和一切可能的改革建议，以在资产阶级社会中借助国家法律来帮助小人物——无论是工人还是手工艺人，农民还是官员。社会民主党党团在国会和各种委员会中坚持不懈地参与起草的这些法律，只会加强国家——应该强调指出的是德意志普鲁士的、君主制的资本主义国家——和警察的暴力；而且，这样一种印象在日益加深，即好像我们的社会民主党认为，为了把德意志帝国改造成大名鼎鼎的未来之国，只需继续扩建我们中央集权的、监管一切、干涉一切的警察国家就行了。

---

① 作者兰道尔出席了1893年苏黎世代表大会并向大会提交了《关于德国工人运动的报告》，见本书第16卷第161—170页。——译者注

因为，社会民主党不仅在竞选运动中（这时人们求助于蒙昧的民众的狂热的激情）不承认社会主义原则，而且完全从资产阶级社会的立场出发参加国会的工作。这些都是根本不能否定的。就在最近一段时间，人们就频频听到社会民主党的领导人说，他们满足于只提激进的、市民的、资产阶级的要求，他们完全不想对聋子讲社会主义学说。人们很容易提出这样的问题：这些先生们究竟为什么要做明珠暗投的事情？他们为什么不更喜欢向那些会狂热地接受解放和觉醒之类的辞藻的人——被压迫阶级的男女——传道？

从我掌握的大量材料（有机会的话，我很愿意向代表大会展示）中，我只列举一个最近的例子。多年以来，实际上，从德意志帝国成立以来，德国的有产阶级就在考虑这样一个计划，即制定一部统一的资产阶级法典，也就是把有关私有财产、营业往来、社团、婚姻、家庭之类的法律编纂成法典。这为揭穿并撼动这个资产阶级社会的真正基础提供了前所未有的良机。与德意志帝国——富人的帝国——相反，未来的世界帝国——自由和公正的帝国——应该被奉为楷模；应该提出社会主义来反对这样一种真正可笑的想法，即现在是被掠夺的大众再次编纂有关财产的法律、终结私有制的新时代的前夜；关于婚姻和家庭，人们可以讲出多么伟大、新颖、生动而有益的思想啊！难道在此不应特别指出，婚姻、自由结合和家庭完全与国家无关、仅仅是个人的事情吗？但社会民主党做了些什么？什么都没有！它对当今社会的基础只字不提，对私有财产之类不加任何反对，对想用国家法律来规定个人事务的狂妄要求不予置评！在这个独一无二的场合，任何一个原则性的词汇，任何一个社会主义的词汇都没有被说出。但人们不能认为，社会民主党的议员完全沉默了，不！相反，他们必须孜孜不倦地、肤浅而喋喋不休地给这种企图、给瞎了眼的有产阶级的这种没有什么好处的法律草案打上补丁，并加以改善；就简化离婚手续的做法、妻子的私有财产，如此等等、等等，他们长久地与资产阶级法学家争论不休。这是在国会中一决胜负的法学家之间的竞争；但即使在最低的限度上，这也不是两种相互对立的世界观之间的斗争，不是腐朽垂死的过去与蓬勃向上的未来之间的斗争。未来和社会主义在国会中既没有一席之地，也没有任何声息，在这个场合，这一点再次清楚地表现出来；那些从其过去的表现来看是社会主义者的人，在国会中不再是社会主义者，变成了资产阶级的改良者和国家权力的参与者。

德国社会民主党在最近三年间已经足够经常地证明，它不再去唤醒在群众中沉睡的革命情绪，并使这种情绪升华为明确的意识。相反，它竭尽全力阻挠被压迫大众的有力的示威游行，并对一些个人的举动进行中伤；这些举动是否明智，每个人都可能有自己的看法，但它们至少应得到理解，并由于我们所身受其害的杀人制度而应该得到原谅。对待毫不犹豫和勇敢地对自己的行动负责的瓦扬和昂利，德国社会民主党的中央机关报——《前进报》——比他们嗜血的资产阶级法官们还要严厉和恶毒。在《前进报》上，他们多次被称为精神病人、疯子和狂人，尽管事实很清楚：他们虽然热情似火，准备使用极端手段，但仍然是头脑清醒的社会主义者，他们的神智一点儿都不糊涂。但对无政府主义者的憎恨和对此类暴力行为危及他们自己的政党的恐惧使这些人失去了公正，失去了善意，甚至失去了理智。为什么《前进报》不把那些政界、军界和统治阶级的施暴者称为疯子？为什么它只把它的毒箭射向被压迫的大众中的不幸者，这些满怀同情，或被滔天怒火激发，或充满冷酷的毁灭一切的仇恨，不由自主地以不法的暴力来抵抗专制的暴力的人？这个德国社会民主主义的秩序党不质疑签署过许多份死刑判决书的卡诺总统[①]神

[①] 玛丽·弗朗索瓦·萨迪·卡诺，1887—1894年任法兰西共和国总统，1894年6月24日在里昂被意大利无政府主义者卡塞里奥刺杀身亡。——译者注

智是否正常，也不质疑俾斯麦和毛奇的神智是否正常，但在《前进》报上，卡塞里奥被称为"坠入宗教无政府主义狂热的癫痫病患者"！这是信念流氓的行为和卑鄙的谎言，必须受到最严厉的谴责。

社会民主党在战争的周年纪念日、在长达半年之久的对德法战争的赞美中又是如何表现的呢？起初，他们赞同工人阶级普遍的抗议，而在皇帝发表了众所周知的讲话（他在讲话中把所有不愿意关心战争纪念庆典的人称为"一伙不配称为日耳曼人的人"和一群叛国分子）之后，社会民主党立刻改弦易辙。党的执委会委员奥尔先生发表了一次讲话，针对所有这些指责成功地为自己作出辩护。他解释说，如果得到相应的对待，社会民主党很有可能忠于国王；他宣称，德国社会民主党人高兴地参加了战争，归还阿尔萨斯—洛林是根本不可能的；德国工人曾为帝国的统一战斗，流下鲜血；用他的原话说："反对民族国家建立的工人必定也是奇怪的工人。"他坚决拒绝仇视帝国的指责，相反，宣称那些反对普选权的人是真正的帝国之敌。奥尔发表讲话的口吻是一个部长竞选人的口吻，而不是一个代表被压迫和受到致命伤害的工人阶级发言的人的口吻。

德国社会民主党对五一示威游行又采取什么样的态度呢？在苏黎世通过了严格执行示威性的停工的决议。此后没过几个月，社会民主党代表就在科隆党代会上几乎一致地声明，在当前的经济状况下，目前实行普遍停工是不可能的，并通过决议，只有那些举行庆祝活动不会"有损工人利益"的工人才应举行庆祝活动。这全是卑鄙的诡计。德国的经济状况与奥地利一模一样；为什么在德国不可能的事情在奥地利就可能呢？这种可耻的立场，其原因不过是掩盖在所谓的社会民主党选民与五一示威游行者之间出现的距离；事实非常清楚地表明，社会民主党尽管有很多选民，但他们无论如何都不是坚决、有力的社会主义者。此外，这些领导人尤其害怕群众的独立行动。否则，这些群众就可能会认识到，他们必须采取完全独立的、有组织的行动，在议会中有"代表"对他们没什么用。从群众中自下发生的一切，这些社会民主党人都不喜欢；他们想要从上面，官僚主义地从讲坛和立法机器出发来解决社会问题。

　　我不打算在这份必须简短的报告中——因为我们当中没有一个人目前能有时间来起草一份更长的报告——讨论细枝末节的问题。但是，有一点仍然必须指出，即这种对群众行动的反感也同样在罢工中表现出来。不仅存在这样的事实，即五一没有进行罢工，总罢工继续被看做一种可笑的想法并被视为（按奥尔的话说）"完全的无稽之谈"（然而，例如在法国工人阶级当中，几乎各个派别都是总罢工的支持者），而且在单个行业的一切较大规模的罢工中，事实都一直非常清楚地表明，社会民主党领导人打心眼里不欢迎这些罢工，他们始终准备尽可能快地结束罢工。这在1896年春主要在柏林，但也在其他城市爆发的成衣厂工人的大罢工中最引人注目和最丑陋地表现出来。就像在所有类似的情况下所发生的事情一样，在群众情绪激昂准备罢工时，社会民主党的那些领导人就都无踪无影了。但对此，我们在德国已经司空见惯了：在议会，在讨论那些毫无意义和无足轻重之极的法律草案时，他们总是在场的；而在涉及工人阶级独立的经济斗争的场合，人们却几乎总是找不到他们。但在成衣厂工人罢工时，人们发现他们从一开始就置身于这样一些人之列，这些人用各种各样含糊不清的话劝告工人不用罢工并试图阻止罢工。但这并不管用。这些工资低得可怜的无产者的罢工仍旧爆发了，并出乎意料地热情高昂，波及范围极广。最终，仅仅在柏林就有2000多人参加罢工，而且人数仍与日俱增。由于罢工突然令人意想不到地结束——社会民主党的罢工领袖在没有征求工人群众意见的情况下就与工厂主讲和了，工人们重要的、温和的要求没有一条得到同意。就在这个时候，柏林的一些无政府主义者介入了，他们散发传单，在传单中要求工人坚持罢工，不要在运动还处于节节向上的时候就灰心丧气。事实上，在14次工人集会上，一半以上的参加者都决定将罢工继续进行下去。由于《前进报》开始了一系列虚假的报道、毫无节制的怀疑和诽谤，把毫无经验、尚未组织起来的群众——大部分是妇女——团结在一起就不再可能了。这是德国社会民主党安排并指挥的一件普普通通的开小差事件。那些当时只得听凭人家这样卑鄙地辱骂自己的人，只是由于他出于用心良好的理由支持继续罢工，如果他们不是那么乐观，他们的信念不是那么坚定，就的确可能完全学会鄙视人类了。以这种方式利用自己的威信来损害阶级斗争的人，有充足的理由疯狂地设法不让那些打算在国际上公开谴责他们的人被允许参加国际代表大会。由于德国社会民主党人害怕我们这些德国的无政府主义者，所以他们极其不容异端地反对让社会民主党之外的德国代表参加代表大会。

最后，有必要再给我草草勾勒出来的这幅可悲的画面补充几抹明快的色彩。尽管存在所有这样的管教和约束，群众中仍然不顾一切一再爆发出来的精神却并非令人不快。尽管存在社会民主党的种种挑拨，德国工人仍然开始丢掉对我们无政府主义者和其他独立派别的狂热的不容忍态度。在很多工业区，人们安静地、带着明显的兴趣聆听我们的宣传；从来都不可能使被压迫阶级放弃的那种革命的情感和思想再度开始更为强烈地沸腾起来。人们普遍开始怀疑议会主义的意义；人们认识到，需要对群众本身进行教育，这些群众必须进行经济斗争，并且在新的经济协会中组织起来，以争取实现社会主义。工会斗争、要求提高工资的运动和罢工在近些年来变得更加活跃、更加频繁；并且，尽管人们对这种努力仍然提出了种种不信任——在无政府主义者的行列里同样如此，对于以消费合作社为基础组织工人的生产合作社的兴趣仍在不断提高。德国的无政府主义者在这个问题上的看法并不一致；但在此必须提一提的是，反对国家社会主义及参加政府和议会，把这种经济上的自助、消费者利益的这种共同的联合作为一条通往解放的道路、作为社会化的结晶推荐的，首先是无政府主义者。在这一方面，我们指出了英国的合作社和比利时社会民主党合作社的巨大成功。但在此，我们只遭到德国社会民主党的嘲讽；作为憎恶一切新鲜事物的保守党，他们满足于指出，我们的情况与其他国家不一样。这的确是一种最容易的论证和搁置问题的方式。但我们打算——同样向仍然反对我们的朋友们——证明，除了工会运动，在德国也可以进行有力的合作社运动，这两者都将成为自由的、不存在国家之统治的社会主义的主要支柱。

同样还应指出，在德国正在开始出现的一种更为自由、更为热烈的精神的另一个征兆。这种征兆不仅——甚至不是首先——涉及工人阶级，而且涉及资产阶级的一些部分——正变得越来越大、完全并最终摆脱左右偏见，成为支持人类社会革新的部分。这些以前中校冯·埃吉迪为核心的努力而开始的一切完全不应被低估。从前深受教会、君主主义、军国主义、资本主义偏见影响的人——学者、艺术家、士兵和教士，开始把自己从悲惨的、吞噬英才的当下解放出来，并与我们一起携手为自由思想和自由行动，为消灭政治、社会和经济对立而斗争。我只有一个愿望，那就是干劲十足的冯·埃吉迪如果能够在伦敦出席代表大会该多好；我们的外国朋友将不难得出这样的结论，即与在追求党的统治的过程中不允许有其他任何派别和它分庭抗礼的德国社会民主党的策略相比，他的思想和行动在很多方面都远为彻底。

尽管有来自两个不同方面的对自由潮流的种种压制，但事实表明，在德国，旧事物正在腐烂，崩溃的时机已经成熟，某种新的、伟大而美好的事物——以所有人的利益、团结和社会主义为基础的个人的自由发展，将由迄今人类中受压制的最大部分通过团结的力量实现。我们这些德国的无政府主义者，我们觉得我们全都是社会主义者，那些断言我们不是社会主义者的人说的是谎话。我们所反对的是国家社会主义、来自上面的平均主义、官僚主义；我们所支持的是所有人的自由联合和统一、没有统治者的状态、精神的自由、独立和福祉。我们比其他所有人都对任何派别——不论我们认为其看法是错误还是正确的——讲宽容，我们不想用暴力或通过其他方式来压制他们。但我们也要求人们对我们宽容；在革命的社会主义者，在各国工人相聚的地方，我们想与他们共聚一堂并发表自己的看法；我们是具有同其他所有人一样的理智的人；如果我们的信念是错误的，那些持有正确信念的人会纠正我们；但如果我们是对的，如果正如我们所深信的那样，未来之路的先兆是无政府状态，只要你们愿意倾听我们，那么，我们迟早都将使你们确信我们的看法是正确的，而不管你们是否愿意去相信。而即使你们在我们面前捂住耳朵，也会有其他人来聆听和理解我们；事实的力量最终同样会把反对者吸引过来。

古斯塔夫·兰道尔

致伦敦国际社会主义工人和工会代表大会

公民们：

我们不愿意讲述令人毛骨悚然的残酷故事。最近三年来，土耳其亚美尼亚是这场悲剧的舞台。你们日复一日聆听的全是这些悲惨的故事，而欧洲报刊透露的只是冰山一角。

我们人民的痛苦并非始于昨日。几个世纪以来，土耳其将我们的祖国置于他们的铁蹄之下，遏制了我们国家的全部进展，酝酿了宗教仇恨和日益尖锐的种族冲突，纵容了囤积居奇者，他们尽情地剥削不同宗教信仰的各族平民；最后，贪得无厌的奥斯曼官僚让人民承受所有的压迫。土耳其政府坚信的专制信条——"分而治之"——将我们带入暗无天日的处境，在他们的率领和军队的帮助下，贱民们涌入平和的亚美尼亚人居住区，疯狂地杀害男女老少。残酷程度远远超过在保加利亚发生的一切。

面对这种长期压迫的状况——当前的残酷只是长期社会矛盾积累的尖锐表现，亚美尼亚人民是否还能继续忍受将他们大踏步地引向唯一的种族灭绝之路的做法呢？

一个病入膏肓的民族，一个缺乏活力的民族，一个没有主动性的民族，他们的唯一出路就是消极待亡。然而，亚美尼亚民族仍具有相当的生命力和勇气：维持民族存留的天性尚未彻底泯灭；我们接受挑战，掀起了风起云涌反对专制的革命运动，并不止一次地挫败帝国政府及其部队，尽管他们拥有精良的欧洲武器装备并初步掌握操作要领的军队，拥有一帮被他们豢养的猎犬式的警察，拥有无比残酷的狱吏以及残杀英勇革命者的绞刑架。

我们的政党"亚美尼亚革命联盟"在亚美尼亚人民经历的事件中诞生。

我们的目标是通过广泛的革命起义实现土耳其亚美尼亚的政治经济解放。

我们不会继续旧式亚美尼亚政治复活的梦幻,但是我们期望获得同样的自由以及我国所有人民在自由平等的联邦内的同等权利。我们希望有一个更加良好的政治体制,唯有这一制度才能够消除不同文化、种族和宗教的冲突。当今的政府为维护自己的生存,试图永久地保留这些对立。

我们还希望我们国家的经济发展。为此,我们要与土耳其的大量形形色色的高利贷者和囤积居奇者进行斗争。为保证生产者能够完全享受生产所得,未来或早或晚发生的演变将不可避免地导致生产资料的变化,在等待这一时刻降临之际,我们应当努力推动在我国业已存在的共产主义潮流,我们应设法将土地分配给农业生产者。这是我们人类演变世界观中的科学社会主义。我们与你们在这一观点上是相近的,也因为如此,我们向大会提交这份报告。在土耳其亚美尼亚境内没有作坊和工厂;显然这里根本没有资本主义生产、资产阶级、工业无产者和阶级斗争,同样也不存在社会民主党。

但是,在人类的社会主义命运方面我们是赞同你们的,我们愿意在我们国家为推进人类演变开辟一条道路。

面对残酷的势力,我们党的行动方式只能是革命的。

鉴于革命党承担的责任与义务必须有道德的确认,我们的组织采用的是最广泛的民主原则,即团体自治,各个团体通过我们的纲领和定期召开的党的代表会议确立的共同思想而联为一体。

我们用飞行小分队和革命敢死队对付奥斯曼帝国的军事组织,多次击败了他们的正规军和骑兵匪帮。他们是库库尼亚、阿胡顿-阿迦、沙米尔、阿罗伯、佩托、尼古拉、贾拉德、阿葡、沙哈德、阿库柏、凯利、杜巴赫等飞行小分队。在最近的屠杀中，他们又英勇地保卫了叙尔梅内、巴柏、多代河谷、巴森、希赞、阿克拉德和瓦斯葡拉肯等村落。

我们用红色恐怖对付向秘密警察的背叛告密。这些人及其同伙都得到革命匕首和枪支的报复。

我们用积极的口头及书面宣传反对对道德的野蛮镇压和扼杀思考的令人厌恶的审查制度。我们宣扬科学社会主义思想，唤醒人们的权利意识和人民群众的尊严；我们让人们看到未来幸福的社会主义，并清楚当前的斗争是实现这个目标的一个步骤。

社会主义公民们，这是亚美尼亚革命联盟六年来以日益倍增的热情开展行动的目标与手段。

相信我们的力量，也只有相信我们的力量，我们才能够继续坚持斗争，直至获得全面胜利。依赖向欧洲外交乞求干预是无法实现我们的纲领的。如果欧洲列强永远不实施有利于我们的干预，欧洲舆论将会强迫他们干预，这样将有利于我们的斗争。

你们刚才应该感觉到亚美尼亚革命运动的基础没有任何俄罗斯和英国介入的踪影。不要相信我们敌人散布的荒谬谣言，社会主义者的刊物甚至也与这些谣言相互呼应。他们说俄罗斯一手密谋了亚美尼亚问题，你们应该高声地为我们的正义事业辩护。在四处，从议会讲坛到公众集会，包括在你们的报纸和期刊为我们辩护，高调地介绍我们、我们的意愿和我们奋斗的方向！

致以社会主义的敬礼、博爱并为了事业！

亚美尼亚革命联盟机关刊物

《德罗沙克》编辑部

于1896年7月23日

致革命的社会主义者和绝对自由主义者

本呼吁是在伦敦社会主义者代表大会同意接受所有社会主义流派的情况下向大会发出的;如果出现相反的情况,它将转给取代伦敦代表大会的绝对自由主义者大会。

本呼吁只面向绝对自由主义者和社会主义所有流派的正义人士,无政府主义者不包括在内。

致革命的社会主义者和绝对自由主义者

全球革命者!

在你们召集会议讨论工人阶级利益和寻求更好地走向新的社会主义的道路之际,应该记住东方有一个农业民族——与全球劳工团结一致——正在奋斗,为了自己的解放和自由进行着非凡的战斗。

亚美尼亚这片古老的土地上浸满了祖国女儿泉水般流淌的泪水都无法洗尽的鲜血……屠杀曾经发生,而且还在继续发生……仅仅是屠杀的新闻就足以使全人类颤抖。

然而,十分惋惜!全球的领导人,所谓的文明人,只是向这些苦难人民表达了虚伪的怜悯;欧洲列强20年来只向我们许下了一些欺诈性的背信弃义的承诺;如同在梓橄那样,他们的干预旨在使勇敢的山民放下武器,而对土耳其苏丹政府微不足道的让步不提供任何保证,因为这个胆怯残忍政府的承诺是佯装的。

现在，我们知晓了对这些列强期待的后果。我们认可他们对我们事业的"同情"和对土耳其的指责。列强的话语分文不值，只是"苏丹用承诺在列强面前吹散的一股空气"！

亚美尼亚人民只能也只有依靠自己的力量和革命办法。有多少人犯下错误，他们像基督教羊群般地幻想，消极地等待宰割！需要列入我们英雄名单的人有很多很多，他们在斗争中献身，在牢狱中死亡，在公众场所被绞杀。人们甚至看到一些青年女子手持武器，与她们的父辈和兄弟并肩战斗。烈士们的鲜血永久地抛洒在亚美尼亚的崇山峻岭，呼唤我们与压迫和专制进行斗争……

革命敢死队至今仍活跃在我们的祖国，保护弱者，惩罚刽子手。他们四处出击并在所到之处阻止了更大规模的屠杀。

在俄罗斯拦截革命敢死队的武器和装备，迫害试图解救他们的志愿者时，孤家寡人的亚美尼亚起义者还能有所作为吗？如果仅仅与土耳其一方进行斗争，亚美尼亚人民早就赢得了胜利。然而土耳其不是孤立无援的，以俄罗斯为首的欧洲列强支持他的存在。

亚美尼亚现在进行的不是一场争取解放的战争，而是确切字面意义上的为了生存而战。

被抛弃的起义者只能依靠自己的力量，在弹绝之后，不得不倒在这场不平等斗争的战场上，最终与他的全体人民从地球表面消失……

然而，最后的一线希望向我们绽放出笑容。

革命的兄弟们，所有流派的社会主义者，你们为了你们自己和劳动人民的解放而斗争。孤家寡人的亚美尼亚，其事业注定要失败——与你们一起，我们可以重新燃起所有的希望。

在欧洲或者亚洲，反对压迫和剥削的事业是一致的，这就是为什么我们转向你们，请求你们高举革命旗帜。我们请求你们和国际的援助。这种援助在伟大的罢工中已经多次表现出来。我们请求的不是词语中的柏拉图式的怜悯与同情——资产阶级甚至教权派媒体曾经对此有过潮水般的表达——而是真正的革命援助：提供武器、弹药甚至志愿者。

我们的事业也是你们的事业。东方正在沸腾——谁能知道，也许正是在那里首先出现拥抱世界的社会主义革命曙光。

我们相信你们的同情，并向大会承诺派遣代表赴相关国家就亚美尼亚的事业开展积极的宣传，任命几位忠于事业的同志作为土耳其亚美尼亚革命小组和愿意前往援助亚美尼亚事业的社会主义革命者的联络员。

几位亚美尼亚绝对自由主义者
1896 年 7 月 18 日

荷兰社会民主主义教师协会执行委员会
致伦敦国际社会主义工人和工会代表大会的宣言

亲爱的同志们：

荷兰社会民主主义教师协会执行委员会请求你们在社会主义者的报纸上和学校的报纸上发表我们的下述《宣言》。

宣言
——致教师们

健康的精神只能存在于健康的身体内。所有的教师都承认这一真理。只有教育那些营养充足的孩子，才能使教学工作得到预期的真正好效果。在我们现在的社会中，这仍然是近乎不可能的事情。我们的绝大部分儿童是肩负着沉重的因袭的重担来到人世的，他们的吃、穿、住等条件都是非常令人不满意的。

工人的工资几乎不能满足最紧迫的生活必需品的费用。现代资本主义只允许在市场上安排有限量的劳动力，并且由资本家占用产品的绝大部分。难道资本家看到工人的孩子们饮食低劣、衣衫褴褛、住房简陋会有丝毫诧异之情吗？难道资本家看到我们的工作所得竟是这么低微会感到困惑不解吗？

我们在这荒野上播下的绝大部分良种，都被国内环境所破坏。即使在饥饿的恶魔未出现的地方，过分漫长的、扼杀精神的劳动也阻碍了孩子的父母配合我们的教育工作。

我们为我们的学生们要求适当的食品、良好的穿戴和有益于健康的住房条件。我们要求健康的父母把健康的儿童带给世界。我们希望父母们一旦完成他们每天的工作任务，就能够把有效的闲暇时间用到教育他们的子女上。而且，我们还希望，为了这项教育工作，父母们自身要做好准备。因此，我们主张对年至16岁的全体儿童进行义务的、免费的教育。考虑到当代机器发展的状况，这一主张能够得到满足而不会以任何方式危害生产。

我们全部的主张都基于教育科学和为了未来几代人的最重要的利益，但是我们的资本主义社会只在一个很小的范围中使这一切得到满足。尽管如此，这些主张需要获得实现。

我们是社会民主主义者，即废除私有财产的倡导者。因为，我们懂得，只有这样，私有经济的奴隶制才能被战胜。

在每一个现代国家，在各类不同的教育分支中，都有信仰社会民主主义原则的教师。他们按照他们自我组织起来的原则，在可能的地方公开组织起来，在必要的地方秘密组织起来。我们向一切社会民主主义的教师们呼吁：不要对我们今天的伟大斗争漠然置之，而要亲身去进行这场伟大斗争。当全体工人组织起来的时候，教师们——年轻人的知识传授者们——也不应该落后。我们希望，不久就能听到社会民主主义教师协会建立的消息，就像在荷兰和比利时现存的那些社会民主主义教师协会一样。这也许是一个人们喜闻乐见的教育的新曙光。

我们愿意尽我们所能，言行一致地给你们予帮助。

当在文明世界的每一个国家里都有了一个社会主义教师协会的时候，那么，我们将在国际范围内组成一个大联盟。预定于1900年在巴黎召开的下一次各国代表大会上，我们也许能召开我们教师的第一次国际代表大会。正是为了这一目的，我们向我们的一切教师同事们呼吁：

教师同事们！不要使我们孤军奋战！我们坚定地相信你们的良心！

一切社会主义者的教师都应属于一个教师协会！

你们都别再犹豫不决了，对我们的目标表示同情吧！

在需要的时候，我们保证最绝对的秘密。

致兄弟般的祝愿：

荷兰社会民主主义教师协会执行委员会

地址：阿姆斯特丹查尔·彼得大街71号

1876年7月

一切社会主义的报刊和学校的报刊都可以刊登我们的宣言，并把一篇或更多的论文献给"教师与社会民主主义"这个专题。我们将会非常高兴地收到刊登我们宣言的那样一份报纸。

俄国社会革命党人的来信

　　隶属于前民意党小组的几位俄罗斯社会革命党人，以自己以及持相同政治主张的俄罗斯人士的名义向伦敦国际工人代表大会致敬。他们高兴地看到泰晤士河畔反对资本主义和旧国家的全世界无产者和社会主义者在当前的时刻展现出的新团结。我们的祖国是当下重大事件的舞台，这表明工人阶级觉悟的提高。他们作出的努力没有付诸东流，俄罗斯接受社会主义原则的人们在本世纪的四分之一时间内坚持唤醒阶级觉悟，他们有时向人民散发成千上万的社会主义宣传材料，有时武装起来反对帝国的专制制度——俄罗斯社会主义的主要敌人。民意党的战士为伟大的斗争付出许多牺牲，在他们国家的工人队伍中过去和现在都努力组建革命联盟。我们先辈发出的召唤得到响应。他们的鲜血没有白流。阶级觉悟被唤醒并在以下事件中得到证实。上万名不同行业的俄罗斯工人开展了反对剥削者的斗争，同时俄罗斯高等学府的青年继承了1880年战士的传统，他们在示威中的表现证明他们与专制制度是不共戴天的敌人，是全民族无产者斗争的同路人。俄罗斯可能目前正在经历历史上最重要的时期。我们确信1896年伦敦国际代表大会代表对我们的同情；同时我们欢迎所通过的在新世界的经济政治领域逐渐加强反对旧世界的斗争并使斗争日益取得成效的决议。同时，我们确信大会代表将分享我们所证实的俄罗斯社会主义取得进步的愉悦；他们将最热烈地祝贺俄罗斯无产者和社会主义革命者斗争取得的新进展所带来的新希望。无产者的阶级觉悟已被唤醒，俄罗斯社会革命党人将坚持不懈地以同样的勇气和活力开展反对旧政权的斗争，并与全球社会主义运动的敌人进行艰苦卓绝的斗争。

代表小组并奉小组之命：**彼·拉甫罗夫**

德国海员状况

（1896年）

毫无疑问，海运不仅是最危险、最辛苦和最贫困的行业，而且它对当今的整个工作生活来说也是不可或缺的行业。尽管这样，海员的**工资**如此微薄，其受到的**对待**如此酷似奴隶且毫无人的尊严，因此，由其**贡献**看，海员的经济状况极其恶劣，其他任何工人几乎都无法与之相比。总体而言，**陆地上**的任何一个工人都有**明确的**工作时间以及明确的工间和下班**休息**时间；他完全清楚地知道，**谁**向他发号施令，**什么样的工作**是他的专长；此外，他拥有几乎免费的职业**中介**和自己的仲裁法庭，在这个法庭上，他和其他工人一道选出的**专业**人士共同对发生的争端作出裁决；他在企业里有自己的**监督员**；最后，他还有自己的组织和报刊，每当需要的时候，它们为他效劳，支持他的权利。

所有这一切，海员都不拥有。

按照法律，他在**任何时候**都绝对必须完成其上司吩咐的**所有**工作，在此还应考虑到，他常常连这一点都**不懂**。如果他在某个时候（不管白天还是晚上，休息日还是工作日，吃饭时间还是工作时间）拒绝履行命令他做的工作——无论是船务还是私人事务，上司都可以采用一切手段使自己的命令得到执行，更确切些说，就是维持船上的**秩序**；而在船上，这些上司**常常**更善于酗酒而不是管理，他们使用的手段**总是**野蛮和粗暴的。人们可能不难看出，由于这些绝对权力，这种完全令人无法忍受的状况有时会蔓及全船。如果被这种骇人听闻的对待激怒的海员不由自主地觉得自己与上司一样是**平等的**，并因此**回击**那些骂人话，对殴打进行**抵抗**，他就会因此**被捆起来**，然后被交给法庭，在大多数情况下都被法庭认定为哗变者，因此被**判处**几个月的监禁和扣除工资作为罚款。上司"先生们"通常从来不会受到惩处，即使他们使用过危险的工具，甚至武器。在当今的掌权人物和资本家看来，当来自下面的反作用力狂妄无礼并因此必须千方百计地予以抑制时，来自上面的压力恰恰是必要的和公正的，而且，无论在哪里，油都总是飘在上面的。①

那么，海员的**伙食**和**居住情况**如何呢？

在陆地上，**每个**顾客**每天**都可以买到受政府监督的新鲜而健康的食品，而海员大都满足于无人监管的、常常是糟糕和腐烂的、猪狗都不吃的食物。水会用上一个月，并且常常在出港时已经发臭了；面包大部分都是质量最差的，能够保存下来的部分随时间推移常常还会发霉和生虫；肉经常在送到甲板上时就已经腐烂，经过长时间的航行变得干如泥炭（完全烂掉的情况也不少见）；面粉会变得发臭，里面同样会长出蛆来；船上提供的常常不是黄油，而是人造黄油；茶和咖啡名不副实，都是假冒伪劣货。豆荚常常由于太老而无法烧熟，海员往往数月之久都不见蔬菜的踪影。给养监督员和船长，有时甚至船主本人在考虑优良的质量时，为了自身的利益造成了这种低劣的质量。厨师则使海员得到的食物缺斤少两。法律从不管船在热带、温带还是寒带航行，因此也不管在外国疫源地航行的船只上出现的许多疾病和死亡。尽管有所有这些可以保存的食品，但**败血病**仍然没有被消灭，这是海员所得到的食品多么**少得可怜**的一个证据。船员舱常常一周都得不到打扫，这里的通风设备少得可怜，漏下的雨淋透了衣服和床褥，各种各样的航海器械从船员舱搬来搬去，使他们白天极少的休息时间（常常仅有2—3小时）同样完全

---

① 德国谚语，意思是富人总是遇上好运气。——译者注

化为乌有，睡觉也就无从谈起了。这样的后果是，由于人的身体机能使然，睡眠不足的海员在**执勤**时睡着了，使航船和船上的人员陷入危险。这种不公正的行为将可能夺去多少人的生命？在报道中只会简短地说：船只失踪，原因不明。

船主榨取每一个海员的最大**工作量**，船上年复一年日益短缺的人手充分证明了这一点；但对于每一个海员在航行中应得的**休息**和**食品**，船主却漠然置之。

呸！这些冷酷无情和厚颜无耻的屠宰场！

如果海员在船上**生病**，那么他就是祸不单行了。大多数情况下，他会被认为是偷懒，然后受到偷懒的处罚。在客轮上配有一名**船医**，但他受雇于船主，由船长监督；而且，如果表现得更想治病救人，而不是给船主省钱，那他就要倒霉。他马上就领会到，如果他做好吩咐给他做的事情，他的职位就是有保障的，就不会失去，尤其是因为大多数船医都是三流医生，很高兴能担任这样的职位；他们有的甚至只不过是没有通过规定的结业考试的混日子的大学生。在其他地方都不要的人，最后才会到"海上"碰碰运气。因为在那里有时能找到工作，"能力"恰恰是次要的。

海上工奴的生活就是这样的！

海员在陆地上的处境又是怎样的呢？

职业介绍所，尤其是大港口的职业介绍所坏透了。那些最贪得无厌的人，那些最臭名昭著的"鲨鱼"是这样与船主沆瀣一气的，即**没有**这些丧尽天良的骗子，海员也几乎不可能得到任何工作，即使他出示证明其技能的最好的证书。这些鲨鱼强迫他们的猎物住在寄宿屋主的屋子中，这些人又强迫他们在其朋友的店中购买必需品，如此等等。所有这些填满了他们的腰包，而海员的利益却受到损害。如果这些海运公司中的鲨鱼得到清除，船员的配备就会比现在更好，在陆地上对海员的这种耸人听闻的剥削就失去其存在的**基础**。

海员的招募和解雇在海员局进行。他可以在此提出自己的**申诉**,也在此受**处罚**。在汉堡,最近几年的罚金平均每年超过 5000 马克。被海员局处以罚金或在船上受到不公正对待时,极少有海员请求法庭裁决,因为在 10 起上诉案中,有 9 起都会被法院作出不利于他们的判决;此外,审理时间旷日持久,对于他们来说,等待判决或者聘请代理的费用都太高昂了。相反,上司们却几乎天天都准备让手下的海员受到处罚,遗憾的是前者常常得逞;上面提到的罚金总数无疑清楚地表明了这一点。

此外,海员的工资还会被多番克扣。例如,船主在很多情况下都保留自己分配可能的**海上救助金**的权利,**他**什么都不干就捞到上千马克,而**海员**为其始终充满危险的额外工作常常仅得到几个马克,有时甚至**一分钱都没有**。

现在,为了根除或避免海运业中的这种专断和不公正的行为,德国组织起来的海员要求这样一部**法律**,该法律:

1. 对工作时间和休息时间作出确切的规定,从而使在这些时间之外要求海员做的**一切**工作虽然应予以完成,但也必须**获得报酬**,而且要高于平常的工作时间所获的报酬;

2. 命令船长向海员公布他们的上司,并只能要求他们做船上的工作;

3. 完全禁止通过中间人的职业介绍所;

4. 设立与行业仲裁法庭相似的调解争端的专业法庭;

5. 设立国家检查员,在每艘船出港前检查所有部件;

6. 命令船长始终听取海员选出的**队长**的意见(在航行**期间**他同样负责监督);

7. 大幅度改善船上的伙食和船员舱的条件,保证患病的海员得到更好的治疗；

8. 海员为获得对可能出现的损失的微不足道的赔付而缴纳的保费由船主缴纳；

9. 规定全体海员获得海上救助金的一半；

10. 设立一个基金，把罚金划入基金，利用基金援助海难受害者；

11. 让政府机关，而不是船主制定预防事故的规定；

12. 国家供养去世海员的妻子和孩子。

如果有谁愿意帮助海员通过这样一部法律，请立即加入海员联合会（汉堡大卫大街7号）。我们向**一切**工人的代表，特别向伦敦国际工人代表大会的代表们发出如下**急迫**的恳求：请帮助我们进行这项艰巨的工作，因为，由于长期不在陆地上，海员对政治和经济生活毫无兴趣，所以，必须向**所有地方**的海员一再指出：他们只有通过一个**强有力的组织**，才能为自己争取更好的处境。

最近，**海员布道团**也再次通过其神父和其他帮手接近海员，以向他提供帮助，但他们唱的始终是那首老歌：你要在尘世间**顺从**上帝给你安排的命运，在天堂你会得到给你的奖励。

但是，在我们看来，我们的命运是由于现在这样的**状况**而变成这个样子的，并且，由于我们想在这个尘世间就得到我们付出的劳动的**真正的报酬**，我们对压在我们身上的奴役的顺从仅限于我们的生存绝对要求我们所干的工作；但在这些时间之外，我们必须竭尽全力为消灭这种奴役而努力，并创造这样的一种状况，它使任何一个人——不仅仅是冷酷无情的资本家，都能够作为一个**真正的人**而去感受和生活。

杜邦船长在巴黎国际工人代表大会上的讲话[①]，我们认为完全符合德国的情况，因此，我们邀请我们**各地**——不管是哪一个国家——的兄

---

① 见本书第14卷154—157页。——译者注

弟们与我们团结在一起，建立起反抗如此沉重地压迫着我们的不公正行为的战线，并通过**自己的**报刊使我们的声音变得**响亮**，并且**越来越响亮**。这样做是我们的**权利**；因此，我们**大家**也要尽我们的**义务**。

汉堡组织起来的海员

图书在版编目（CIP）数据

第二国际第四次（伦敦）代表大会文献. 2／张文红主编. —北京：中央编译出版社，2015.12
（国际共产主义运动历史文献／王学东主编；18）
ISBN 978-7-5117-2903-3

Ⅰ. ①第⋯
Ⅱ. ①张⋯
Ⅲ. ①第二国际－会议文献－汇编
Ⅳ. ①D145

中国版本图书馆 CIP 数据核字（2015）第 304387 号

第二国际第四次（伦敦）代表大会文献（2）

出 版 人：	刘明清
责任编辑：	杜永明
责任印制：	尹　珺
出版发行：	中央编译出版社
地　　址：	北京西城区车公庄大街乙 5 号鸿儒大厦 B 座（100044）
电　　话：	（010）52612345（总编室）　（010）52612342（编辑室）
	（010）52612316（发行部）　（010）52612317（网络销售）
	（010）52612346（馆配部）　（010）55626985（读者服务部）
传　　真：	（010）66515838
经　　销：	全国新华书店
印　　刷：	北京印刷一厂
开　　本：	787 毫米×1092 毫米　1/16
字　　数：	261 千字
印　　张：	20.25
版　　次：	2015 年 12 月第 1 版第 1 次印刷
定　　价：	150.00 元
网　　址：	www.cctphome.com　　邮　箱：cctp@cctphome.com
新浪微博：	@中央编译出版社　　微　信：中央编译出版社(ID: cctphome)
淘宝店铺：	中央编译出版社直销店(http://shop108367160.taobao.com)　（010）52612349

本社常年法律顾问：北京嘉润律师事务所律师　李敬伟　问小牛
凡有印装质量问题，本社负责调换，电话：（010）55626985